KB126186

좋은 이름의 비밀

좋은 이름의 비밀

1판 1쇄   2016년 5월 20일

지 은 이   盧 應 根
발 행 인   이 창 식
발 행 처   안암문화사
등   록   1978. 5. 24.(제2-565호)
           135-200 서울시 강남구 밤고개로 21길 25
                  래미안 포레APT 311동 807호
           전화 (02)2238-0491
           Fax (02)2252-4334

Copyright© 2016 by An Am Publishing co.
Printed in Seoul, Korea.

ISBN 978-89-7235-058-3 03150

좋은 이름의 비밀

도서
출판 안암문화사

글을 시작하면서

동양에서 자연 만물을 들여다 보는 기본 틀은 음양오행입니다. 인간도 자연의 일부입니다. 인간의 삶이나 운명을 알아 보기 위해 음양오행을 바탕으로 하는 역학이 생긴 배경입니다. 그런 역학은 분야도 다양할 뿐만 아니라 같은 분야에서도 다른 이론이 무척 많습니다. 그만큼 인간의 운명을 아는 것이 쉽지 않다는 얘기일 것입니다.

역학의 관점에서 인간의 운명은 선천운과 후천운으로 나눌 수 있습니다. 선천운과 후천운이 함께 작용한 결과가 우리의 인생입니다. 인간이 태어나면서 가지고 나오는 운이 선천운이라면, 태어난 뒤 갖게 되는 운이 후천운입니다. 선천운은 이미 결정된 것으로 우리가 바꿀 수 없지만, 후천운은 얼마든지 바꿀 수 있습니다. 명리학이 선천운을 거론한다면, 성명학이나 풍수학은 후천운을 얘기합니다.

최근 성명학에 대한 관심이 높아지고 있습니다. 법적인 개명 사례가 크게 늘어나는 데서 알 수 있습니다. 남녀노소 구분이 없습니다. 개명으로 후천운에 영향을 미쳐 인생을 바꾸고 싶다는 이유에서일 것입니다.

'이름이 성명학적으로 안 좋다'는 것도 개명 사유로 인정됩니다. 국가가 개명을 폭넓게 허용하는 이유는 개명이 헌법상 보장된 국민의 기본권(행복 추구권)으로 보기 때문입니다.

문제는 개명하는 이름을 어떻게 지어야 좋으냐는 것입니다. 부모가 신생아에게 처음 지어주는 이름에도 제기할 수 있는 물음입니다.

주변에서 종종 "어느 작명소에서 지은 이름인데 다른 곳에서는 안 좋다고 하더라"는 얘기를 듣습니다. 그런 일을 당한 사람은 정말 당혹스럽습니다. 두고 두고 찝찝한 것은 말할 나위도 없습니다.

작명소나 작명가에 따라 같은 이름을 두고도 이처럼 판단이 엇갈리는 이유가 있습니다. 이름을 풀이하거나 좋은 이름을 짓는 이론이 다르기 때문입니다. 성명학의 근본은 음양오행에 있지만, 구체적인 이론은 한둘이 아닙니다. 같은 성명이라도 풀이하는 이론이 다르면 길흉 판단이 다를 수밖에 없습니다.

게다가 흔히 작명가나 성명학 유파마다 자신의 이론이 맞다고 주장합니다. 자신의 이론대로 이름을 짓거나 개명을 해야 인생이 잘 풀린다는 것입니다. 충분히 실증된 이론이라고들 하지만, 그런 주장을 100% 신뢰하기는 어렵습니다.

성명학 이론이 많다는 것은 어느 이론도 완벽하지는 않음을 방증합니다. 기존 이론이 현실과 맞지 않으니 자꾸 새로운 이론이 생긴다고 볼 수 있습니다. '이론'이라고 하지만 사실은 '가설'이라고 해야 합니다. 가설이 검증 과정을 거쳐 사실로 확인돼야 비로소 이론이 되기 때문입니다. 인간의 삶을 거론하는 성명학의 가설을 객관적으로 검증하는 것은 어려울 수밖에 없습니다.

누구나 처음 어떤 성명학 이론을 배우면 그 이론에 따라 주변 사람의 성명을 분석하고 좋고 나쁨을 얘기하곤 합니다. 이름이 안 좋으면 개명을 권하며 바꿀 이름까지 지어줍니다. 그러나 다른 이론도 배우면서 공부가 깊어지면 사정은 달라집니다. 신중하게 됩니다. 개명 권유가 자칫 반풍수 집안 망치는 꼴은 되지 않을지 두렵기 때문입니다.

성명학 이론의 난립으로 혼란스럽다고 해서 성명학을 무시할 수는 없습니다. 성명학 이론의 검증이 아주 어려운 작업이라고 해서 포기할 수도 없습니다. 선천운과 후천운을 구분하는 역학의 시각에서 성명학의 의미는 분명히 있기 때문입니다. 인간의 운명을 좀 더 정확하게 설명할 수 있는 이론을 끊임없이 찾아야 합니다.

이 책은 성명을 풀이할 때 적용하는 이론을 전반적으로 훑어본 책입니다. 이름이 좋고 나쁘다고 판단할 때 그 기준이 무엇인지를 살펴 본 것입니다. 특히 한글 성명학과 광미명성학은 상당한 지면을 할애해 소개했습니다. 최근 빠른 속도로 확산되고 있다는 점에서입니다. 성명학 이론의 타당성이나 개명 효과를 실증적으로 연구한 박사학위 논문 두 편도 소개했습니다.

되도록 쉽게 쓰려고 했습니다. 역학 지식이 많지 않거나 성명학을 잘 모르는 사람도 자신이나 가족의 이름이 좋은지 나쁜지를 분석할 수 있도록 하기 위해서입니다. 그래도 어렵다고 느끼는 부분이 있을 것입니다. 성명학을 공부하고 있거나 공부하려는 사람에게는 이 책이 성명학 이론을 체계적으로 접할 수 있는 좋은 기회가 될 것입니다.

이 책은 이미 출판된 여러 성명학 서적과 그동안 나온 성명학 관련 석·박사 학위논문 등을 참고로 해서 썼습니다. 필자가 들은 성명학자나 작명가의 강의도 참고했습니다. 이 책을 쓰는 데 도움을 받은 선학(先學) 여러분께 진심으로 감사의 말씀을 드립니다. 참고한 서적과 논문은 따로 소개했습니다.

2016. 晩春 노 응 근

추천사

대한민국에서는 '대한', '민국'이라는 이름이 가장 인지도가 높다. 한 번 들으면 누구에게나 명쾌하게 각인되기 때문이다. 그럼에도 불구하고 시중에 나도는 성명학은 여러 유형별로 나뉘어 각기 독특한 개성을 내세워 교묘한 판단법으로 많은 사람을 현혹시키는 경우가 더러 있다.

성명학은 역술업에 뜻을 두는 사람이라면 누구나 공부해야 하는 필수적인 학문 분야이다. 이름은 인류가 각성하면서 타인과 교류하는 데 있어 상대방에게 나에 대한 모든 것을 간략하게 정리하여 전달하는 이력과도 같은 중요한 영역이다.

노응근 선생은 이 시대에 뛰어난 석학으로 역학에 대한 재능이 탁월한 분이다. 언론계에 평생을 헌신하면서 성명에 대한 심오한 연구로 이미 학계의 으뜸으로 자타가 공인하는 분이다. 이름은 수리와 삼원오행, 음양오행 등 여러 가지 조건을 조합해 작명하는 것이 역학계에서는 보편적인 상식으로 되어 있다. 그러나 여기에 역상과 자획, 음이 가지고 있는 심오한 의미를 깨달은 작명가는 만나기 어렵다. 이러한 점을 정리하여 후학들에게 전수하기 위하여 이 책을 출판하는 노응근 선생은 이 시대에 보기 드문 기재라 하겠다.

이름이 내포하고 있는 암시적 예시는 놀라울 정도로 심오하다. 일례를 들어 우리나라 정당 당명 중 열린우리당과 한나라당, 새정치민주연합, 새누리당 등의 당명을 보면 참으로 극명하다 하겠다.

문은 열리면 반드시 닫히게 되어 있고 열매도 열리면 반드시 떨어진다.

'한'은 순수한 우리말로 넓고 크며 방대함을 이르는 말이다. 그러나 한문 '한'자는 여러 가지의 뜻을 가지고 있는데 우리민족은 한이 많은 민족이라 '한(恨)'을 먼저 떠올리게 된다.

새정치민주연합이라고 하나 정치는 옛날이나 지금이나 구태의연한 것이지 새로운 정치는 만들기 어렵다. 새 정치를 만들려면 많은 노력과 희생이 따라야 한다. 안일하게 제도를 바꾸려는 것은 새들이 모이를 가지고 다투는 모양이다.

새누리당은 발음이 까칠한 사람이나 된발음을 하는 사람이면 '샌' 우리당으로 발음하기 쉽다. '누리'는 만물이 살아 숨쉬는 방대한 자연을 이르는 말이고 '우리'는 동물이 거처하는 지극히 작은 공간을 말하며 '샌'은 샌다의 준말이다.

이러한 예를 가지고 각기 개성에 따라 사고하면 깨닫게 되는 부분이 있는데 정신질환자나 다소 생각이 부족한 사람 이 외에는 느낌이 거의 동일하리라 생각한다.

이렇듯 언어에는 보이는 부분과 보이지 않는 부분에 영적인 힘과 예시적인 부분이 내재 되어 있다. 성명 3자를 선별함에 발음과 자획에 내포되어 있는 의미를 신중하게 가려야 한다. 이 책은 노응근 선생이 심혈을 기울여 완성한 성명학의 진수를 빠짐없이 공부하는 데 좋은 자료가 될 것을 믿어 의심치 않는다. 성명학을 심도 있게 연구하는 이들에게 적극 권장하고 싶은 책이다.

神算六爻研究會 會長 神算 金 用 淵

목차

제2장 음양론(陰陽論)

제3장　오행론(五行論)

제4장 수리론(數理論)

제5장 주역 괘상론(卦象論)

제6장 육친론(六親論), 육수론(六獸論)

부록 새로운 성명학
한글 성명학과 광미명성학

〈한글 성명학〉

〈광미명성학〉

1. 광미명성학의 5대 구성 요소 … 335

2. 성명 풀이 방법 … 339

참고 자료

글을 마치며

제 1 장

흉자론(凶字論)

제1장 흉자론(凶字論)

이름으로 쓰면 흉한 글자(한자)가 있다는 이론이다. 흔히 '불용(不用) 문자', '금기(禁忌) 문자'라고 한다. 이름에 이런 흉한 한자가 들어 있으면 무조건 나쁜 이름으로 판단하는 것이다.

흉한 글자의 종류를 나누는 방법은 많다. 여기서는 크게 혐오 문자와 불길 문자 두 가지로 구분한다.

1. 혐오 문자

(1) 뜻이 좋지 않은 한자

뜻이 부정적이거나 나쁜 느낌을 주는 한자를 말한다. 이런 한자를 이름에 쓰지 않아야 한다는 데 반대하는 작명가는 없다. '진짜' 불용문자인 셈이다. 예를 들면 다음과 같은 한자다.

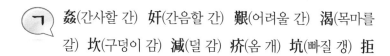

ㄱ　姦(간사할 간)　奸(간음할 간)　艱(어려울 간)　渴(목마를 갈)　坎(구덩이 감)　減(덜 감)　疥(옴 개)　坑(빠질 갱)　拒

(막을 거) 乞(빌 걸) 隔(막힐 격) 缺(이지러질 결) 傾
(기울 경) 驚(놀랄 경) 競(다툴 경) 痼(고질 고) 苦(괴로울
고) 枯(마를 고) 孤(외로울 고) 哭(울 곡) 困(곤할 곤) 汨
(골몰할 골) 空(구멍 공) 恐(두려울 공) 寡(과부 과) 狂
(미칠 광) 怪(괴이할 괴) 壞(무너질 괴) 愧(부끄러울 괴)
傀(허수아비 괴) 狗(개 구) 柩(널 구) 仇(원수 구) 咎(허
물 구) 鬼(귀신 귀) 窺(엿볼 규) 擒(사로잡을 금) 忌(꺼
릴 기) 棄(버릴 기) 欺(속일 기) 飢(주릴 기) 岐(험할 기)

ㄴ 難(어려울 난) 亂(어지러울 난) 怒(성낼 노) 奴(종 노)
腦(골 뇌) 惱(번뇌할 뇌) 泥(진흙 니)

ㄷ 斷(끊을 단) 逃(도망할 도) 盜(도적 도) 悼(슬플 도) 毒
(독할 독)

ㄹ 落(떨어질 락) 掠(노략질할 략) 轢(수레에 치일 력)
劣(용렬할 렬) 裂(찢어질 렬) 零(떨어질 령) 淚(눈물
루) 淚(샐 루)

ㅁ 灣(오랑캐 만) 亡(망할 망) 埋(묻을 매) 盲(소경 맹) 滅
(멸할 멸) 鳴(울 명) 耗(소모될 모) 沒(빠질 몰) 歿(죽
을 몰) 墓(무덤 묘) 無(없을 무) 紊(어지러울 문) 迷(희
미할 미)

ㅂ 迫(핍박할 박) 反(돌이킬 반) 叛(배반 반) 妨(방해할 방)
魄(넋 백) 罰(죄 벌) 伐(칠 벌) 犯(범할 범) 霹(벼락 벽)
便(똥오줌 변) 別(다를 별) 病(병들 병) 覆(덮을 복) 僕
(종 복) 腐(썩을 부) 否(아닐 부) 負(짐질 부) 焚(불사를
분) 崩(무너질 붕) 卑(낮을 비) 悲(슬플 비) 非(아닐 비)
婢(여종 비) 貧(가난할 빈)

ㅅ 死(죽을 사) 削(깎을 삭) 散(흩어질 산) 喪(복입을 상)
傷(상할 상) 泄(샐 설) 洩(샐 설) 消(사라질 소) 損(덜
손) 碎(무너질 쇄) 囚(가둘 수) 愁(근심 수) 讐(원수 수)
殉(순장 순) 衰(쇠할 쇠) 尸(주검 시) 屍(주검 시) 熄(불
꺼질 식) 失(잃을 실) 襲(엄습할 습)

ㅇ 餓(주릴 아) 惡(악할 악) 愕(크게 놀랄 악) 癌(암 암)
暗(어두울 암) 壓(누를 압) 殃(재앙 앙) 礙(막을 애) 哀
(슬플 애) 厄(재앙 액) 弱(약할 약) 禦(막을 어) 抑(누
를 억) 輿(상여 여) 疫(염병 역) 厭(싫을 염) 穢(더러
울 예) 傲(거만할 오) 誤(그르칠 오) 獄(옥 옥) 壅(막
힐 옹) 臥(눌 와) 畏(두려워할 외) 歪(비뚤어질 왜) 尿
(요줌 요) 搖(흔들 요) 辱(욕될 욕) 迂(굽을 우) 憂(근
심 우) 怨(원망할 원) 僞(거짓 위) 誘(꾈 유) 諛(아첨할
유) 陰(그늘 음) 淫(음탕할 음) 泣(울 읍) 疑(의심할 의)
刃(칼날 인) 姙(애밸 임)

ㅈ 刺(찌를 자) 雜(섞일 잡) 葬(장사지낼 장) 藏(감출 장)
障(막힐 장) 災(재앙 재) 爭(다툴 쟁) 賊(도적 적) 狄(오랑캐
적) 戰(싸울 전) 折(꺾을 절) 切(끊을 절) 絕(끊을 절)
征(칠 징) 祭(제사 제) 阻(막힐 조) 終(마침 종) 罪(쇠
죄) 憎(미워할 증) 止(그칠 지) 塵(끌 진) 疾(병 질) 懲
(징계할 징)

ㅊ 錯(어긋날 착) 慙(부끄러울 참) 慘(참혹할 참) 娼(창기
창) 債(빚질 채) 穿(뚫을 천) 賤(천할 천) 滯(막힐 체)
焦(그을릴 초) 醜(추할 추) 縮(모자랄 축) 針(바늘 침)
沈(잠길 침)

ㅌ 墮(떨어질 타) 濁(물흐릴 탁) 歎(탄식할 탄) 奪(빼앗을
탈) 耽(즐길 탐) 貪(탐낼 탐) 怠(게으를 태) 胎(애밸
태) 痛(아플 통) 退(물러갈 퇴) 投(던질 투) 鬪(싸움 투)

ㅍ 破(깨질 파) 罷(마칠 파) 敗(패할 패) 烹(삶을 팽) 片(조
각 편) 廢(폐할 폐) 胞(애밸 포)

ㅎ 虐(사나울 학) 割(해로울 할) 陷(빠질 함) 駭(놀랄 해)
害(해할 해) 虛(빌 허) 險(험할 험) 血(피 혈) 螢(반디
형) 刑(형벌 형) 禍(재화 화) 魂(넋 혼) 患(근심 환) 荒
(거칠 황) 毀(헐 훼) 休(쉴 휴) 凶(흉할 흉)

(2) 남의 놀림감이 되는 이름

한자의 뜻이나 이름 자체는 나쁘지 않지만, 성과 함께 부르면 어감이 이상해 남의 놀림감이 되거나 혐오감을 주는 이름이다. 이런 이름을 사용해도 문제가 없다고 주장하는 작명가는 없다. 예를 들면 다음과 같은 이름이다.

高萬斗(고만두) 高生萬(고생만) 高生文(고생문) 高長植(고장식)
金章喆(김장철) 金昌女(김창녀) 金治國(김치국) 朴命海(박명해)
卞泰聖(변태성) 梁在基(양재기) 魚東泰(어동태) 吳介月(오개월)
魚秀宣(어수선) 李佶洙(이길수) 林信中(임신중) 張健達(장건달)
張炳錫(장병석) 趙鎭培(조진배) 周起子(주기자) 朱吉守(주길수)
周前子(주전자) 韓萬恩(한만은)

2. 불길 문자

뜻은 나쁘지 않지만, 이름에 쓰면 '불길한 작용'을 한다는 한자를 말한다. 종류도 참 많다. 왜 불길한 작용을 하는지 그 이유가 분명치 않은 것도 있다.

이런 불길 문자에 대해서는 작명가의 의견이 분분하다. 불용 문자로 보고 이름에 쓰면 안된다고 주장하는 이도 있고, 반대로 전혀 근거가 없다며 불용 문자로 인정하지 않는 이도 있다.

되도록 이름 글자로 쓰지 않는 것이 좋다는 절충론을 펴는 작명가도 있다.

(1) 분파(分破) 글자

분파 글자란 明 敏 炳 相 洙 樹 淑 時 龍 祐 淨 濬 煥 衡 弘 勳 등 형태상 '좌우로' 나누어지는 한자를 말한다. 孔 權 柳 林 朴 孫 沈 張 池 河 韓 許 등 성씨도 많다.

분파에서 '분(分)'은 '나누다' '떨어져 나가다' '몇 개의 부분으로 갈라지다'는 뜻을, '파(破)'는 '깨뜨리다' '부수다' '흩뜨리다' '쪼개지다'는 뜻을 갖고 있다. 분파란 한마디로 분리와 파괴를 뜻한다.

분파 글자를 흉자로 보는 작명가는 이름에 분파 글자를 쓰면 '분파'가 의미하는 나쁜 현상이 당사자의 삶에 암시된다고 주장한다. 분파 글자가 인생에 불안과 이별, 사별, 고독, 분리, 파괴 등의 기운을 유도한다는 것이다.

그러나 이런 주장에 문제를 제기하는 작명가도 많다. 먼저 왜 형태상 좌우로 나누어지는 한자만 분파 글자로 보고, 상하로 나누어지는 한자는 분파 글자로 보지 않느냐는 것이다. 참으로 일리 있는 지적이다. 분파 글자를 빼면 이름에 쓸 수 있는 한자가 지나치게 제한된다는 점도 문제로 지적된다. 사실 한자는 글자의 합성으로 만들어진 글자가 많으므로 분파 글자도 많을 수밖에 없다.

그래서 나온 이론이 성과 이름이 모두 분파 글자라야 분파의 흉 작용이 나타난다는 이론이 아닌가 싶다. 성명에 좌우로 나누어지지 않는 한자가 한 자라도 있으면 나쁜 이름으로 보지 않는다는 얘기다. 이 이론에 따르더라도 성씨가 분파 글자인 사람은 애초부터 좋은 이름을 짓는 데 상대적으로 불리할 수밖에 없다.

(2) 사주와 충하는 글자

1) 자신의 사주와 충하는 글자

사주팔자 일주의 지지(일지)나 연주의 지지(연지)와 충하는 글자를 이름에 쓰면 나쁘다는 것이다.

연주의 천간(연간)과 충하는 글자나 연지와 원진살 관계의 글자를 포함시키는 작명가도 있다.

월주의 지지(월지)와 충하는 글자까지 넣기도 한다. 더욱이 한자는 달라도 발음이 같으면 충하는 글자로 본다.

사람의 선천운을 결정하는 사주에서 연주는 당사자의 뿌리인 조상이나 부모를, 일지는 배우자를 상징하는 중요한 자리라는 것이 이유다. 월지는 사주에서 차지하는 비중이 높다는 이유에서다.

이름에 천간인 甲 乙 丙 丁 戊 己 庚 辛 壬 癸와 지지인 子 丑 寅 卯 辰 巳 午 未 申 酉 戌 亥, 또는 이들 천간지지와 발음이 같은 한글이 한 자도 없으면 해당 사항이 없다.

그러나 이런 글자가 한 자라도 있으면 일단 나쁜 이름이 될 수 있으니 사주를 살펴 봐야 한다.

지지의 충은 子-午, 丑-未, 寅-申, 卯-酉, 辰-戌, 巳-亥가 만날 때 이뤄진다.

천간의 충은 甲-庚, 乙-辛, 丙-壬, 丁-癸가 만날 때다.

원진살은 子-未, 丑-午, 寅-酉, 卯-申, 辰-亥, 巳-戌이 서로 만날 때를 말한다.

양력으로 2015년 4월 5일 오후 6시에 태어난 아이를 예로 들어 보자. 인터넷상의 사주프로그램에 생년월일시를 입력하면 해당 사주를 쉽게 알 수 있다.

| 2015년 4월 5일 오후 6시 |

시주	일주	월주	연주
丁(정)	辛(신)	庚(경)	乙(을)
酉(유)	亥(해)	辰(진)	未(미)

이 아이의 이름에 일지 亥(해)와 충하는 글자는 巳(사)다. 따라서 巳를 이름에 쓰면 흉하다. 師 士 泗 仕 등 '사' 발음의 한자는 모두 해당된다.

연지 未(미)와 충하는 글자는 丑(축)이다. 丑은 물론 '축' 발음의 한자 祝 畜 縮 등도 쓰면 흉하다.

연간 乙(을)을 충하는 글자는 辛(신)이다. 辛은 물론 申 信 愼 臣 등 '신' 발음의 한자도 다 나쁘다.

연지 未(미)와 원진살을 이루는 지지는 子(자)다. 따라서 子는 물론 '자' 발음의 한자 慈 滋 仔 등도 흉하다.

2) 부모의 사주와 충하는 글자

부모 사주팔자의 연지와 충하거나 원진살 관계인 글자를 이름에 쓰면 흉하다는 이론이다. 발음이 같은 한자도 해당된다. 앞에서 설명한 1)의 논리를 확장한 것이다.

(3) 뜻이 원대한 글자

한자가 갖고 있는 크고 높은 뜻을 감당하지 못해 흉하다는 이론이다.

乾(건) 坤(곤) 廣(광) 國(국) 極(극) 仙(선) 世(세) 完(완)
王(왕) 宇(우) 元(원) 一(일) 壹(일) 祖(조) 宗(종) 宙(주)
天(천) 最(최) 太(태) 泰(태) 后(후) 皇(황)

(4) 형제간 서열을 어긴 글자

첫째 자녀(장남, 장녀)가 사용해야 할 글자가 있다는 이론이다. 이런 글자를 동생이 쓰면 첫째 자녀가 자기 역할을 못하고 동생이 대신한다는 것이다. 장남, 장녀가 자신의 뜻을 펴지 못하거나, 가족 간 위계질서가 깨져 가정이 평화롭지 못하다는 얘기도 된다.

동생이 사용하면 안 좋은 글자는 '첫째' '처음', 또는 '높다' '크다' 등의 뜻을 갖고 있다. 형제간 서열로 따지면 장남, 장녀라는 의미가 들어 있는 것이다. 그러나 장남, 장녀와 동생이 함께 쓰면 문제가 없다고 본다. 예를 들면 다음과 같다.

> 一(수의 첫째) 甲(10천간의 첫째) 東(방위의 첫째) 元(원형 이정의 첫째) 仁(인의예지신의 첫째)
> 高(높다) 領(거느리다) 孟(맏이다) 上(위다) 先(먼저다) 首(머리다) 始(맨처음이다) 長(맏이다, 어른이다) 宗(으뜸, 근본이다) 初(처음이다)

앞의 (3)에 해당하는 글자도 포함된다. 장남, 장녀가 사용해도 흉하니 아래 자녀는 두 말할 것도 없다.

(5) 10천간과 12지지

귀신이 붙어 다니는 글자로 영향력이 대단하기 때문에 함부로 사용하면 안된다는 것이 이유다.

> **10천간** : 甲 乙 丙 丁 戊 己 庚 辛 壬 癸
> **12지지** : 子 丑 寅 卯 辰 巳 午 未 申 酉 戌 亥

(6) 완성을 의미하거나 큰 수, 또는 작은 수를 나타내는 글자

· 완성 : 成(성) 完(완) 正(정) 十(십)

- 큰 수, 작은 수 : 百(백) 千(천) 萬(만) 億(억) 兆(조)
  零(영) 一(일)

(7) 정신세계의 높은 경지를 의미하는 글자

- 神(신) 佛(불) 尊(존)

(8) 동 · 식물 이름 글자

- **동물** : 犬(견) 鷄(계) 龜(구) 豚(돈) 狼(랑) 馬(마) 蛇(사)
  獸(수) 羊(양) 魚(어) 烏(오) 龍(용) 羽(우) 熊(웅)
  猿(원) 雀(작) 兎(토) 貝(패) 鶴(학) 虎(호)
- **식물** : 菊(국) 桃(도) 蘭(란) 梨(리) 梅(매) 松(송) 棗(조)
  竹(죽) 草(초)

(9) 인체 부위나 인체의 작용을 뜻하는 글자

- **인체 부위** : 肝(간) 骨(골) 口(구) 腦(뇌) 膽(담) 頭(두)
  毛(모) 目(목) 尾(미) 眉(미) 髮(발) 膀(방)
  背(배) 服(복) 舌(설) 手(수) 腎(신) 顔(언)
  胃(위) 耳(이) 足(족) 肺(폐) 肛(항)
- **인체 작용** : 渴(갈) 腔(강) 痼(고) 尿(뇨) 痲(마) 盲(맹)
  肥(비) 瘦(수) 殉(순) 啞(아) 指(지) 餐(찬)
  臭(취) 吐(토) 咳(해)

(10) 음식 관련 글자

甘(감) 苦(고) 饉(근) 酸(산) 食(식) 辛(신) 餓(아)

飮(음) 醬(장) 酒(주) 粥(죽) 醋(초) 酢(초) 鹹(함)

(11) 어조사(語助辭)

접속사, 감탄사, 종결사 등을 통칭하는 말이다. 실질적인 뜻이 없으므로 이름 글자로 쓰면 안 좋다는 것이다.

也(야) 耶(야) 若(약) 於(어) 焉(언) 然(연) 嗚(오) 矣(의)
而(이) 以(이) 哉(재) 則(즉) 之(지) 況(황) 兮(혜) 乎(호)
呼(호)

(12) 동자이음어(同字異音語)

발음상 혼돈을 주기 때문에 피해야 한다는 것이다.

更(다시 갱, 고칠 경) 易(바꿀 역, 쉬울 이) 樂(즐길 락, 좋아
할 요) 金(쇠 금, 성 김) 什(열사람 십, 세간 집) 奈(어찌 나,
능금나무 내) 率(거느릴 솔, 우두머리 수, 비율 율) 度(법도
도, 헤아릴 탁) 車(수레 거, 수레 차)

다음과 같이 초성 ㄴ, ㄹ이 두음법칙에 따라 ㅇ으로 발음되는 한자도 포함된다.

- 紐(끈 뉴, 유) 兩(두 량, 양) 梁(들보 량, 양) 樑(들보 량, 양) 諒(믿을 량, 양) 亮(밝을 량, 양) 凉(서늘할 량, 양) 糧(양식 량, 양) 良(어질 량, 양) 倆(재주 량, 양) 量(헤아릴 량, 양)
- 麗(고울 려, 여) 旅(나그네 려, 여) 慮(생각 려, 여) 呂(성 려, 여) 侶(짝 려, 여) 勵(힘쓸 려, 여)
- 歷(지날 력, 역) 曆(책력 력, 역) 力(힘 력, 역)
- 鍊(단련할 련, 연) 憐(불쌍히 여길 련, 연) 戀(사모할 련, 연) 蓮(연밥 련, 연) 漣(연할 련, 연) 聯(이을 련, 연) 練(익힐 련, 연)
- 怜(영리할 령, 영)
- 例(견줄 례, 예) 禮(예도 례, 예)
- 僚(동료 료, 요) 了(마칠 료, 요) 料(헤아릴 료, 요)
- 龍(용 룡, 용)
- 類(같을 류, 유) 留(머무를 류, 유) 琉(유리 류, 유) 流(흐를 류, 유)
- 侖(둥글 륜, 윤) 輪(바퀴 륜, 윤) 綸(벼리 륜, 윤) 崙(산이름 륜, 윤) 倫(차례 륜, 윤)
- 栗(밤 률, 율) 律(법 률, 율)
- 莉(말리 리, 이) 裏(속 리, 이) 俚(속될 리, 이) 隣(이웃 린, 인)

(13) 기타 불길 문자

기타 이름에 사용하면 나쁘다고 알려져 있는 불길 문자가 있다. 그 이유를 보면 '고집이 세다' '배우자 덕이 박하다' '성격이 까다롭다' '고독하고 가난하다' '파란이 많다' 등 다양하다.

ㄱ : 甲(갑) 慶(경) 光(광) 九(구) 龜(구) 國(국) 菊(국) 貴(귀) 極(극) 錦(금) 琴(금) 吉(길)

ㄴ : 男(남) 南(남) 女(녀)

ㄷ : 德(덕) 桃(도) 乭(돌) 冬(동) 童(동)

ㄹ : 蘭(란) 了(료) 龍(룡)

ㅁ : 馬(마) 滿(만) 末(말) 梅(매) 明(명) 命(명) 未(미) 敏(민)

ㅂ : 福(복) 鳳(봉) 富(부) 分(분) 粉(분) 芬(분) 紛(분) 飛(비)

ㅅ : 四(사) 絲(사) 山(산) 上(상) 石(석) 雪(설) 笑(소) 勝(승) 實(실)

ㅇ : 愛(애) 榮(영) 玉(옥) 完(완) 雲(운) 元(원) 月(월) 銀(은) 伊(이)

ㅈ : 子(자) 貞(정) 晶(정) 重(중) 地(지) 眞(진) 珍(진)

ㅊ : 川(천) 鐵(철) 初(초) 秋(추) 春(춘) 出(출) 忠(충) 治(치)

ㅌ : 泰(태) 態(태)

ㅍ : 風(풍) 豊(풍)

ㅎ : 夏(하) 香(향) 海(해) 幸(행) 好(호) 紅(홍) 孝(효) 花(화) 輝(휘) 喜(희) 姬(희)

3. 길한 문자

흉한 문자와 반대로 이름 글자로 쓰면 좋다는 길한 한자도 있다. 작명가에 따라 다르지만 모아 보면 아래와 같다. 흉한 문자보다 비교할 수 없을 정도로 적다.

이런 한자를 이름에 쓰면 왜 좋은지 그 이유는 확실치 않다. 앞에서 살펴 본 불길 문자로 분류된 한자도 들어 있다.

光(광) 國(국) 基(기) 斗(두) 立(립) 秉(병) 鳳(봉) 飛(비)
相(상) 晢(철) 成(성) 秀(수) 洙(수) 樹(수) 承(승) 永(영)
玉(옥) 勇(용) 龍(룡) 遇(우) 義(의) 益(익) 正(정) 濬(준)
昌(창) 哲(철) 泰(태) 八(팔) 煥(환) 皇(황) 衡(형) 豪(호)
弘(홍) 勳(훈)

4. 생각해 볼 점

앞에서 살펴 본 '1. 혐오 문자'에 대해서는 진짜 불용 문자로 보는 시각이 지배적이다. 상식적으로 봐도 누구나 인정할 수 있다.

헷갈리고 혼란스러운 것은 '2. 불길 문자'다. 종류도 많고, 불길하다는 이유도 많다. 이유 중에는 그럴듯한 것도 있고 설득력이 떨어지는 것도 있다. 터무니 없이 들리는 이유도 있다.

앞에서 살펴 본 불길 문자의 많은 종류 중 작명가에 따라 수용하고 배척하는 것이 있다. 흔히 '⑴ 분파 글자'와 '⒀ 기타 불길 문자'는 불길 문자로 아예 인정하지 않는 이도 있다. 그 이유로 그런 불길 문자를 이름에 쓰면서도 성공한 사람으로 평가되는 사람을 예로 든다. 실례를 통해 불길 문자로 봐야 할 근거가 없음을 주장하는 것이다.

그러나 관행으로 내려온 불길 문자를 모두 무시하기도 어렵다. 길과 흉이 확실히 실증되지 않은 상황에서는 흉할 수도 있다고 보는 것이 합리적일 수 있다. 그렇다면 불길 문자에 대해서는 절충론자의 입장이 그럴듯하다. 절대 사용해서는 안되는 것이 아니라 되도록 피하는 것이 좋다는 주장이다.

길한 문자도 곧이곧대로 받아들이기는 무리라고 봐야 한다. 근거가 불확실할 뿐만 아니라 흉한 문자로 분류된 글자도 들어 있기 때문이다.

제 **2** 장

음양론(陰陽論)

제2장 음양론(陰陽論)

　동양의 학문을 논하면서 음양론을 빼놓을 수 없다. 음양론이 가장 밑바닥에 깔려 있는 사고 체계이기 때문이다. 음양론은 세상의 모든 현상을 음양 관계로 보면서 음양의 조화를 중시한다. 성명학에서도 마찬가지다.

　성명은 보통 한글과 한자를 함께 쓴다. 따라서 성명학에서 음양은 크게 한글 음양과 한자 음양으로 나눠 볼 수 있다.

　성명학 음양론은 성명에 음과 양이 섞여 있어 음양이 조화를 이뤄야 좋다고 본다. 성명 글자가 모두 음이거나 양이면 한 쪽으로 치우쳐 음양이 조화되지 못하므로 나쁘다는 것이다.

　문제는 한자든 한글이든 음양을 나누는 기준이 하나가 아니라는 것이다. 그래서 같은 성명에 여러 가지 음양 구분 기준을 적용하면 음양 조화 여부가 다르게 나타날 수 있다. 이럴 경우 그 성명이 좋다고 봐야 할지, 아니면 나쁘다고 봐야 할지 애매할 수밖에 없다.

　한자 음양부터 살펴 보자.

1. 한자 음양

한자를 음양으로 나누는 기준으로는 획수와 자형(字形)이 있다. 획수 기준을 적용한 음양 구분이 획수 음양, 자형 기준을 적용한 음양 구분이 자형 음양이다.

(1) 획수 음양

한자 성명 각 글자를 획수에 따라 음양으로 나누는 것이다. 획수가 홀수이면 양, 짝수이면 음이다. 곤혹스러운 점은 획수를 세는 방법도 한 가지가 아니라는 것이다. 원획법과 필획법, 곡획법 세 가지가 있다.

1) 원획법과 필획법, 곡획법
원획법은 자전에 나와 있는 획수로 보는 것이다. 필획법은 우리가 한자를 쓸 때의 획수로 세는 것이다. 일반적으로 원획법을 많이 쓴다.

곡획법은 한자 획의 방향이 바뀔 때마다 한 획으로 보는 계산법이다. 예컨대 乙의 경우 필획법과 원획법으로는 1획이나 곡획법으로는 4획이 된다. 口는 필획과 원획은 3획이나 곡획은 4획이다.

원획법과 필획법으로 계산한 획수가 다른 것은 부수(部數)의 획수 차이에 있다. 원획이 필획보다 많다.

예컨대 浩에서 氵(삼수변)은 필획법을 적용하면 3획이나 원획법으로는 물 水(수) 4획으로 본다. 따라서 浩의 획수는 원획법으로는 11획이나 필획법으로는 10획이 된다.

陸에서 阝(좌부변)은 필획으로는 3획이나 원획으로는 언덕 阜(부) 8획으로 본다. 따라서 陸의 필획은 11획이나 원획은 16획으로 5획 차이가 난다.

珍에서 玉(구슬옥변)은 필획으로는 4획이나 원획으로는 구슬 玉(옥) 5획으로 본다. 따라서 珍의 필획은 9획이나 원획은 10획이 된다.

원획과 필획이 다른 부수는 다음과 같다. 14개다.

부수이름	필획	필획수	원부수	원획수	원획 사례
삼수변	氵	3	水	4	治(9획) 洪(10획)
심방변	忄	3	心	4	性(9획) 情(12획)
손수변	扌	3	手	4	打(6획) 扶(8획)
개사슴록변	犭	3	犬	4	犯(5획) 狐(8획)
구슬옥변	王	4	玉	5	珍(10획) 玹(10획)
보일시변	礻	4	示	5	祥(11획) 福(14획)
고기육변	月	4	肉	6	肝(7획) 胎(11획)
초두머리	艹	4	艸	6	英(11획) 菊(14획)
그물망	罒	5	网	6	罪(14획) 罷(16획)
늙을로	耂	4	老	6	考(8획) 孝(9획)
옷의변	衤	5	衣	6	被(10획) 裕(13획)
책받침	辶	4	辵	7	連(14획) 遠(17획)
우부방	阝	3	邑	7	都(16획) 19획(鄭)
좌부방	阝	3	阜	8	陳(16획) 陽(17획)

2) 숫자 표시 한자 획수

흔히 숫자를 표시하는 一 二 三 四 五 六 七 八 九 十은 글자 획수가 아니라 의미대로 획수를 계산한다.

一은 1획, 二는 2획, 三은 3획, 四는 4획, 五는 5획, 六은 6획, 七은 7획, 八은 8획, 九는 9획, 十은 10획으로 보는 것이다.

그러나 11 이상의 수를 나타내는 한자는 일반 한자처럼 획수로 계산한다. 百은 6획, 千은 3획, 萬은 15획인 것이다.

숫자 표시 한자의 획수를 이처럼 계산하는 것이 불합리하다고 지적하는 작명가도 있다.

(2) 자형(字形) 음양

한자의 형태에 따라 음양을 구분하는 방법이다. 세 가지 방법이 있다.

1) 종파 · 횡파냐 아니냐

한자가 형태상 좌우나 상하로 나누어지면 음, 나누어지지 않으면 양으로 본다.

좌우로 나누어지는 것은 종파, 상하로 나누어지는 것을 횡파라고 한다.

예컨대 朴 培 銀 鄭 桂 韓 등은 종파, 圭 吉 靈 益 昌 畓 등은 횡파이므로 음이다.

羅 嶺 盟 戀 醫 賢 등은 종파와 횡파가 섞인 글자로 당연히

음이다. 그러나 國 同 民 生 我 禹 등은 횡파도 종파도 아니므로 양이다.

2) 종파냐 아니냐

횡파는 고려하지 않고 종파 여부만 따져 음양을 구분하는 방법이다. 좌우로 나누어지면 음, 나누어지지 않으면 양으로 보는 것이다.

좌우로 나누어지는 음 형태와 좌우로 나누어지지 않는 양 형태가 합쳐져 하나의 글자를 이룬 것은 중성으로 본다.

예컨대 明 徐 信 珍 柱 致 등은 종파이므로 음, 大 金 李 宋 業 容 등은 종파가 아니므로 양이다. 盟 羅 嶺 燮 賢 등은 종파와 비종파 형태가 합쳐진 글자이므로 중성이다.

3) 종파냐 횡파냐

종파와 횡파를 하나의 음양 개념으로 보는 방법이다. 성명 글자가 종파와 횡파 한 가지로 치우치지 않고 조화를 이뤄야 좋다는 것이다.

특히 성과 이름 첫 자의 조화가 중요하다고 본다. 성이 종파이면 이름 첫 자는 횡파, 성이 횡파이면 이름 첫 자는 종파라야 한다는 얘기다.

예컨대 이(李)씨 성을 가진 여자의 경우 李는 횡파이므로 이름 첫 자는 소(韶), 수(琇), 아(娥) 등 종파를 써야 좋다는 것이다.

(3) 생각해 볼 점

1) 획수 음양과 자형 음양의 비중

한 성명에서 획수 음양과 사형 음양이 둘 다 조화를 이루면 당연히 좋은 성명으로, 둘 다 조화를 이루지 못하면 나쁜 이름으로 보면 된다.

그러나 획수 음양과 자형 음양 중 하나는 조화가 되고 다른 하나는 조화가 안된다면 어떻게 판단해야 할까? 획수 음양을 중시해야 할까, 아니면 자형 음양을 우선해야 할까? 한 가지라도 음양 조화가 깨졌으니 안 좋은 이름이라고 봐야 하나?

2) 획수 계산법

원획법과 필획법, 곡획법 등 획수 계산 방법이 다른 데 따른 문제가 있다. 계산법에 따라 획수가 달라지고, 획수가 다르면 음양이 달라질 수 있기 때문이다.

그렇다면 세 가지 계산법 중 어느 것을 중시해야 할까. 일반적으로 원획법을 많이 쓴다. 그렇다고 필획법이나 곡획법이 터무니 없는 이론이라고 할 수는 없다. 필획법이나 곡획법을 쓰는 데도 나름대로 일리가 있기 때문이다.

3) 자형 음양 구분

자형 음양 구분에는 크게 종파, 횡파 둘 다 고려하는 방법과 종파만 고려하는 방법이 있다. 따라서 같은 한자라도 음양 구분 방법에 따라 음양이 달라질 수 있다. 圭 益 宙 昌 台 靈 등의 한자는 종파, 횡파 둘 다 적용하는 방법에 따르면 음이지만, 종파만 적용하는 방법에 따르면 양이다.

두 가지 자형 음양 구분 기준 중 어떤 것을 따라야 할까?

2. 한글 음양

한글의 음양 구분 방법은 한자보다 더 복잡하다. 한자 음양 구분 기준과 공통으로 적용하는 것도 있다.

(1) 획수 음양

한글 성명 각 글자를 획수에 따라 음양으로 나누는 것이다. 획수가 홀수이면 양, 짝수이면 음이다. 한자 획수 음양 구분과 같은 방법이다. 문제는 한글 자음 중 일부는 성명학 유파에 따라 획수를 달리 적용하는 것이다.

한글학회의 공식 입장은 아래와 같다. 그러나 유파에 따라 ㅇ을 2획, ㅈ을 3획, ㅊ을 4획 등으로 달리 본다.

〈자음 획수〉	〈모음 획수〉
1획 = ㄱ ㄴ ㅇ	1획 = ㅡ ㅣ
2획 = ㄷ ㅅ ㅈ ㅋ ㄲ	2획 = ㅏ ㅓ ㅗ ㅜ ㅢ
3획 = ㄹ ㅁ ㅊ ㅌ ㅎ	3획 = ㅐ ㅔ ㅚ ㅟ ㅑ ㅕ ㅛ ㅠ
4획 = ㅂ ㅍ ㄸ ㅆ ㅉ	4획 = ㅘ ㅝ ㅒ ㅖ
	5획 = ㅙ ㅞ

예컨대 **홍길동**이란 성명의 획수를 계산해 보자.

한글학회에 따르면 홍은 6획, 길과 동은 각 5획이다. 6은 짝수이므로 음, 5는 홀수이므로 양이다. 따라서 **홍길동**의 획수 음양은 음양양이 된다.

ㅇ을 1획이 아니라 2획으로 보면 홍은 8획, 길은 5획, 동은 6획이므로 홍길동의 획수 음양은 음양음이 된다.

김민준은 어떨까. 한글학회에 따르면 김, 민, 준이 다 5획이므로 **김민준**의 획수 음양은 양양양이다. 그러나 ㅈ을 2획이 아니라 3획으로 보면 준은 6획 짝수이므로 음이다. 이 경우 **김민준**의 획수 음양은 양양음이다.

이처럼 자음 획수를 어떻게 보느냐에 따라 획수가 달라지고, 획수가 달라지면 음양이 바뀔 수 있다. 같은 성명이라도 음양이 조화를 이뤄 좋은 이름으로 볼 수도, 조화를 못 이뤄 나쁜 이름으로 볼 수도 있는 것이다.

(2) 모음 음양

모음을 음양으로 나누고, 각 글자에 들어 있는 모음에 따라 글자의 음양을 구분하는 방법이다.

ㅏ ㅑ ㅗ ㅛ ㅐ ㅒ ㅘ ㅚ ㅙ 등은 양모음,

ㅓ ㅕ ㅜ ㅠ ㅡ ㅣ ㅢ ㅔ ㅖ ㅝ ㅟ ㅞ 등은 음모음으로 본다.

양모음은 발음상 가볍고, 음모음은 무거운 느낌을 준다.

예컨대 **홍길동**을 모음 음양으로 보면 홍은 양, 길은 음, 동은 양이다. 따라서 **홍길동**의 모음 음양은 양음양이 된다. **김민준**의 경우 김, 민, 준 셋 다 음이므로 모음 음양은 음음음이 된다.

(3) 받침 음양

글자에 받침이 있느냐 없느냐에 따라 글자의 음양을 나누는 방법이다. 받침이 없으면 양, 받침이 있으면 음으로 본다. 받침이 없는 글자는 발음하면 가볍게 느껴지고, 받침이 있는 글자는 무겁게 느껴진다는 의미에서다.

예컨대 **홍길동**의 경우 세 글자 모두 받침이 있으므로 받침 음양은 음음음이 된다. **김민준**도 마찬가지로 음음음이다.

(4) 자형(字形) 음양

한자의 자형 음양 구분을 한글에 일부 적용하는 것이다.

한글은 한자와 달리 모든 글자가 종파이거나 횡파, 아니면 종파 · 횡파 복합 형태로 나뉜다. 좌우나 상하, 또는 좌우 · 상하로 나뉘어지지 않는 글자는 없는 것이다. 따라서 앞에서 설명한 '3) 종파냐 횡파냐'만 적용한다.

ㅏ ㅑ ㅓ ㅕ ㅣ ㅐ ㅒ ㅖ 등의 모음이 들어 있는 글자는 종파, ㅗ ㅛ ㅜ ㅠ 등이 들어 있는 글자는 횡파다.

또 ㅡ ㅢ ㅚ ㅟ ㅘ ㅝ ㅙ ㅞ 등이 들어 있는 글자는 종파 · 횡파 복합 형태다.

(5) 사례

앞에서 설명한 **홍길동**과 **김민준**의 한글 음양 구분 결과를 종합해 보자. 자음 획수는 한글학회의 입장을 따른다. 괄호 안은 ㅇ을 2획, ㅈ을 3획으로 볼 경우다.

음양 구분	홍길동	김민준
획수 음양	음양양(음양음)	양양양(양양음)
모음 음양	양음양	음음음
받침 음양	음음음	음음음
자형 음양	횡종종	종종횡

음양 구분 방법에 따라 성명의 음양 조합이 다르다.

어떤 기준을 적용하더라도 성명 세 글자가 모두 음, 또는 양이 아니면 문제는 없다. **홍길동**, **김민준**처럼 성이 한 자, 이름이 두 자인 경우 양이 둘이고 음이 하나이거나, 반대로 양이 하나이고 음이 둘이면 음양 조화가 이뤄진다고 보기 때문이다.

홍길동의 경우 획수 음양이나 모음 음양, 자형 음양은 음양 조화를 이뤄 문제가 없다. 그러나 받침 음양은 음음음으로 안 좋다.

김민준의 경우 획수 음양은 양양양, 모음 음양과 받침 음양은 음음음이므로 나쁜 이름이다. 그러나 자형 음양을 적용하면 좋은 이름이다. 또 한글학회 입장과 달리 ㅈ을 2획이 아니라 3획으로 보면 획수 음양도 양양음으로 음양 조화를 이룬다.

(6) 생각해 볼 점

1) 음양 구분 방법의 비중

한자의 음양 구분에서와 같은 의문을 제기할 수 있다. 한글은 음양 구분 기준이 한자보다 많아 더 혼란스러울 수 있다.

한 성명에서 획수 음양과 모음 음양, 받침 음양, 자형 음양 등 네 가지 음양 구분이 엇갈릴 경우 이름의 좋고 나쁨을 어떻게 판단해야 할까? 네 가지 중 무시해도 좋은 음양 구분은 있을까? 어떤 음양 구분을 가장 중시해야 할까? 네 가지 음양 구분 중 둘 이상만 음양 조화가 이뤄지면 좋은 이름으로 봐도 될까?

사실 이 같은 음양 구분 기준에 객관적인 우선 순위가 있는 것은 아니다. 작명가마다 자기 방식이 맞다고 주장할 뿐이다. 작명가들이 획수 음양을 많이 쓴다고 해서 그것이 꼭 합리적이라고 할 수도 없다.

2) 모음의 음양 구분

ㅣ를 음으로 봐도 좋을지 알 수 없다. 세종대왕 시절 자음과 모음의 창제 원리를 밝힌 〈훈민정음해례본〉에는 ㅣ를 중성으로 분류해 놓았기 때문이다.

3) 자형 음양 적용

상형문자인 한자에 적용되는 자형 음양을 한글에 적용하는 것이 과연 합당한지 의문을 제기할 수 있다.

3. 성명의 음양과 길흉

성명 글자의 음양과 성명의 길흉에 대해 자세히 알아 보자.

성명 글자가 음양 조화를 이루면 좋은 이름, 조화를 이루지 못하면 나쁜 이름이라고 판단한다. 성명이 몇 자이든 음이나 양이 하나라도 섞여 있으면 음양 조화가 이뤄진 것으로 본다. 그러나 성명 글자가 모두 양이거나 모두 음이면 음양 조화가 이뤄지지 않아 흉한 것이다.

획수 계산에서 성이 두 자이면 두 글자의 획수를 합친 수를 성의 획수로 삼는다.

현재 이름은 성을 빼고 5자까지만 허용된다.

(1) 길한 성명

- **성과 이름 한 자의 성명** = 음양, 양음
- **성과 이름 두 자의 성명**

    = 양음양, 양양음, 양음음, 음양음, 음음양, 음양양
- **성과 이름 세 자의 성명**

    = 양음양음, 양음양양, 양음음양, 양음음음, 양양양음, 양양음양, 음양음양, 음양음음, 음양양음, 음양양양, 음음음양, 음음양음

(2) 흉한 성명

- **성과 이름 한 자의 성명** = 양양, 음음
- **성과 이름 두 자의 성명** = 양양양, 음음음
- **성과 이름 세 자의 성명** = 양양양양, 음음음음

(3) 성명의 길흉

성명 글자의 음양이 잘 배합돼 조화를 이루면 만사 순조롭고 부귀공명하며 가정이 화목하다고 본다. 그러나 성명이 세 글자이든, 네 글자이든, 두 글자이든 모두 양(순양, 독양)이거나 모두 음(순음, 독음)이면 크게 흉하다고 판단한다.

물론 순양, 순음이 오히려 좋을 때도 있다고는 한다. 사주가 음기운으로 지나치게 치우쳐 있을 경우는 순양이, 반대로 사주가 양으로 지나치게 치우쳐 있을 경우는 순음이 좋다는 것이다. 사주와 이름 간 음양 조화를 이룬다는 이유에서다.

작명가들은 순양, 순음 성명의 흉함을 아래와 같이 설명하고 있다. 음양이 조화를 이루지 못한 성명의 경우다.

- 순양이면 하늘은 있으나 땅이 없는 것과 같다. 정신력은 강하고 활동적이나 차분하게 생각하는 면이 부족하다. 실패가 많고 빈곤하다.

  순음이면 추진력과 독립심이 부족하다. 고독하거나 빈곤

하다. 질병이 많고 단명한다.

- 독양은 활동성은 강하나 저돌적인 기질이 강하다. 파괴, 분리, 단명, 사업 부진 등으로 중도좌절한다.

  독음은 결단력과 추진력이 약하나. 이산, 파괴력 등으로 작용한다.

- 순양이면 질병으로 고생한다. 사회생활에도 실패와 좌절로 파란을 겪는다. 지나치게 강한 운세로 인해 마치 비탈길을 내려가는 고장난 자동차와 같이 파괴를 초래한다.

  순음이면 성격이 침울하고 성인병 등으로 고생한다. 진취성이 부족해 항상 정체 상태에 머문다.

- 독양이면 양기만 강하므로 의기양양하고 저돌적이나 오만방자하다. 일을 잘 벌이지만 수습을 못한다. 음기가 부족하니 어머니나 처와의 인연이 나쁘다. 독선적이고 남과 화합하지 못한다.

  독음이면 우유부단하고 진취적이지 못하다. 양기가 부족하므로 남편이나 아들과의 인연이 안 좋다.

제 **3** 장

오행론(五行論)

제3장 오행론(五行論)

음양론 다음은 오행론이다. **목 화 토 금 수** 오행의 상생 · 상극 관계로 성명의 좋고 나쁨을 판단하는 것이다.

앞에서 살펴 본 음양론에서 음양 구분 기준이 여러 가지이듯 성명 글자의 오행을 나누는 기준도 여럿이다.

성명학에서 오행론은 크게 삼원(三元) 오행과 자원(字源) 오행, 발음(發音) 오행 세 가지로 나눌 수 있다. 한자 성명에는 주로 삼원 오행과 자원 오행을, 한글 성명에는 발음 오행을 적용한다.

오행론도 한자 오행과 한글 오행으로 나누어 볼 수 있다. 흔히 한글 오행을 먼저 따지므로 한글 오행부터 살펴 본다.

1. 한글 오행

한글 성명의 자음을 발음 오행으로 바꾸고, 그 오행의 상생 · 상극을 따져 성명의 길흉을 판단한다.

(1) 발음 오행

1) 다수설

발음 오행은 소리 오행, 음령(音靈) 오행, 음 오행이라고도 한
다. 발음 오행은 자음으로 구분한다. 많은 성명학자가 오래 전
부터 사용하고 있는 오행별 자음 분류는 다음과 같다. 다수설
이라고 할 수 있다.

목 : ㄱ ㅋ ㄲ
화 : ㄴ ㄷ ㄹ ㅌ
토 : ㅇ ㅎ
금 : ㅅ ㅈ ㅊ
수 : ㅁ ㅂ ㅍ

2) 소수설

최근 일부 성명학자가 쓰기 시작한 다른 분류 방식이 있다.
소수설이라 할 수 있다. 다수설의 오행별 자음 분류에서 토(土)
와 수(水)가 서로 바뀐 것이다. 자음과 모음의 제자 원리를 밝힌
〈훈민정음해례본〉에 따른 이론이다.

목 : ㄱ ㅋ ㄲ
화 : ㄴ ㄷ ㄹ ㅌ
토 : ㅁ ㅂ ㅍ
금 : ㅅ ㅈ ㅊ
수 : ㅇ ㅎ

3) 다수설과 소수설의 차이

다수설을 적용하느냐, 소수설을 적용하느냐에 따라 성명의 발음 오행은 크게 다를 수밖에 없다.

노웅근이란 성명을 예로 들어 초성만 살펴 보자. 초성 배열은 ㄴ-ㅇ-ㄱ이므로 다수설에 따르면 목-토-목, 소수설에 따르면 목-수-목이 된다. 목-토-목은 상극 배열이고, 목-수-목은 상생 배열로 크게 다르다.

(2) 적용 방법

발음 오행은 성명 글자의 초성에만 적용하는 방법과 초성 · 종성(받침)에 다 적용하는 방법 두 가지가 있다.

1) 초성에만 적용

초성에만 적용하는 것이 전통적인 방법이다. 현재 성명학자가 쓰는 발음 오행 배열의 길흉 판단 기준을 보면 그렇다. 발음 오행 배열이 〈목목목〉부터 〈수수수〉까지 셋으로만 이뤄져 있는 것이다. 성씨 한 자, 이름 두 자인 세 자 성명의 초성만 고려한 것임을 알 수 있다. 종성까지 고려하면 오행이 셋인 배열만 있을 수 없다.

2) 초성 · 종성에 다 적용

발음 오행을 종성에도 적용하는 이론이 나온 지는 오래 되지 않은 것 같다. 초성과 종성을 다 고려하는 한글 파동 성명학의 영향이 아닌가 싶다.

3) 차이

성명 글자에 받침이 없으면 어떤 방법을 적용해도 발음 오행은 같다. 그러나 받침이 있는 글자가 있으면 방법에 따라 발음 오행의 배열이 달라질 수밖에 없다. 그러면 자연 발음 오행의 상생·상극이 서로 다르고, 성명의 길흉 판단도 엇갈릴 수 있다.

예컨대 김민준이란 이름을 예로 들어 보자. 민준은 최근 남자 아기의 이름으로 인기가 높은 이름이다. 다수설에 따라 성명 글자의 초성만 보면 배열은 ㄱ-ㅁ-ㅈ이므로 발음 오행은 목-수-금이다. 그러나 종성도 보면 배열은 ㄱㅁ-ㅁㄴ-ㅈㄴ이고 발음 오행은 목수-수화-금화가 된다. 발음 오행을 성명 초성에만 적용하면 상생 흐름인 반면, 종성에도 적용하면 상극 투성이가 된다.

김철수라는 성명을 초성만 보면 목-금-금으로 성씨와 상명(上名)이 목금 상극이다. 그러나 초성과 종성을 다 보면 목수-금화-금으로 성씨와 상명 초성은 상생이나 상명과 하명(下名)에서 화금 상극이 발생한다.

(3) 발음 오행 배열의 길흉

1) 상생 길, 상극 흉

일반적으로 성명 글자의 초성 발음 오행이 상생 관계이면 좋다고 본다. 초성의 발음 오행이 상극 관계이더라도 종성을 고려할 경우 상생으로 연결되면 길하다고 판단한다.

상극 중에서도 매우 흉하므로 반드시 피해야 할 상극으로는 수와 화, 화와 금, 토와 수 등 세 가지가 꼽힌다. 특히 성씨와 상명(上名, 이름 첫 자)의 초성 간이나 성씨의 종성과 상명의 초성 간에는 더욱 그렇다.

성씨 한 자, 이름 두 자인 성명의 초성만 따질 경우 발음 오행 배열의 길흉을 삼원 오행과 같은 기준으로 판단하는 작명가도 있고, 다른 기준으로 보는 작명가도 있다. 별도의 발음 오행 길흉 기준을 적용하는 경우도 작명가에 따라 일부 내용이 다르다.

그러나 일반적으로 성명 세 글자가 모두 상생이면 대길, 생이 둘이고 극이 하나면 소길, 생이 하나이고 극이 둘이면 소흉, 세 글자 모두 상극이면 대흉으로 본다. 성과 이름 끝 자의 상생·상극도 고려하는 것이다.

발음 오행 배열의 길흉

(木○○)

• 木木木 - 입신출세격(立身出世格)

발전이 순조롭고 성공한다. 심신이 건강하고 무병장수한다. 부모형제와 화목하고 자손도 번창한다. 꾀하는 일마다 잘되고 복록을 누린다.

• 木木火 - 입신출세격(立身出世格)

성공 발전한다. 부모 덕이 많다. 형제간 화목하고 부부 사이가 좋다. 도와 주는 사람이 많고 부귀영화를 누린다. 재산을 자손에게 물려 준다.

• 木木土 - 고난신고격(苦難辛苦格)

만사불성이다. 꾀하는 일마다 방해자가 생기거나 뜻밖의 재난을 만난다. 부부 불화가 많고 이별할 수 있다. 건강도 안 좋다. 자녀가 불운하기 쉽다.

• 木木金 - 고난신고격(苦難辛苦格)

성공운은 있으나 박해와 모략이 심해 생활이 불안하다. 남으로 인해 피해를 본다. 부모형제의 덕도 없다. 부부 불화가 끊이지 않는다.

• 木木水 - 성공발전격(成功發展格)

순조롭게 발전 · 성공한다. 부모 덕이 있고 형제와도 화목하다. 자손도 번창한다. 부부 관계도 좋아 가정이 원만하다.

• 木火木 - 춘산개화격(春山開花格)

만사형통한다. 성공 · 발전으로 부귀영화를 누린다. 부모형제의 덕이 있고 부부가 유정하다. 인덕이 많다.

• 木火火 - 고목춘풍격(枯木春風格)

모든 일이 순조롭다. 장애 없이 무한히 발전한다. 부부가 화합하고 자손에게 영화가 있다. 한때의 부주의로 큰 곤경에 처할 수는 있다.

• 木火土 - 대지대업격(大志大業格)

모든 일을 크게 이룬다. 불의를 싫어하고 의로움을 좇는다. 부부가 다정하고 가정이 화목하다. 부귀영화가 후세에까지 이어진다.

• 木火金 - 평지풍파격(平地風波格)

일시 성공할 수는 있으나 곧 불행이 초래된다. 부모형제 덕이 없다. 가정불화가 심하다. 자손도 불효한다.

• 木火水 - 선부후빈격(先富後貧格)

초년 부모 유산으로 편안하게 지내거나 일시 성공하나 뜻밖의 재앙을 만나 고난의 길을 걷는다. 부부가 갈등한다.

• 木土木 - 사고무친격(四顧無親格)

조실부모하고 형제 덕도 없다. 부부간에도 이별수가 있다. 사업을 해도 실패한다. 타향에서 고독하게 지낸다.

• 木土火 - 골육상쟁격(骨肉相爭格)

부모 덕은 있으나 후천운이 안 좋다. 성공운은 없고 불행만 닥친다. 가산을 잃고 부부도 이별한다.

• 木土土 - 속성속패격(速成速敗格)

모든 일이 일시 성공하더라도 곧 실패해 재산을 탕진한다. 부부운이 불길하다. 재난과 병난으로 당하는 고통이 크다.

• 木土金 - 패가망신격(敗家亡身格)

만사불성으로 성공하기 어렵다. 하는 일에 늘 장애가 생긴다. 부모형제는 물론 부부간에도 화목하지 못하다.

• 木土水 - 고목낙엽격(枯木落葉格)

의지가 약하고 인내력이 없어 하는 일마다 실패로 끝난다. 부모 덕도 없다. 부부 인연도 약해 가정이 삭막하다.

• 木金木 - 골육상쟁격(骨肉相爭格)

조실부모하고 타향에서 온갖 고생을 한다. 하는 일마다 실패한다. 배우자 덕도, 자손 덕도 없다.

• 木金火 - 독좌탄식격(獨坐歎息格)

부모형제의 덕이 없고 가정 불화가 그칠 날이 없다. 부부 사이에도 적막이 흐른다. 일생을 고독과 수심으로 보낸다.

• 木金土 - 초실후득격(初失後得格)

초년운은 나쁘다. 부모 덕도 없고 형제와도 불화한다. 그러나 중년 이후 고생 끝에 발전한다. 부부가 화합하고 자식도 번창한다.

• 木金金 - 불화쟁론격(不和爭論格)

어떤 일을 해도 장애가 겹쳐 성공하기 어렵다. 가정 불화도 따른다. 갑작스런 교통사고 등 불의의 재앙을 조심해야 한다.

• 木金水 - 만사불성격(萬事不成格)

열심히 노력해도 운이 따르지 않는다. 경제적인 고통이 많고 가정사도 파란만장하다. 자식으로 인한 고통이 많다.

• 木水木 - 부귀쌍전격(富貴雙全格)

만사형통한다. 하는 일마다 순조롭게 이뤄져 부귀를 누린다.

부모형제와 화목한다. 부부간 애정이 깊고 자손도 번창한다.

• 木水火 - 속성속패격(速成速敗格)

일시 성공은 있으나 불의의 재난으로 파란곡절이 많다. 생활이 불안하다. 부부는 이별하고 자식과도 불화한다.

• 木水土 - 조기만패격(早起晩敗格)

초년은 소길하나 중년 이후는 하는 일마다 장애가 속출하고 실패한다. 부모형제와 흩어지고 부부도 이별한다.

• 木水金 - 어변용성격(魚變龍成格)

부모형제 덕이 있다. 성공·발전이 순조로워 부귀번창한다. 좋은 배우자를 만나고 훌륭한 자식을 둔다.

• 木水水 - 대부대귀격(大富大貴格)

하는 일마다 순조롭게 성공해 부귀창성한다. 부부가 다정하고 자손이 번창한다. 부모형제와도 화목하다.

(火○○)

• 火木木 - 부귀안태격(富貴安泰格)

뜻하는 일마다 성공하고 부귀영화를 누린다. 부부가 화합하고 자손은 영달한다. 친화력이 뛰어나 인간관계가 원만하다.

• 火木火 - 용득봉운격(龍得逢雲格)

성공운이 순조로워 매사 대성하고 결실을 이룬다. 부부가 다정하고 자손은 번창해 가정에 웃음이 끊이지 않는다.

• 火木土 - 선길후흉격(先吉後凶格)

처음에는 일이 잘되다 중도에서 막혀 어려워진다. 가정이 원만하고 보통생활은 누릴 수 있으나 말년이 안 좋다. 노력한 만큼 대가가 없다.

• 火木金 - 선고후파격(先苦後破格)

무슨 일이나 시작은 좋으나 끝마무리가 흐지부지해 결실이 없다. 주변 환경의 변동이 많아 생활이 안정되지 못한다. 부부 갈등도 있다.

• 火木水 - 인화발전격(人和發展格)

초년부터 하는 일이 순조롭게 이뤄지고 날로 번창해 부귀영달한다. 부부 사이가 좋고 자녀 덕도 본다. 주변에서 도와 주는 사람이 많다.

• 火火木 - 일취월장격(日就月將格)

매사 열정적으로 나서 성공한다. 부귀를 함께 누린다. 부모형제는 화목하고 부부는 다정하다. 자식은 번창한다.

• 火火火 - 개화봉우격(開花逢雨格)

급진적인 발전을 있으나 경솔함으로 실패가 중중하다. 침착하지 못한 조급한 성격 탓에 엉뚱한 문제가 생기고 곤경에 처한다.

• 火火土 - 강산미려격(江山美麗格)

활달하고 인정이 많다. 주변 사람으로부터 두터운 신망을 얻어 성공을 쌓아간다. 부부 관계가 좋고 자식은 출세한다.

• 火火金 - 용두사미격(龍頭蛇尾格)

하는 일마다 장애가 따라 실패한다. 벌어둔 재산도 일시에 탕진해 경제적으로 고통을 겪는다. 부부는 무정하고 자식 덕도 없다.

• 火火水 - 평지풍파격(平地風波格)

일시 성공은 있으나 불의의 재난과 파란으로 삶이 고달프다. 실패와 좌절이 거듭된다. 부부는 불화하고 이별수가 있다.

• 火土木 - 선길후고격(先吉後苦格)

처음에는 잘 풀리다가 중년 말부터 막히고 실패한다. 돈을 벌어도 흩어지기 쉽다. 가정에서도 의견 충돌이 많다.

• 火土火 - 일흥중천격(日興中天格)

하는 일마다 순조롭게 성공해 부귀번창을 누린다. 부모형제는 화목하고 부부는 화합한다. 자손에게도 복록이 있다.

• 火土土 - 만화방창격(萬化方暢格)

사회적으로 신망을 얻고 출세가도를 달린다. 부귀영화를 누린다. 부부는 유정하고 자식도 공명을 얻는다.

• 火土金 - 화류장춘격(花流長春格)

만사형통한다. 부귀공명을 얻어 평생 태평하게 지낸다. 부모덕이 있다. 부부는 다정하고 자식도 영화를 누린다.

• 火土水 - 대해편주격(大海片舟格)

처음은 잘되나 의외의 재난을 만나 실패를 거듭하고 평지풍파를 당한다. 부부가 갈등한다. 인덕이 없다.

• 火金木 - 개화풍란격(開花風亂格)

불의의 재난과 관재구설이 끊이지 않는다. 생활이 불안정하고 경제적 고통을 겪는다. 부부는 불화하고 자식도 흩어진다.

• 火金火 - 무주공산격(無主空山格)

만사불성한다. 부모형제의 덕이 없다. 부부는 무정하다. 직업과 주거가 불안정하다. 돈을 벌어도 나가기 바쁘다.

• 火金土 - 선고후길격(先苦後吉格)

부모의 덕이 없고 형제가 무정하다. 고통과 번민이 끊이지 않는다. 천신만고 끝에 말년에는 평온을 누린다.

• 火金金 - 사고무친격(四顧無親格)

매사 뜻대로 되는 일이 없다. 뜻밖의 재난과 불상사로 고초를 겪는다. 생활이 불안정하고 부부간 불화도 심하다.

• 火金水 - 개화무실격(開花無失格)

발전 기회가 있으나 중도에 좌절된다. 만사불성이다. 부부가 불화하고 자식으로 인한 걱정이 많다.

• 火水木 - 의외재난격(意外災難格)

일시 성공은 있으나 곧 실패하고 좌절한다. 경제적 고통 속에 많은 재난이 따른다. 부부 갈등도 심하다.

• 火水火 - 추풍낙엽격(秋風落葉格)

유아독존 성향으로 하는 일마다 실패한다. 생활이 불안정해 부평초 같은 삶을 산다. 부부가 생리사별하고 자식 덕도 없다.

• 火水土 - 금의야행격(錦衣夜行格)

매사 결실이 없고 고달픈 생활을 한다. 주위의 신망이 없다. 부부가 불화하고 자식은 불효한다.

- **火水金 - 설상가상격(雪上加霜格)**

하는 일마다 실패한다. 매사 불평불만이 많다. 경제적으로 불안정하다. 부부 갈등이 많다. 부모형제의 덕도 없다.

- **火水水 - 병난신고격(病難辛苦格)**

자신을 과신해 실패가 많다. 일을 해도 불의의 재난과 실수로 성공하지 못하고 좌절을 겪는다. 배우자 덕도, 자식 덕도 없다.

(土○○)

- **土木木 - 허명무실격(虛名無實格)**

노력만큼 결과가 안 나온다. 손대는 일은 많지만 하나도 제대로 이뤄지지 않는다. 부모형제의 덕은 없고 부부는 불화한다.

- **土木火 - 운중지월격(雲中之月格)**

초년에는 고생하나 점차 발전하고 성공을 이룬다. 명예와 재록을 겸비한다. 부부가 화합하고 자식은 번창한다.

- **土木土 - 고목낙엽격(枯木落葉格)**

하는 일마다 실패한다. 한 푼 벌면 두 푼이 나간다. 삶에 고난이 많다. 부부 갈등이 많다. 조실부모한다.

- **土木金 - 소사난성격(小事難成格)**

포부는 원대하나 뜬구름 잡는 식이다. 실패를 거듭하고 생활이 불안정하다. 부모와도, 배우자와도 불화한다.

• 土木水 - 유두무미격(有頭無尾格)

하는 일마다 배신과 장애로 실패하고 좌절한다. 일생 파란곡
절이 많다. 부부는 이별하고 자식 덕도 없다.

• 土火木 - 일광춘성격(日光春城格)

성공이 순조롭다. 주변의 협조와 신망을 얻는다. 부모에게 효
도한다. 부부가 화합하고 훌륭한 자식을 둔다.

• 土火火 - 춘일방창격(春日方暢格)

만사 뜻대로 이뤄진다. 부귀공명으로 평생 안락하다. 부모형
제는 화기애애하고 부부는 유정하다.

• 土火土 - 입신출세격(立身出世格)

하고자 하는 일이 순조롭게 이뤄진다. 부귀영화를 얻는다. 부
부는 해로하고 자식은 현달한다.

• 土火金 - 고난자성격(苦難自成格)

초기에는 발전하나 중년 이후 불의의 재난으로 실패하고 좌
절한다. 인덕이 없어 배신을 잘 당한다. 부모형제의 덕이 없고
부부도 불화한다.

• 土火水 - 진퇴양난격(進退兩難格)

무슨 일이든 처음에는 순탄하다 중도에 난관을 만나 흐지부지 끝난다. 일생이 파란만장하고 고초가 많다. 부부 이별수도 있다.

• 土土木 - 선고후패격(先苦後敗格)

만사불성이다. 노력해도 결실이 없다. 생활이 불안정하다. 부모형제의 덕이 없다. 부부가 불화하고 자식으로 인한 근심이 많다.

• 土土火 - 금상유문격(錦上有紋格)

매사 순조롭게 이뤄진다. 한 가지 일을 하면 두 가지 일이 성취된다. 부귀를 누린다. 부부가 화합하고 자식도 잘된다.

• 土土土 - 일경일고격(一慶一苦格)

성공해 부귀를 얻을 수 있다. 부부 사랑으로 화목한 가정을 이룬다. 그러나 경사가 있는 반면, 근심도 있다.

• 土土金 - 고원회춘격(古園回春格)

순조롭게 성공해 부귀와 명예를 얻는다. 대기만성으로 두각을 나타내 출세한다. 부부가 화목하고 자식도 영달한다.

- 土土水 - 사고무친격(四顧無親格)

하는 일마다 장애가 따르고 좌절을 맛본다. 일시 성공은 있으나 오래 지속되지 못한다. 부부는 불화하고 생리사별한다.

- 土金木 - 봉황상익격(鳳凰傷翼格)

일시 성공을 이루나 곧 수포로 돌아간다. 외화내빈으로 경제적 고통이 많다. 부부는 불화한다. 말년으로 갈수록 나빠진다.

- 土金火 - 재기무력격(再起無力格)

하는 일마다 불의의 재난으로 실패한다. 경제적인 어려움으로 불안정한 생활을 한다. 부부 갈등이 심하고 자식은 불효한다.

- 土金土 - 거목봉춘격(巨木逢春格)

순조롭게 성공해 부귀공명을 누린다. 인덕이 좋아 도와 주는 사람이 많다. 부부는 화합하고 자식은 공명을 얻는다.

- 土金金 - 유곡회춘격(幽谷回春格)

하는 일마다 성공·발전한다. 대인관계가 좋아 명망을 얻는다. 부모의 덕이 있다. 부부는 해로하고 훌륭한 자식을 둔다.

- 土金水 - 금상유문격(錦上有紋格)

순조롭게 자수성가하고 출세한다. 만사형통한다. 부부는 해로하고 영특한 자식을 둔다.

- **土水木 - 노이무공격(勞而無功格)**

무슨 일을 해도 뜻대로 안된다. 경제적 고통이 크다. 인덕이 없다. 객지에서 고생한다. 부부 불화가 심하다.

- **土水火 - 풍파절목격(風波折木格)**

뜻하지 않은 재난으로 매사 중도에 실패하고 좌절한다. 한 가지가 행복하면 두 가지 고통이 따른다. 부부가 무정하다.

- **土水土 - 패가망신격(敗家亡身格)**

무슨 일이든 처음은 잘되나 흐지부지 끝난다. 동분서주하나 실속이 없다. 생활이 불안정하다. 부모와도, 배우자와도 불화한다.

- **土水金 - 고난자성격(苦難自成格)**

초년에 하는 일에 장애가 따른다. 경제적 어려움으로 고생한다. 부모형제의 덕이 없다. 부부 이별수도 있다.

- **土水水 - 일장춘몽격(一場春夢格)**

실패와 성공이 교차한다. 성공은 어렵고 실패는 빠르다. 마지막에는 남는 것이 없다. 부부가 불화하고 가정적으로도 시련이 많다.

(金〇〇)

• **金木木 - 추풍낙엽격(秋風落葉格)**

기회가 와도 잡지 못한다. 평생 목적을 달성하지 못한다. 생활이 불안정하다. 부모형제와도, 배우자와도 불화한다.

• **金木火 - 한산공가격(寒山空家格)**

하는 일이 중도에 수포로 돌아간다. 일시 성공하더라도 곧 풍비박산난다. 부부 갈등이 심하다.

• **金木土 - 심신과로격(心身過勞格)**

성공과 실패의 기복이 심하다. 몸은 바쁘나 실속이 없다. 부부가 생리사별한다. 자식의 우환도 있다.

• **金木金 - 불성실패격(不成失敗格)**

불안정한 생활로 미래가 불투명하다. 노력해도 결과가 없다. 부모형제의 덕도 없다. 부부 이별수가 있다.

• **金木水 - 고통난면격(苦痛難免格)**

매사 중도에 좌절되고 수포로 돌아간다. 일을 해도 허사가 된다. 부부 갈등이 심하다. 부모 덕도 없다.

• 金火木 - 욕구불만격(欲求不滿格)

중도 실패가 많아 좌절한다. 매사 실속이 없다. 생활이 불안정하다. 부모 덕이 없다. 부부 이별수가 있다.

• 金火火 - 병고신음격(病苦呻吟格)

노력해도 매사 실패하고 좌절한다. 일생 불안과 고통 속에 산다. 부모형제의 덕이 없다. 부부 불화가 심하다.

• 金火土 - 칠전팔기격(七顚八起格)

기회가 와도 잡지 못한다. 매사 수포로 돌아가 실패를 거듭한다. 중년 이후는 나아진다.

• 金火金 - 조기만패격(早起晩敗格)

겉보기와 달리 실속이 없다. 고난이 심하다. 매사 중도에 좌절된다. 늘 경제적 고통이 따른다. 부부가 불화한다.

• 金火水 - 무주공산격(無主空山格)

하는 일마다 불의의 재난으로 실패한다. 생활이 불안정하다. 배우자 덕이 없어 생리사별한다.

• 金土木 - 불안미숙격(不安未熟格)

매사 중도에 좌절된다. 늘 분주하나 실속이 없다. 부모형제의 덕이 없다. 부부가 불화하고 자식은 불효한다.

• 金土火 - 고목봉춘격(枯木逢春格)

목적한 바를 능히 달성한다. 순조롭게 성공해 부귀를 누린다. 부모형제가 화목하다. 배우자 덕이 있다.

• 金土土 - 입신출세격(立身出世格)

발전과 성공이 순조롭다. 이름을 떨치고 부귀를 얻는다. 가정이 화목하다. 자식도 출세한다.

• 金土金 - 의외득재격(意外得財格)

성공이 순탄하다. 부귀공명을 얻는다. 뜻밖의 횡재도 있다. 가정도 화기애애하고 귀한 자식을 둔다.

• 金土水 - 재변재난격(災變災難格)

매사 일시 발전은 있으나 돌발적인 재난으로 실패한다. 생활이 불안정하고 풍파가 많다. 부부 불화가 심하다.

• 金金木 - 재난고독격(災難孤獨格)

매사 불성이다. 하는 일마다 실패한다. 겉보기에는 화려하나 실속이 없다. 부부가 생리사별한다.

• 金金火 - 패가망신격(敗家亡身格)

무슨 일이든 용두사미로 끝난다. 경제적 어려움이 많다. 인덕이 없다. 배우자 인연이 박하다.

• 金金土 - 대지대업격(大志大業格)

발전과 성공이 순조롭게 이뤄진다. 주위 협력으로 큰 업적을
이뤄 부귀영화를 누린다. 좋은 배우자를 만난다.

• 金金金 - 신고재난격(辛苦災難格)

좌절과 실패가 많다. 노력해도 결과가 없다. 생활이 불안정하
고 고난이 많다. 부부가 생리사별한다.

• 金金水 - 발전향상격(發展向上格)

주변에서 도와 성공한다. 사회적으로 두각을 나타내고 출세
한다. 큰 재물도 모은다. 부부가 화합하고 자식도 잘된다.

• 金水木 - 발전성공격(發展成功格)

만사형통한다. 발전과 성공이 순조롭게 이뤄진다. 부귀를 누
린다. 부모형제 간 정이 돈독하다. 부부가 화합한다.

• 金水火 - 선무공덕격(善無功德格)

매사 진행 도중에 장애가 속출한다. 노력해도 결실이 없다.
경제적 어려움이 많다. 부모형제는 물론 배우자와 자식 간 갈
등이 많다.

• 金水土 - 불의재난격(不意災難格)

일시 성공은 있으나 불의의 재화를 당한다. 외화내곤(外華內

困)하다. 부부 갈등이 심하고 이별수가 있다. 자식은 불효한다.

• 金水金 - 부귀공명격(富貴功名格)

만사형통한다. 성공이 순소롭다. 주위의 협소로 부귀공녕을 얻는다. 좋은 배우자를 만난다.

• 金水水 - 대성풍재격(大成豊財格)

모든 일이 일취월장으로 발전하고 대성한다. 부귀와 명예가 따른다. 부모의 덕이 많다. 부부가 화합하고 자손 덕도 있다.

(水○○)

• 水木木 - 만화방창격(萬化方暢格)

매사 마음 먹은 대로 이뤄진다. 성공이 순탄하다. 주변의 신임이 두텁다. 부모형제가 화목하고 부부는 화합한다.

• 水木火 - 입신출세격(立身出世格)

만사 순탄하게 이뤄진다. 하는 일마다 번창한다. 부귀공명을 얻는다. 부부는 화목하고 똑똑한 자식을 둔다.

• 水木土 - 망망대해격(茫茫大海格)

초년에는 작은 성공을 이루나 중년 이후 어려움이 따르고 고생한다. 노력해도 결과가 없다.

• 水木金 - 선고후흉격(先吉後凶格)

모든 일이 중도에 좌절된다. 하는 일마다 관재구설이 따른다. 노력해도 결실이 없다. 배우자 인연이 박하다.

• 水木水 - 춘풍개화격(春風開花格)

매사 뜻대로 이뤄진다. 부귀영달하고 출세가 빠르다. 부모형제의 덕이 있다. 부부가 화합하고 자식도 영화를 누린다.

• 水火木 - 병난신고격(病難辛苦格)

매사 성사 직전 수포로 돌아간다. 인덕이 없다. 생활이 불안정하고 고달프다. 부모형제의 덕이 없다. 부부 갈등도 많다.

• 水火火 - 일엽편주격(一葉片舟格)

매사 시작은 있으나 끝이 없다. 하는 일마다 실패한다. 생활에 실속이 없다. 부부 불화가 심하다.

• 水火土 - 선빈후곤격(先貧後困格)

하는 일마다 장애가 따라 중도에 좌절된다. 불의의 재화와 재난이 많다. 부부 갈등이 많거나 생리사별한다.

• 水火金 - 심신파란격(心身波亂格)

하는 일에 장애가 많고 좌절을 겪는다. 노력해도 실속이 없다. 부모형제의 덕이 없다. 부부가 불화하고 자식 덕도 없다.

• **水火水** - 선무공덕격(善無功德格)

만사 백전백패한다. 생활이 고통스럽다. 부모형제의 덕이 없다. 부부는 생리사별한다.

• **水土木** - 풍전등화격(風前燈火格)

모든 일에 고난과 장애가 많다. 하는 일마다 실패한다. 인덕이 없다. 부부 불화가 심해 이별수가 있다.

• **水土火** - 낙마실족격(落馬失足格)

만사불성한다. 노력해도 결실이 없다. 생활이 불안정하다. 부모형제의 덕이 없다. 부부가 불화하고 자식 근심이 있다.

• **水土土** - 강상풍파격(江上風波格)

모든 일에 장애가 많다. 겉보기에는 화려하나 실속이 없다. 생활이 어렵다. 가정의 불화가 많다.

• **水土金** - 선고후안격(先苦後安格)

열심히 노력하나 결실이 없다. 경제적 어려움이 많다. 인덕이 없다. 부모형제와 융화하지 못한다. 부부 이별수가 있다.

• **水土水** - 병난신고격(病難辛苦格)

만사불성한다. 매사 장애가 따라 중도에 좌절된다. 일시 성공해도 하루 아침에 물거품이 된다. 부모형제와 불화하고 배우자와 생리사별한다.

• 水金木 - 암야행인격(暗夜行人格)

매사 시작은 그럴듯하나 흐지부지 끝나 실속이 없다. 늘 좋은 기회를 놓친다. 시련이 많다. 부부 갈등이 많다.

• 水金火 - 개화광풍격(開花狂風格)

뜻대로 이뤄지는 일이 없다. 경제적으로 불안정하다. 돈을 벌어도 다 나간다. 인덕이 없다. 부부 불화가 심하고 이별수가 있다.

• 水金土 - 발전성공격(發展成功格)

매사 순조로운 발전으로 목적을 달성한다. 부귀영화를 얻는다. 집안이 번창한다. 부부가 화목하고 자식은 효도한다.

• 水金金 - 순풍순성격(順風順成格)

만사형통한다. 하는 일마다 순조롭게 번창해 대성한다. 부모 형제와 화합한다. 부부는 화목하다.

• 水金水 - 어변용성격(魚變龍成格)

부귀와 명예를 크게 떨친다. 주위의 신망으로 출세가 순조롭다. 부부는 유정하고 자식은 잘된다.

- 水水木 - 대기만성격(大器晩成格)

하는 일이 나날이 점진적으로 발전한다. 순조롭게 성공해 부귀태평을 누린다. 부부는 화합하고 자식은 효도한다.

- 水水火 - 고독단명격(孤獨短命格)

불의의 재난으로 이뤄지는 일이 없다. 생활이 불안정하고 어렵다. 부모형제와 인연이 없다. 부부 갈등이 많다.

- 水水土 - 백모불성격(百謀不成格)

열심히 노력해도 보람이 없다. 뜻밖의 재난으로 실패가 많다. 경제적 고통을 겪는다. 부부 불화가 심하다.

- 水水金 - 춘일방창격(春日方暢格)

매사 순조롭게 성공한다. 부귀를 누리고 만인의 존경을 받는다. 부부가 화합하고 자식은 효도한다.

- 水水水 - 평지풍파격(平地風波格)

초년은 매사 순조로우나 중년 이후 예상치 못한 재앙이 따르고 파란곡절이 많다. 부부 불화가 심해 가정이 적막하다.

2) 상극 대길, 상생 중길

상생은 무조건 좋고, 상극은 무조건 나쁘다고 보지 않는 이론이다. 상극이 오히려 상생보다 더 좋다고 본다. 상생은 편안한 나머지 활기 부족으로 이어지는 반면, 상극은 적당한 자극을 통해 활기를 불어넣어주기 때문이다.

상극에서는 기가 활발하게 일어나나 상생에서는 기가 꺾인다는 것이다.

성명 글자의 초성만 본다. 다수설에 따른다.

가. 이름의 발음 오행이 상극 관계이거나, 이름 첫 자와 성의 발음 오행이 상극 관계이면 대길이다.

나. 이름의 발음 오행이 상생 관계이거나, 이름 첫 자와 성의 발음 오행이 상생 관계이면 중길이다.

다. 이름 첫 자와 성의 발음 오행이 같거나 이름의 발음 오행이 같으면 무해무익하다.

라. 그러나 성명에 같은 오행이 셋 이상이거나 오행이 다 들어 있으면 흉하다.

마. 사례

홍 길 동

土 木 火 … 이름 '길동'은 木火로 상생하므로 기가 약간 떨어지는 중길이다. 성과 이름 첫 자는 土木으로 상극하므로 기가 활발하게 일어나는 대길이다.

하 길 수

土 木 金 ··· 이름 '길수'는 木金으로 상극이므로 대길이다. 성과 이름 첫 자도 土木으로 상극하므로 대길이다.

김 상 수

木 金 金 ··· 이름 '상수'는 金金으로 오행이 같으므로 무해무익하다. 성과 이름 첫 자는 木金으로 상극하므로 대길이다.

박 태 란

水 火 火 ··· 이름 '태란'은 火火로 오행이 같으므로 무해무익하다. 성과 이름 첫 자는 水火로 상극하므로 대길이다.

이 대 기

土 火 木 ··· 이름 '대기'는 火木으로 상생하므로 중길이다. 성과 이름 첫 자의 土火도 상생하므로 중길이다.

노 응 근

火 土 木 ··· 이름 '응근'은 土木으로 상극하므로 대길이다. 성과 이름 첫 자는 火土로 상생하므로 중길이다.

김 나 리

木 火 火 ··· 이름 '나리'는 火火로 오행이 같으므로 무해무익하다. 성과 이름 첫 자는 木火로 상생하므로 중길이다.

이 한 우

土 土 土 … 이름 '한우'는 土土로 오행이 같으므로 무해무
익하다. 성과 이름 첫 자도 土土이므로 마찬가지다. 그러나 성
명에 같은 오행이 셋 이상이므로 흉하다.

(4) 생각해 볼 점

1) 다수설과 소수설

한글 발음 오행의 가장 큰 문제는 자음의 오행 분류가 다수
설과 소수설로 나뉘는 것이다. 다수설처럼 ㅇ ㅎ을 土로, ㅁ ㅂ
ㅍ을 水로 보는 것과 소수설처럼 ㅇ ㅎ을 水로, ㅁ ㅂ ㅍ을 土로
보는 것은 엄청난 차이가 있기 때문이다. 특히 이 같은 자음의
오행 분류 문제는 최근 빠른 속도로 확산되고 있는 한글 파동
성명학에 큰 혼란을 준다.

1446년 세종 시절 자음과 모음의 창제 원리를 밝힌 〈훈민정
음해례본〉에 따르면 소수설이 맞지만, 아직 다수설을 따르는
성명학자가 많다. 오래 전부터 써 온 만큼 일종의 관습법으로
굳어졌다는 이유에서다.

ㅇ ㅎ을 水로, ㅁ ㅂ ㅍ을 土로 보고 실제 성명 풀이를 해 보
니 맞지 않더라고 하는 작명가도 있다. 심지어 〈해례본〉에 나온
자음의 오행 분류는 제자 원리에 따른 것이므로 성명학에 쓰는
분류법과는 다르다고 주장하는 이도 있다.

현재 〈해례본〉을 따르거나, 〈해례본〉에 따라 자신의 종전 주

장을 바꾼 작명가는 손꼽을 정도다. 자신은 작명에 다수설을 적용하면서 소수설을 함께 연구해 볼 가치는 있다고 주장하는 작명가도 있다.

오랜 세월 이름을 지어 온 작명가라면 자신의 이론이나 주장을 바꾸기란 쉽지 않을 것이다. 과거의 오류를 인정해야 하기 때문이다. 그것은 그동안 이름을 잘못 지었다고 실토하는 것과 같다.

다수설은 일제강점기인 1940년 〈해례본〉이 발견되고 1956년에야 영인본 제작으로 그 내용이 알려지기 전에 도입된 이론이다. 〈해례본〉에는 분명히 ㅁ ㅂ ㅍ은 土, ㅇ ㅎ은 水로 분류돼 있다.

세종 시절 신숙주나 성삼문 등 집현전 학자들은 훈민정음을 만들 때 중국의 음운(音韻)을 깊이 연구했다. 당시 중국에는 ㅇ ㅎ을 土로, ㅁ ㅂ ㅍ을 水로 분류하는 이론이 있는가 하면, 반대로 보는 이론도 있었다.

그러나 조선의 학자들은 ㅁ ㅂ ㅍ은 土, ㅇ ㅎ은 水로 규정했다. 발음, 소리는 지방의 풍토에 따라 다르다는 것이 이유였다.

그러나 숙종 시대 실학자로 한글 연구에 크게 기여한 신경준이 1750년 〈훈민정음운해〉를 쓰면서 〈해례본〉과 달리 ㅇ ㅎ을 土로, ㅁ ㅂ ㅍ을 水로 분류했다.

신경준이 당시 〈해례본〉을 보지 못한 탓인지 그 이유는 알 수 없다. 게다가 이 〈운해〉는 1938년 조선어학회에서 단행본으로 발간했다. 〈해례본〉이 발견되기 전이다. 때마침 일제의 창씨개

명 강요와 함께 ㅇ ㅎ을 土로, ㅁ ㅂ ㅍ을 水로 보는 일본의 성명
학 이론이 들어오면서 이 같은 분류는 대세가 됐다. 그런 흐름이
오늘날까지 이어지고 있는 것이다.

최근 들어 자음의 잘못된 오행 분류를 〈해례본〉대로 바로잡
아야 한다는 주장이 제기되고 있으나 아직은 소수설에 머물고
있을 뿐이다.

2) 초성이냐, 아니면 초성·종성이냐

발음 오행을 성명 글자의 초성에만 적용하느냐, 아니면 초성
과 종성에 다 적용해야 하는지도 큰 논란거리다. 방법에 따라
성명의 길흉 판단이 바뀔 수 있기 때문이다.

앞에서 살펴 본 것처럼 김민준의 경우 다수설에 따라 초성만
보면 木 – 水 – 金으로 상생 배열이지만, 초성과 종성을 다 보
면 木 – 水 – 水 – 火 – 金 – 火로 상극이 세 곳이나 된다. 또
김철수라는 성명도 초성만 볼 경우와 초성·종성을 다 볼 경우
오행의 상생·상극 배열이 달라진다.

발음 오행을 초성에만 적용하면 불합리한 일이 벌어진다는
이유로 초성과 종성에 다 적용하는 것이 맞다고 주장하는 작명
가도 있다. 예컨대 초성에만 적용하면 김민준은 '김민준'이 아
니라 '기미주'가 되고, 김철수는 '김철수'가 아니라 '기처수'가 된
다는 것이다.

초성과 종성 둘 다 고려하되, 성명 글자 전체가 아니라 성씨
종성과 이름 첫 자 초성에만 적용하면 된다고 하는 이도 있다.

성명 전체의 초성과 종성을 다 따지면 이름 짓기가 어려울 뿐
만 아니라 상생이 무조건 좋을 수는 없다는 등의 이유에서다.

3) 오행 배열의 길흉 판단

발음 오행 배열에 대한 길흉을 판단하는 기준이 이론에 따라
엇갈리는 것이 가장 큰 문제다.

보통 성명 글자의 오행 배열이 상생 구조이면 좋다고 본다.
그러나 반대로 상극이 상생보다 더 좋다고 보는 작명가도 있다.
예사로운 차이가 아니다.

발음 오행의 상생만 길하게 보는 데 의문을 제기하면서 이 이
론을 수용하지 않는 작명가도 있다. 일반 오행론에서는 오행이
상생과 상극으로 적절히 조화를 이뤄야 좋다고 하면서 성명학
에는 왜 상생만 좋다고 보느냐는 것이다. 일리 있는 지적이다.
오행론에서는 상생이면 무조건 좋고, 상극이면 무조건 나쁘다
고 보지 않기 때문이다.

2. 한자 오행

(1) 삼원 오행

삼원(三元)이란 천원(天元), 인원(人元), 지원(地元)을 말한다. 삼원에서 '원'자를 뺀 천인지(天 人 地)를 삼재(三才)라고 부르기도 한다. 작명가에 따라 삼원과 삼재, 삼원 오행과 삼재 오행을 각각 구분하기도 하지만 굳이 그렇게 할 필요는 없다.

삼원 오행은 성명 글자의 세 가지 조합 획수로 천원, 인원, 지원을 구한 뒤, 그 획수에 따라 오행을 분류하는 것이다. 이때 획수가 1, 2이면 木, 3, 4이면 火, 5, 6이면 土, 7, 8이면 金, 9, 10이면 水로 본다. 획수가 10을 넘으면 끝자리 숫자로 판단한다. 예컨대 15, 25, 35…는 5로, 18, 28, 38…은 8로 보는 것이다.

> 1 2=木, 3 4=火, 5 6=土, 7 8=金, 9 0=水

삼원을 구하는 방법은 많다. 여기서는 다섯 가지를 설명한다. 성명에서 성은 성씨, 이름 첫 글자를 상명(上名), 아래 글자를 하명(下名)이라고 한다.

필자의 이름인 盧應根(노응근)을 예로 든다. 원획법을 적용한다. 盧는 16획, 應은 17획, 根은 10획이다.

1) 삼원 오행 산출 방법

가. 제 1의 방법

천원 : 성씨와 하명의 획수 합. 16+10＝26이므로 土다.

인원 : 성씨와 상명의 획수 합. 16+17＝33이므로 火다.

지원 : 상명과 하명의 획수 합. 17+10＝27이므로 金이다.

삼원 오행 배열은 土火金이다. 이 방법을 적용한 삼원 오행을 '사격(四格) 수리 오행'이라고도 한다.

나. 제 2의 방법

천원 : 성씨의 획수. 16이므로 土다.

인원 : 성씨와 상명의 획수 합. 16+17＝33이므로 火다.

지원 : 상명과 하명의 획수 합. 17+10＝27이므로 金이다.

삼원 오행 배열은 土火金이다.

다. 제 3의 방법

천원 : 성씨의 획수에 1(가성수, 태극수)을 더한 수. 16+1＝17이므로 金이다.

인원 : 성씨와 상명의 획수 합. 16+17＝33이므로 火다.

지원 : 상명과 하명의 획수 합. 17+10＝27이므로 金이다.

삼원 오행 배열은 金火金이다. 이 방법을 적용한 삼원 오행을 '삼재식(三才式) 삼원 오행', 또는 '삼재 오행'으로 부르기도 한다. 이 방법은 뒤에 나올 '제 4 장 수리론(數理論)'의 오격(五

格)과 관계가 깊다.

라. 제 4의 방법

천원 : 성씨의 획수에 1을 더한 수. 16+1=17이므로 金이다.

인원 : 상명의 획수. 17이므로 金이다.

지원 : 하명의 획수. 10이므로 水다.

삼원 오행 배열은 金金水다.

마. 제 5의 방법

천원 : 성씨의 획수. 16이므로 土다.

인원 : 상명의 획수. 17이므로 金이다.

지원 : 하명의 획수. 10이므로 水다.

삼원 오행 배열은 土金水다. 이 방법을 적용한 삼원 오행을 '수리 오행'이라고도 한다.

2) 삼원 오행의 길흉

천원, 인원, 지원의 삼원 오행 배열을 보고 성명의 길흉을 판단한다. 삼원 오행 배열별로 좋고 나쁨이 정해져 있다. 일반적으로 상생 배열이 좋으나 다 그런 것은 아니다. 작명가에 따라 길흉 기준이 일부 다른 경우도 있다.

앞에서 예시한 발음 오행 배열의 길흉 기준을 삼원 오행에도 공통으로 적용하는 작명가도 있다. 삼원 오행이든 발음 오행이든 오행은 오행이니 구분할 필요가 없다는 것이다.

삼재(삼원) 오행 배열 길흉

이금정 · 한금사 님의 〈성명학 길라잡이〉를 참고했다.

(木○○)

• 木木木 - 길

목적을 달성한다. 사업에 성공한다. 가정이 원만하다. 심신이 건강하다. 가문이 번창한다.

• 木木火 - 길

매사 순조롭다. 의지대로 발전 · 성공한다. 심신이 건강하다. 행복번영한다. 가정적으로 착실하고 자상하다.

• 木木土 - 길

순조롭게 성공한다. 크게 발전한다. 가정이 화목하다. 자녀 복이 있다. 심신이 건강하다.

• 木木金 - 흉

성공운은 있으나 변화가 많아 편안하지 않다. 고집과 강한 태도로 남의 반감을 산다. 자식이 불효한다.

• 木木水 - 흉

겉으로는 안정적인 듯하나 정처 없이 떠돌아 다니다 실패한다. 뜻을 잃고 번민한다. 일시 발전은 있다.

- **木火木** - 길

주위의 도움으로 성공이 순조롭다. 조상의 은덕이 있다. 자식
이 효도한다. 심신이 건강하다.

- **木火火** - 중길

윗사람의 덕으로 성공발전이 순조롭다. 인내심이 약해 고단
하다. 고생스럽고 실패수가 있다.

- **木火土** - 길

윗사람의 도움을 받아 순조롭게 성공발전한다. 부모의 덕이
있고 자녀 복도 있다. 심신이 건강하다.

- **木火金** - 흉

일시 순조롭게 발전하나 실속이 없다. 가정 불화와 자녀 불
행, 풍파가 끊이지 않는다. 심신이 피곤하다.

- **木火水** - 흉

일시적으로 성공하나 끝내 불안하다. 의외의 재화(災禍)가 있
다. 아랫사람이나 자녀와 불화한다.

- **木土木** - 흉

환경이 불안하다. 사업은 변화가 많다. 주거이동이 잦다. 부
모 덕도, 자녀 덕도 없다. 질병에 시달린다.

• 木土火 - 중길

약간의 성공운이 있다. 큰 재앙은 없는 평범한 운이다. 부모
덕이 없다. 가정은 원만하다. 자식이 효도한다.

• 木土土 - 흉(변괴운)

성공발전이 어렵다. 불평불만이 끊이지 않는다. 부모의 덕이
없다. 가정의 불화와 불상사가 많다.

• 木土金 - 흉

대체로 안정되나 환경이 불안해 불평불만이 생긴다. 부모의
덕이 없다. 색난을 주의해야 한다.

• 木土水 - 흉(변괴운)

성공이 어렵다. 큰 재앙은 피해도 작은 액은 피하기 어렵다.
부모의 덕이 없다. 자녀 불행이 있다.

• 木金木 - 흉(변괴운)

발전성이 희박하다. 겉으로는 안정된 듯하나 내적으론 곤란
하다. 가정이 불행하다. 심신이 피곤하다.

• 木金火 - 흉

인생 후반으로 갈수록 재난이 많고 대흉하다. 배우자 운도 안
좋다. 자녀가 불효한다. 심신이 피로하다.

• 木金土 - 중흉(변괴운)

성공운이 좋지 않아 불행을 초래한다. 심신의 피로가 심하다. 과로로 인한 질병을 조심해야 한다.

• 木金金 - 흉

가정이 파란만장하다. 재앙이 많다. 가정적으로 불화가 끊이지 않는다. 비사교적으로 주변과 어울리지 못한다.

• 木金水 - 흉

번민과 불안, 곤란이 중중하다. 노력해도 결실이 없다. 발전하는 도중에 뜻밖의 재앙으로 실패한다.

• 木水木 - 길

환경이 안정되고 순조롭게 성공한다. 위 · 아래 주위 사람의 신망이 두텁고 큰 도움을 받는다.

• 木水火 - 흉

일시 순조롭게 발전하는가 싶으면 갑자기 재앙이 닥친다. 부부가 불화하고 자식의 불행도 있다.

• 木水土 - 흉

일시 성공하는 듯하다 불의의 재앙이 닥쳐 실패한다. 심신이 늘 초조불안하다. 가정도 화목하지 않다.

- **木水金** - 중길

비교적 순탄한 삶을 산다. 재물과 명예를 얻는다. 심성이 너무 착해 남에게 이용당할 우려가 있다.

- **木水水** - 중길(변괴운)

일시적인 성공으로 명예와 부를 얻는다. 그러나 파란이 발생하고 실패수가 있다. 가정은 불행하다.

(火○○)

- **火木木** - 길

귀인의 도움을 얻어 성장 · 발전한다. 성공이 순조롭다. 부모의 덕이 있다. 자식은 효도한다.

- **火木火** - 길

대단한 노력으로 발전 · 성공을 이룬다. 큰 재난 없이 평안하게 산다. 심신이 건강하다.

- **火木土** - 길

초반은 순조롭게 성공하나 후반으로 갈수록 어려워진다. 가정이 화목하다. 남자는 여자를 조심해야 한다.

- **火木金** - 흉

일시 성공은 있으나 환경의 불안정으로 실패한다. 가정이 불행하다. 심신이 피로하다.

- **火木水** - 흉(변괴운)

약간의 성공은 있으나 결국 실패한다. 근심걱정이 떠나지 않는다. 부모 덕은 있다.

- **火火木** - 길

아랫사람의 도움으로 만사 뜻대로 번창한다. 배우자 덕이 있다. 자식은 효도한다. 심신이 건강하다.

- **火火火** - 중길

일시적으로 성공·발전하나 오래 가지 않는다. 신중하지 못하고 가벼워 결국 실패한다.

- **火火土** - 흉

일시 성공한다. 겉으로는 화려하나 내면으론 재난과 비운을 당한다. 남녀 공히 색정을 조심해야 한다.

- **火火金** - 흉

일시 성공은 있다. 인덕이 없어 결과가 미미하다. 사회생활이 불안정하다. 배우자 운이 없다.

- **火火水 - 흉**

  일시 성공한다. 갑작스런 변화에 대처하지 못하거나 의외의
  재앙으로 다 잃는다. 가정이 불화한다.

- **火土木 - 중흉**

  윗사람의 도움으로 일시 성공·발전한다. 그러나 후반으로
  갈수록 실패와 재난이 겹친다. 배우자 운도 나쁘다.

- **火土火 - 길**

  위아래 사람의 도움으로 일생 큰 재난이 없다. 의외의 성공이
  있다. 가정이 화목하다. 심신이 건강하다.

- **火土土 - 길**

  윗사람의 덕이 있다. 대성공은 없으나 상당히 발전한다. 가정
  이 화평하다. 심신이 건강하다.

- **火土金 - 중흉(변괴운)**

  경제적으로 안정을 이룬다. 그러나 색난으로 부부 이별수가
  있다. 심신이 피로하다.

- **火土水 - 흉**

  한때 성공한다. 그러나 흉운이 닥쳐 갑작스레 몰락한다. 부모
  의 덕은 있으나 자녀의 덕은 없다.

• 火金木 - 흉

겉으로는 그럴 듯하나 실속은 없다. 좋은 기회를 만나지 못한다. 부부가 불화하고 자식 덕도 없다.

• 火金火 - 흉

일생이 불안정하다. 성공하기 어렵다. 배우자 등 가정운도 불리하다. 고독과 파란이 있다.

• 火金土 - 흉

성공하지 못한다. 번민과 재난, 가정 불화가 끊이지 않는다. 심신이 피로하다. 일시 의외의 발전은 있다.

• 火金金 - 흉

지나치게 강한 성격으로 남과 어울리지 못한다. 성공하기 어렵다. 가정이 불행하고 고독하다.

• 火金水 - 흉

성공하지 못한다. 운세가 불안해 일시 발전이 있어도 곧 파란과 재앙이 닥친다. 가정이 적막하다.

• 火水木 - 흉

매사 장애가 많다. 갑작스런 재앙 등 불상사가 많다. 뜻밖의 성공을 거두기도 한다. 건강을 조심해야 한다.

• 火水火 - 흉

큰 재앙이 자주 발생한다. 성공은 어렵다. 부부는 생리사별한다. 신체가 허약해 질병이 떠나지 않는다.

• 火水土 - 흉

불안과 근심이 많다. 생활이 불안정하다. 갑작스런 재앙이 닥쳐 몰락한다. 가정과 인연이 없다.

• 火水金 - 흉(변괴운)

의외의 재난이 겹쳐 불안정한 삶을 산다. 부모자녀와 인연이 없다. 질병이 끊이지 않는다.

• 火水水 - 흉

일시 성공하나 뜻밖의 재난으로 물거품이 된다. 가정운도 불리하다. 그나마 건강은 괜찮다.

(土○○)

• 土木木 - 중길(변괴운)

겉으로는 길하나 안으로는 흉하다. 운세는 무난하나 발전은 늦다. 부모와 인연이 약하다. 자식 근심이 있다.

• 土木火 - 중길

발전속도가 늦다. 난관이 있어도 이겨내고 성공해 부귀를 누린다. 가정이 화목하다. 자식이 효도한다.

• 土木土 - 중흉

능력은 있으나 때를 만나지 못한다. 점진적 발전을 이루나 방심하면 실패한다. 가정은 대체로 평온하다.

• 土木金 - 흉

생활이 불안정하다. 환경 변화가 많다. 주변 사람의 도움이 없다. 가정 불화가 심하다.

• 土木水 - 흉

능력은 있으나 때를 만나지 못한다. 일이 순조롭다가도 파란이 따르고 실패한다. 신체가 허약하다. 가정운도 불리하다.

• 土火木 - 길

위아래 사람의 도움으로 대성하고 출세한다. 매사 뜻대로 이뤄진다. 가정이 화목하다. 심신이 건강하다.

• 土火火 - 중길

주변의 도움으로 일시 성공한다. 그러나 인내력 부족이나 변덕으로 몰락한다. 가정과 인연이 없다.

• 土火土 - 길

모든 분야에서 뜻대로 성공한다. 심신이 편안하다. 배우자운은 좋지만 자녀운은 불리하다.

• 土火金 - 흉

겉으로는 편안해 보이나 운세가 불안정하다. 실패가 겹친다. 주변 사람의 도움이 없다. 가정이 불화한다.

• 土火水 - 흉

일시 성공은 있으나 의외의 재난으로 몰락한다. 가정사는 불행하다. 여자는 이성을 조심해야 한다.

• 土土木 - 흉(변괴운)

운세가 불안하다. 성공과 실패가 반복된다. 변화변동이 많다. 말년에 성공하는 이도 있다. 가정운은 불리하다.

• 土土火 - 길

많은 어려움을 이겨내고 성공·발전한다. 부귀를 얻는다. 가정이 화목하다. 자식은 효도한다. 심신이 건강하다.

• 土土土 - 길

성공이 늦으나 대체로 행복하다. 가정이 행복하다. 건강하다. 여자는 이성의 유혹에 약하다.

- 土土金 - 길

발전 속도가 더디고 성공이 늦다. 가정이 행복하고 평안하다.
심신이 건강하다. 남녀 모두 색난에 주의해야 한다.

- 土土水 - 흉

운세가 불안정하다. 재앙이 잦다. 일시 성공하나 갑작스레 몰
락한다. 가정이 불화한다. 건강도 안 좋다.

- 土金木 - 흉

일시 성공은 있으나 의외의 재난으로 다 잃는다. 중도 좌절한
다. 가정운, 건강운 모두 불리하다.

- 土金火 - 흉

윗사람의 도움으로 일시 발전하나 운세가 불안해 좌절한다.
가정운도 안 좋다. 자식도 불효한다.

- 土金土 - 길

위아래의 도움을 받아 쉽게 성공·발전한다. 부모의 덕이 있
다. 가정이 원만하다. 심신이 건강하다.

- 土金金 - 길

목적을 달성하고 성공·발전한다. 주관이 지나치게 강해 주
변과 논쟁하고 불화한다. 가정운은 안 좋다.

• 土金水 - 흉(상생 중 천지상극)

윗사람의 도움으로 성공하나 의외의 재난으로 몰락한다. 가정이 적막하다. 오격 수리가 모두 길하면 대성공한다.

• 土水木 - 흉

실력과 재능은 있으나 성공은 힘들다. 곤궁하게 산다. 부모·자식 운은 흉하나 배우자운은 좋다.

• 土水火 - 흉

재주는 있으나 때를 만나지 못한다. 파란과 재난이 따른다. 부모·자식의 덕이 없다. 배우자 덕도 없다.

• 土水土 - 흉(변괴운)

성쇠 기복이 심하다. 애만 쓰고 보람은 없다. 재난과 변동이 많다. 부모·자식의 덕이 없다.

• 土水金 - 흉

급하게 성공했다 급하게 실패한다. 노력한 만큼 결과가 없다. 배우자 덕은 없으나 자식 복은 좋다.

• 土水水 - 흉(변괴운)

일시 성공은 있으나 갑작스런 재앙으로 물거품이 된다. 노력의 대가가 없다. 가정이 불화한다.

(金〇〇)

- **金木木 - 흉**

환경은 괜찮지만 운세가 나빠 중도 좌절된다. 성공하기 어렵다. 부부는 생리사별한다. 건강도 안 좋다.

- **金木火 - 흉**

평탄한 삶을 사나 만족스러운 성공은 어렵다. 꿈은 크나 불만이 많다. 부부 불화가 심하다.

- **金木土 - 흉(변괴운)**

평탄한 운세다. 때를 만나지 못한다. 삶이 불만족스러다. 심신이 피로하다. 배우자 · 자식 운은 좋다.

- **金木金 - 흉(변괴운)**

매사 중도좌절한다. 환경 변화와 파란이 많다. 불평불만이 떠나지 않는다. 부부 이별수가 있다.

- **金木水 - 흉(변괴운)**

일시 대성공하나 의외의 재난으로 모든 것을 잃는다. 결국 실패한다. 배우자 · 자식 인연이 없다.

• 金火木 - 흉

성공과 실패가 극단적이다. 일시 성공 · 발전하나 점차 몰락한다. 가정이 불행하다. 건강운도 안 좋다.

• 金火火 - 흉

바쁘게 살지만 얻는 것은 없다. 파란곡절만 반복된다. 심신이 피로하다. 가정은 원만하다.

• 金火土 - 흉

실속이 없다. 곤란이 가중된다. 성공하기 어렵다. 심신이 고단하다. 배우자 운이 안 좋다.

• 金火金 - 흉

겉으로는 편안하고 화려하나 실상은 번민과 갈등이 많다. 성공운이 약하다. 가정사가 불행하다.

• 金火水 - 흉

운세가 매우 불안정하다. 의외의 재앙이 닥쳐 다 잃는다. 배우자 · 자식 운이 모두 나쁘다.

• 金土木 - 흉

길흉상반의 운세다. 초년은 좋지만 후반은 재난과 실패가 겹친다. 부부관계는 원만하나 자식은 불효한다.

• 金土火 - 중길(변괴운, 상생 중 천지상극)

출세·성공이 빠르나 재난이 닥쳐 모두 잃을 수 있다. 건강하다. 부모·배우자·자식운 모두 좋다.

• 金土土 - 길

순조롭게 발전·성공한다. 명예와 부를 얻는다. 윗사람의 도움이 많다. 건강하다. 가정이 화목하다.

• 金土金 - 길

운세가 순조로워 별다른 장애 없이 성공한다. 심신이 건강하다. 부모의 덕이 있다. 가정도 화평하다.

• 金土水 - 흉(변괴운)

일시 성공하나 돌발적인 재앙으로 지키지 못한다. 배우자·자식 덕이 없다. 외상(外傷)을 주의해야 한다.

• 金金木 - 흉

겉으로 안정돼 보이나 내실은 불안하다. 의외의 재난으로 실패한다. 부부가 불화한다. 자식도 불행하다.

• 金金火 - 흉

운세가 불안해 난관이 겹친다. 일시 성공은 있으나 일시에 몰락한다. 심신이 피로하다. 부부는 불화한다.

• 金金土 - 길

쉽게 성공해 부귀를 누린다. 그러나 오격 수리가 흉하면 성공
하기 어렵고 가정의 불화를 겪는다.

• 金金金 - 흉

성공·발전의 운이 있다. 그러나 성격이 강하고 완고해 논쟁
이 많고 재앙을 만난다. 부부는 불화한다.

• 金金水 - 흉(변괴운)

성공운이 있어 발전하나 의외의 재난으로 몰락한다. 가정이
불화한다. 자녀의 노고가 많다.

• 金水木 - 흉(상생 중 천지상극)

윗사람의 도움으로 쉽게 성공·발전한다. 그러나 신체가 허
약하고 활동력이 부족하다. 가정은 불화한다.

• 金水火 - 흉(변괴운)

일생 성공과 실패를 반복한다. 일시 대성공하나 돌발적인 재
앙이 닥친다. 가정은 불행하다.

• 金水土 - 흉(변괴운)

윗사람의 도움으로 일시 성공하나 점점 몰락한다. 부모의 덕
은 있으나 배우자·자녀운은 불리하다.

• 金水金 - 길

부모의 덕과 순조로운 운세로 승승장구하고 대성한다. 부귀를 누린다. 가정은 화목하다.

• 金水水 - 흉(변괴운)

윗사람의 덕으로 일시 대성공을 이룬다. 그러나 변동이 많고 비운에 빠진다. 가정이 불행하다.

(水○○)

• 水木木 - 길

윗사람의 덕이 있다. 초년에는 고통스러우나 후반에는 성공한다. 심신이 건강하다. 가정이 화목하다.

• 水木火 - 중길

윗사람의 도움으로 초반은 편안하나 후반에는 재난을 당할 수 있다. 부부 사이도 원만하다.

• 水木土 - 길

윗사람의 덕으로 운세가 길하다. 순조롭게 성공한다. 심신이 건강하다. 배우자·자식운이 다 좋다.

• 水木金 - 흉

일시 성공하나 재난이 발생해 다 잃는다. 부모의 덕은 있으나 배우자 · 자식운은 불리하다. 심신이 피로하다.

• 水木水 - 흉

초년은 힘들고 고생하나 중년 이후 노력으로 성공한다. 그러나 병약하고 부부가 화목하지 못하다.

• 水火木 - 흉(변괴운)

안정적으로 상당히 발전하나 의외의 역경을 만나 중도 좌절한다. 건강은 안 좋다. 가정은 대체로 화목하다.

• 水火火 - 흉

재난이 겹쳐 매사 중도 좌절한다. 파란이 많다. 육친의 덕이 없다. 가정운도 안 좋다.

• 水火土 - 흉

성공운이 약하다. 돌발적인 재앙이 닥쳐 곤란을 겪는다. 질병을 많이 앓는다. 배우자 · 자식운은 좋다.

• 水火金 - 흉

주변 사람과 마찰로 장애와 실패가 겹친다. 부모와 배우자, 자식운이 불길하다. 과로로 인한 질병이 있다.

• 水火水 - 흉

운세가 불안정하다. 재앙이 돌발한다. 가정이 불행하다. 부부
이별수가 있다. 수액(水厄)을 조심해야 한다.

• 水土木 - 흉(변괴운)

운세가 불리해 장애와 재난이 겹친다. 파란이 많다. 일생이
불안정하다. 가정이 불행하다.

• 水土火 - 흉(변괴운)

초반에는 약간의 성공을 거두나 중반 이후 횡액이 닥쳐 몰락
한다. 가정이 불행하다. 심신이 허약하다.

• 水土土 - 흉

곤란을 극복하고 성공 · 발전하나 결국 실패한다. 재난이 돌
발한다. 부모의 덕은 없으나 가정은 화목하다.

• 水土金 - 흉

목적을 달성하기 어렵다. 불의의 재난이 들이닥친다. 허약 체
질이다. 배우자 운은 길하다.

• 水土水 - 흉

운세가 불안정하다. 곤란과 장애가 자주 발생한다. 돌발적인
재난이 있다. 부부는 불화한다.

• 水金木 - 흉

초반은 순탄하게 발전하나 후반에는 성패 기복이 심하다. 부모의 덕이 없다. 가정운도 나쁘다.

• 水金火 - 흉

초반 운세는 좋아 성공하나 말년에는 흉운이 닥친다. 심신이 피로하다. 부모와 인연이 없다. 자식은 불효한다.

• 水金土 - 길

매사 뜻하는 대로 이루고 대성공한다. 부위영화를 누린다. 심신이 건강하다. 가정도 화목하다.

• 水金金 - 흉

승승장구한다. 그러나 비현실적인 기질로 남과 융화하지 못하고 고독하다. 가정도 불화한다.

• 水金水 - 흉

길한 운세이나 실익은 적다. 재앙이 돌발해 몰락한다. 잔병치레한다. 가정은 화목하다. 대성공자도 있다.

• 水水木 - 흉(변괴운)

물거품 같은 허황함으로 실패한다. 파란과 변동이 많다. 병약하다. 부부 애정은 깊지 않다.

- 水水火 - 흉

허황된 꿈으로 실패한다. 일생 파란이 많고 돌발 재앙이 있다. 병약하다. 가정이 불화한다.

- 水水土 - 흉(변괴운)

일시 성공 · 발전하나 불시의 재난과 허황된 꿈으로 몰락한다. 병약하다. 배우자 · 자녀운은 불리하다.

- 水水金 - 흉

대성공으로 명예와 부를 얻으나 허망하게 다 잃어버리고 몰락한다. 병약하다. 가정은 적막하다.

- 水水水 - 흉(변괴운)

노력으로 발전 · 성공하나 점차 비운으로 흐른다. 길흉이 극단으로 치우친다. 병약하다. 가정 불화가 심하다.

3) 생각해 볼 점

가. 삼원 오행 도출 방법

삼원 오행의 가장 큰 문제는 삼원을 구하는 방법이 여러 가지라는 것이다. 방법에 따라 삼원 오행의 배열이 달라질 수 있기 때문이다.

예로 든 盧應根의 경우 제 1, 2, 3의 방법을 적용하면 삼원 오행 배열은 각각 土火金, 土火金, 金火金으로 상극이 들어 있다. 특히 제 3의 방법은 金火金으로 상극이 둘이나 된다. 그러나 제 4, 5의 방법을 적용하면 각각 金金水, 土金水로 상생으로 배열된다.

나. 삼원 오행 배열의 길흉 판단

삼원 오행 배열별 길흉 판단 기준이 통일돼 있지 않은 것도 큰 문제다. 발음 오행 배열별 길흉 판단 기준과 공통으로 쓸 경우 더욱 그렇다.

발음 오행에는 상생 배열이면 대체로 좋다. 그러나 삼원(삼재) 오행은 꼭 그렇지 않다. 예컨대 발음 오행에서 土火金과 金火金은 나쁘지만, 金金水와 土金水는 좋다. 그러나 삼원 오행에서는 다 나쁘다.

그렇다면 盧應根의 경우 삼원 오행은 좋다고 할 것인가, 나쁘다고 할 것인가? 참으로 혼란스러울 수밖에 없다.

이런 이유 등으로 삼원 오행을 아예 적용하지 않고 무시하는 성명학자도 있다.

삼원 오행 배열의 길흉 판단에 발음 오행 판단 기준을 공통으로 적용하는 것에도 의문을 제기할 수 있다. 발음 오행이든 삼원 오행이든 다 같은 오행이므로 길흉 판단 기준도 다를 이유가 없다는 주장이 과연 합당하냐는 것이다.

먼저 발음 오행과 삼원 오행은 적용 대상이 다르다. 발음 오행은 한글 성명의 자음에서 나오는 데 비해 삼원 오행은 한자 성명의 획수에서 나온다. 발음 오행은 한글 성명에, 삼원 오행은 한자 성명에 각각 적용되는 오행론인 것이다.

발음 오행과 삼원 오행이 도출되는 방식도 크게 다르다. 발음 오행이 한글 성명 글자(자음)에서 '바로' 나오는 데 비해 삼원 오행은 성명 글자(획수)의 '관계'에서 도출되는 것이다.

더 큰 문제는 발음 오행이든 삼원 오행이든 오행 배열에 따른 길흉 판단 근거가 분명하지 않다는 것이다.

(2) 자원(字原) 오행

1) 자원 오행 구분

한자가 만들어질 때부터 한자 자체가 갖고 있는 오행을 말한다. 한자에 들어 있는 본질 오행으로 볼 수 있다.

보통 한자의 자원 오행은 부수에 의해 구분된다. 부수로 오행을 나누기 곤란한 한자는 자의(字意)로 분류한다. 부수 오행과 자의에 따른 오행이 서로 다른 한자도 있어 혼란스러울 수 있다.

자원 오행은 일반 옥편이나 자전을 봐서는 알 수 없다. 인명용 한자의 자원 오행은 시중에 나와 있는 성명학 책에 거의 다 실려 있다.

2) 자원 오행의 길흉

자원 오행의 길흉에 대해서는 작명가에 따라 의견이 크게 엇갈린다.

먼저 자원 오행도 오행이므로 상생 배열이라야 좋다는 주장이 있다. 특히 한자는 뜻글자이므로 자원 오행의 상생 배열을 최우선해야 한다는 이도 있다.

반대로 자원 오행의 상생 여부는 고려하지 않아도 된다는 작명가도 있다. 나아가 오행의 상생은 좋고 상극은 흉하다고 보는 이론을 수용하지 않는 작명가도 있다. 이 경우 자원 오행 배열의 길흉을 아예 논하지도 않는다.

이처럼 의견이 나뉘는 것은 자원 오행에 대한 접근 방식이 다르기 때문이다. 성명 글자의 자원 오행 자체만 따진다면 오행의 상생을 중시하는 것은 당연할 수 있다.

그러나 자원 오행의 용도를 달리 본다면 사정은 달라질 수 있다. 이름을 사주와 연관지어 지을 때, 즉 사주가 필요로 하거나 사주에 부족한 오행을 이름에 넣어 지을 때 자원 오행을 활용하는 경우다. 이 경우 자원 오행의 상생까지 맞춰 이름을 짓기란 매우 어려울 수 있기 때문이다. 이 부분은 뒤에 나오는 '제 7 장 사주 보완론'에서 자세히 설명한다.

3) 자원 오행의 활용

사주가 필요로 하거나 사주에 부족한 오행을 자원 오행을 통해 이름에 넣어야 한다고 주장하는 작명가가 많다. 이들은 사주를 모르고 이름을 짓는 것은 엉터리 작명이라고 단정한다. 그런 이름을 '허명(虛名)'이라고 하는 작명가도 있다. 절대 무시해서는 안된다는 것이다.

사주와 연관지어 작명을 하기 위해서는 먼저 사주를 분석할 줄 알아야 한다. 그런데 사주를 제대로 분석하기란 쉽지 않다. 공부를 많이 해도 그렇다. 사주를 보고 이름을 짓는 작명가가 큰소리 치는 이유도 여기에 있다. 사주를 볼 줄 모르면 괜히 기가 죽을 수밖에 없다.

그러나 이름을 사주와 연관지어 짓는 데 회의적인 시각도 있다. 사주를 정확하게 분석하지 못할 경우 오히려 더 나쁜 이름을 지을 수 있기 때문이다.

사주에 필요한 오행을 사실상 필요 없는 오행으로 잘못 판단했을 경우다. 그런 위험을 피하려면 아예 사주와 무관하게 작명하는 것이 나을 수도 있다는 것이다.

사주 분석의 어려움과 상관 없이 아예 작명에 사주를 전혀 고려하지 않거나 사주 중 태어난 해(연주)만 고려하는 성명학 유파도 있다. 한글 파동 성명학이나 광미명성학이 대표적이다.

제 **4** 장
수리론(數理論)

제4장 수리론(數理論)

성명 글자를 네 가지나 다섯 가지 방식으로 조합한 뒤, 획수를 더해 나온 수에 따라 길흉을 판단하는 이론이다. 1에서 81까지의 수가 있고 수마다 암시하는 길흉 내용이 있다. 이처럼 길흉이 정해져 있는 81가지 수를 '81수리'라고 한다. 성명학 수리론은 81수리에 바탕을 두고 있는 것이다.

성명의 길흉을 판단하는 수리론에는 사격(四格)과 오격(五格)이 있다. 사격과 오격은 원래 한자 이름에 적용한 이론이다. 그러나 최근 사격을 한글 이름에 적용하는 성명학 유파도 있다.

수리론은 일본의 성명학 이론이라는 것이 정설이다. 사격 이론도 일본의 오격 이론이 일제강점기 한국에 유입된 뒤 우리의 현실에 맞게 변형된 것으로 본다. 두 자 성이 많은 일본과 달리 한국은 한 자 성이 많다는 점이 반영됐다는 것이다.

1. 사격(四格)

흔히 '원형이정(元亨利貞) 사격'이라고 한다. 성명 글자를 네 가지 방식으로 조합한 뒤 획수를 더해 나온 4개의 수로 이름의 길흉을 판단한다. 4개의 수가 원형이정 사격을 구성하는 것이다. 원형이정 사격이 모두 길한 수로 구성돼야 좋은 이름으로 본다.

(1) 원형이정 산출 방법

가. 성 한 자, 이름 두 자(상명, 하명)인 경우

원격 : 상명 획수 + 하명 획수

형격 : 성 획수 + 상명 획수

이격 : 성 획수 + 하명 획수

정격 : 성 획수 + 상명 획수 + 하명 획수

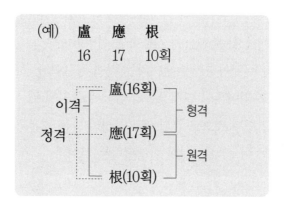

원격＝27(17+10), **형격**＝33(16+17), **이격**＝26(16+10), **정격**＝33(16+17+10)

나. 성 한 자, 이름 한 자인 경우

원격 : 이름 획수   **형격** : 성 획수+이름 획수

이격 : 성 획수   **정격** : 성 획수+이름 획수

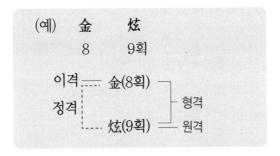

원격=9(9+0), **형격**=17(8+9), **이격**=8(8+0),

정격=17(8+9+0)

다. 성 두 자, 이름 두 자(상명, 하명)인 경우

원격 : 상명 획수+하명 획수

형격 : 성 두 자 획수+상명 획수

이격 : 성 두 자 획수+하명 획수

정격 : 성 두 자 획수+상명 획수+하명 획수

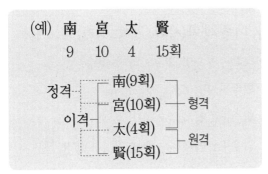

원격=19(4+15), **형격**=23(9+10+4), **이격**=34(9+10+15),
정격=38(9+10+4+15)

라. 성 두 자, 이름 한 자인 경우

원격 : 이름 획수

형격 : 성 두 자 획수+이름 획수

이격 : 성 두 자 획수

정격 : 성 두 자 획수+이름 획수

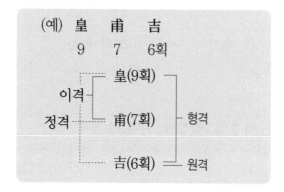

원격=6(6+0), **형격**=22(9+7+6), **이격**=16(9+7+0),
정격=22(9+7+6+0)

마. 성 한 자, 이름 세 자(상명, 중명, 하명)의 경우

원격 : 상명 획수+중명 획수+하명 획수

형격 : 성 획수+상명 획수

이격 : 성 획수+중명 획수+하명 획수

정격 : 성 획수+상명 획수+중명 획수+하명 획수

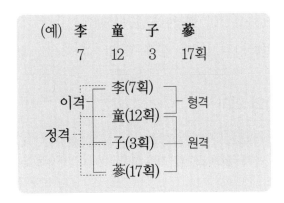

원격=32(12+3+17), **형격**=19(7+12), **이격**=27(7+3+17),

정격=39(7+12+3+17)

바. 성 두 자, 이름 세 자(상명, 중명, 하명)의 경우

원격 : 상명 획수+중명 획수+하명 획수

형격 : 성 두 자 획수+상명 획수

이격 : 성 두 자 획수+중명 획수+하명 획수

정격 : 성 두 자 획수+상명 획수+중명 획수+하명 획수

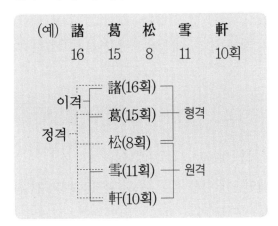

원격=29(8+11+10), **형격**=39(16+15+8),

이격=52(16+15+11+10), **정격**=60(16+15+8+11+10)

(2) 원형이정의 의미

원형이정은 각각 중점적으로 작용하는 시기나 작용하는 분야가 정해져 있다.

1) 원격

1세부터 20세까지 유년, 초년운을 지배한다. 평생운의 기초가 된다.

성격, 부모 등 가정 환경을 본다.

2) 형격

21세부터 40세까지 청년, 장년운을 지배한다. 일생을 이끄는 동력이다.

직업과 사업, 재물, 결혼, 가정운 등을 본다. 사격 중 가장 중요하다.

3) 이격

41세부터 60세까지 중년운을 지배한다

사회활동, 대인관계 등을 본다. 주위 환경과 대외 관계에 영향력을 미친다.

4) 정격

61세 이후 말년운을 지배한다. 인생 전반에 걸쳐 영향을 미친다.

원형이정 사격이 지배하는 시기를 달리 보는 작명가도 있다. 예컨대 원격은 1~20세, 형격은 21~45세, 이격은 46세 이후, 정격은 인생 전반의 운세에 각각 작용한다는 식이다. 또 원격은 유년부터 17세, 형격은 18~30세, 이격은 31~45세, 정격은 35세부터 말년까지의 인생 후반운을 강하게 지배한다는 주장도 있다.

2. 오격(五格)

성명 글자를 다섯 가지 방식으로 조합한 뒤 획수를 더해 나온 5개의 수로 이름의 길흉을 보는 것이다. 오격은 5개의 수가 구성하는 천격(天格), 인격(人格), 지격(地格), 외격(外格), 총격(總格)을 말한다.

성의 글자 수나 이름의 글자 수에 따라 오격을 산출하는 방법이 다르다. 성이 한 자이거나 이름이 한 자일 때 성 앞과 이름 아래에 1획이 있는 것으로 본다. 가성수(假成數)라고 한다. 성에 붙는 것이 성의 가성수, 이름에 붙는 것이 이름의 가성수다.

오격 중 천격과 인격, 지격을 오행으로 바꿔 그 배열로 성명의 길흉을 보는 방법도 있다. 앞의 '제 3 장 오행론'에서 살펴 본 삼원(삼재) 오행과 연결된다.

(1) 오격 산출 방법

1) 성 한 자, 이름 두 자(상명, 하명)

천격 : 1(성의 가성수)+성 획수

인격 : 성 획수+상명 획수

지격 : 상명 획수+하명 획수

외격 : 1(성의 가성수)+하명 획수

총격 : 성 획수+상명 획수+하명 획수

(예)	金	大	容
가성수1	8	3	10획

천격=9(1+8), 인격=11(8+3), 지격=13(3+10),

외격=11(1+10), 총격=21(8+3+10)

2) 성 한 자, 이름 한 자

천격 : 1(성의 가성수)+성 획수

인격 : 성 획수+이름 획수

지격 : 이름 획수+1(이름의 가성수)

외격 : 1(성의 가성수)+1(이름의 가성수)

총격 : 성 획수+이름 획수

(예)	金	玉	
가성수1	8	5	가성수1

천격=9(1+8), 인격=13(8+5), 지격=6(5+1),

외격=2(1+1), 총격=13(8+5)

3) 성 두 자(위, 아래 글자), 이름 두 자(상명, 하명)

천격 : 성 두 자 획수

인격 : 성 아래 글자 획수+상명 획수

지격 : 상명 획수+하명 획수

외격 : 성 위 글자 획수+하명 획수

총격 : 성 두 자 획수+상명 획수+하명 획수

(예)	南	宮	玉	順
	9	10	5	12획

천격=19(9+10), 인격=15(10+5), 지격=17(5+12),

외격=21(9+12), 총격=36(9+10+5+12)

4) 성 두 자(위, 아래 글자), 이름 한 자(외자)

천격 : 성 두 자 획수

인격 : 성 아래 글자 획수+이름 획수

지격 : 이름 획수+1(이름의 가성수)

외격 : 성 위 글자 획수+1(이름의 가성수)

총격 : 성 두 자 획수+이름 획수

(예)	諸	葛	亮	
	16	15	9	가성수1

천격=31(16+15), 인격=24(15+9), 지격=10(9+1),

외격=17(16+1), 총격=40(16+15+9)

(2) 오격의 활용

1) 수리 길흉

천격은 빼고 인격과 지격, 외격, 총격 등 나머지 4가지 격의 수에 81수리를 적용해 성명의 길흉을 판단하는 것이다.

오격은 앞에서 살펴 본 원형이정 사격과 산출 방법이나 용어는 다르지만 내용은 비슷하다. 오격의 인격은 사격의 형격, 지격은 원격, 외격은 이격, 총격은 정격에 각각 해당하는 것이다.

가. 인격

인체의 몸통에 해당한다. 일생의 운명을 좌우한다. 주운(主運)이라고 한다. 성격, 체질, 능력을 암시한다. 청년 운을 지배한다. 일생에서 특히 21-27세에 강하게 작용하고 36세까지 큰 영향을 미친다.

나. 지격

인체의 허리와 다리에 해당한다. 청소년 운을 지배한다. 전운(前運)이라고 한다. 20세까지 강하게 작용하고 36세까지 영향력을 준다.

다. 외격

인체의 위풍에 비유할 수 있다. 주운을 보좌하는 작용을 하므로 부운(副運)이라고 한다. 장년 운을 지배한다. 27-36세에 강하게 작용하고 47세까지 영향력을 발휘한다.

라. 총격

인체의 전신에 해당한다. 일생 전반에 걸쳐 영향을 미친다. 또 만년 운을 지배한다. 36세 이후 강하게 작용한다.

2) 오행 배열 길흉

오격을 구성하는 수를 오행으로 바꿔 활용할 수도 있다. 이때 오격의 오행 분류는 삼원 오행에서처럼 획수를 기준으로 1 2＝木, 3 4＝火, 5 6＝土, 7 8＝金, 9 0＝水로 본다.

인격과 지격의 오행 배열을 기초운, 천격과 인격의 오행 배열을 성공운, 인격과 외격의 오행 배열을 내외운이라고 한다.

기초운은 가정, 직업, 건강 등의 기본 토대를, 성공운은 발전·성공 여부를, 내외운은 대인관계나 안팎의 환경 등을 각각 나타낸다.

기초운, 성공운, 내외운을 구성하는 두 개의 오행 배열에 따라 길흉이 정해져 있다. 기초운과 성공운의 길흉 기준을 간단히 소개한다.

기초운과 성공운의 길흉 기준은 '제 3 장 오행론'에서 설명한 삼원(삼재) 오행 배열의 길흉을 판단하는 데 바탕이 된다.

이금정·한금사 님의 〈성명학 길라잡이〉를 참고했다.

가. 인격이 木일 때의 기초운과 성공운

기초운(인격-지격)

木木=대흉. 외유내강하다. 노력형이다. 너그럽다. 남의 도움을 얻는다. 자식 복이 있다.

木火=길. 평안하다. 말년에 성취한다. 단, 천격이 水이면 친지상극으로 흉으로 변한다.

木土=대길. 일생 변화변동이 적다. 매사 순조롭다. 남의 존경을 받는다.

木金=흉. 환경 변화가 잦다. 아랫사람이 불량하다. 자식이 불효한다.

木水=흉. 일시 발전은 있으나 갑자기 몰락한다.

성공운(천격-인격)

木木=대길. 외유내강이다. 남의 도움을 받는다. 순조롭게 성공한다.

火木=대길. 의기양양하다. 늘 발전한다. 매사 뜻대로 이뤄진다.

土木=흉. 겉으로는 좋으나 결과를 얻기 어렵다. 성공하기 힘들다. 가족과 인연이 없다.

金木=흉. 의심이 많고 민감하다. 일을 하더라도 기교가 없어 성공하기 어렵다.

水木=길. 먼저 힘드나 뒤에 즐거움을 누린다. 윗사람의 도움으로 성공·발전한다.

나. 인격이 火일 때 기초운과 성공운

기초운(인격-지격)

火木＝대길. 아랫사람의 도움을 얻는다. 평안하고 발전·성
　　　공한다.

火火＝반길. 성공하나 뿌리가 약해 일시에 그칠 수 있다. 대
　　　체로 평안하다.

火土＝길. 기초가 견실하다. 단, 천격이 火이면 흉하다.

火金＝흉. 겉으로는 평안하나 안으로는 불안하다. 아랫사람
　　　과 분쟁이 생긴다.

火水＝대흉. 의외의 재화가 발생한다. 재산이나 건강을 잃
　　　는다.

성공운(천격-인격)

木火＝길. 윗사람의 도움으로 순조롭게 성공한다.

火火＝길. 성공이 순조롭다. 단, 지격이 土이면 선길후흉으
　　　로 바뀐다.

土火＝길. 뜻대로 이뤄진다. 성공한다.

金火＝흉. 발전이 안된다. 운세가 어느 정도에 오르면 점차
　　　하강한다.

水火＝대흉. 사면초가다. 성공은 불가능하다.

다. 인격이 土일 때의 기초운과 성공운

기초운(인격-지격)

土木=흉. 환경이 불안하다. 변동이 심하다. 아랫사람의 도움이 없다.

土火=대길. 선고후락으로 점점 발전한다. 의외의 수확이 있다. 아랫사람을 거느린다.

土土=길. 평안하다. 단, 천격이 토일 경우 활발하지 않으면 용렬하다.

土金=반길. 안정되게 발전한다. 다소 소극적이다. 중년 이후 이혼수가 있다.

土水=대흉. 아주 불안정하다. 건강과 재산을 일시에 잃는다. 돌발적인 재화가 있다.

성공운(천격-인격)

木土=흉. 전반은 행, 중후반은 액이다. 불평불만이 많다. 그러나 큰 재화는 없다.

火土=대길. 조상과 윗사람의 도움을 받는다. 매사 순조롭다.

土土=길. 점점 발전한다. 대체로 행복하다. 성실하다.

金土=대길. 성공이 순조롭다. 항상 발전한다. 평안하다.

水土=반길. 성공에 장애가 많다. 난관을 극복하면 성공한다.

라. 인격이 金일 때의 기초운과 성공운

기초운(인격–지격)

金木＝흉. 겉으로는 안정되나 안으로는 불안하다. 의심이 많
　　　고 민감하다.

金火＝흉. 환경이 불안정하다. 아랫사람의 해를 받는다. 만
　　　년이 흉하다.

金土＝대길. 아랫사람의 도움을 얻어 크게 성공한다. 환경
　　　이 안정적이다.

金金＝흉. 재능지략은 좋으나 너무 강해 동화력이 부족하다.
　　　천격이 金이면 재액이 크다.

金水＝대흉. 자승자박으로 일생 편치 못하다. 급변, 파란이
　　　연속된다.

성공운(천격–인격)

木金＝흉. 어려움이 오간다. 힘들고 불우하다.

火金＝흉. 성공운이 없다. 불우하다.

土金＝대길. 윗사람의 도움이 있다. 노력하고 발전한다.

金金＝흉. 너무 강해 불화와 불측의 재화를 초래한다. 지격
　　　이 土이면 복으로 바뀐다.

水水＝대길. 쉽게 발전 · 성공한다. 만사 뜻대로 된다.

마. 인격이 水일 때의 기초운과 성공운

기초운(인격-지격)

水木=반길. 성공한다. 그러나 좌절수가 있나.

水火=대흉. 돌발적인 대재앙이 있다. 민감하고 신경질적이
다.

水土=흉. 일생 불안정하다. 겉으로는 안정되나 안으로는 불
안하다.

水金=반길. 부자 소리를 듣는다. 불평 불만이 생기고 급패
나 병액이 있다.

水水=반길. 일시 성공하나 결국 일장춘몽이 된다. 천격이
木이면 큰 부자가 된다.

성공운(천격-인격)

木水=반길. 성공이 순조로우면서도 가정운은 박하다. 행복
과 화가 오간다.

火水=흉. 곤궁하고 급작스런 재앙이 있다.

土水=흉. 급변, 재화가 있다. 노력해도 결과가 없다.

金水=반길. 조상과 윗사람의 도움을 받는다. 그러나 가정이
불안하고 나쁜 환경에 빠진다.

水水=반길. 성공하기도 하나 변화무쌍하다. 지격이 木이면
큰 부자가 된다.

3. 81수리의 길흉

1에서 81까지 각 수마다 좋고 나쁜 내용이 부여돼 있다. 좋음이나 나쁨 한 쪽으로 쏠린 수도 있고, 좋고 나쁨이 섞인 수도 있다. 따라서 각 수가 암시하는 내용을 단순히 길과 흉, 또는 길, 소길, 소흉, 흉 등으로 표시할 경우 작명가에 따라 약간 다를 수있다. 81수리의 설명이 아니라 길흉표를 볼 때는 이런 점에 유의해야 한다.

(1) 81수리 설명 1

* 1 길. 태초격(太初格) 두령운(頭領運) 발전부귀지상(發展富貴之象)

기본이 되는 수다. 우두머리를 상징한다. 활동적이고 솔선수범한다. 부귀영화를 누리고 크게 발전한다. 소망을 성취한다.

* 2 흉. 분산격(分散格) 재액운(災厄運) 분산분리지상(分散分離之象)

매사 공허하고 신고가 따른다. 일시 성공은 이룰 수 있으나 몰락한다. 배우자 · 자식과 이별한다. 질병, 불구등 액운을 당한다.

* **3** 길. 명예격(名譽格) 복덕운(福德運) 입신출세지상(立身
出世之象)

융화력이 뛰어나 만인에게 이름을 알린다. 노력한 만
큼 결실을 이룬다. 도와주는 사람이 많아 입신양명하
고 부귀를 누린다.

* **4** 흉. 사멸격(死滅格) 파괴운(破壞運) 패가망신지상(敗家
亡身之象)

끈기도 융통성도 없다. 배우자 · 자식과 생리사별한다.
부모형제의 덕도 없다. 바쁘게 움직이나 결과가 없다.
실패와 고난 속에 파재, 고난이 따른다.

* **5** 길. 복덕격(福德格) 성공운(成功運) 성공순리지상(成功
順理之象)

통솔력과 인덕, 지혜가 있어 위아래의 사랑과 존경을
받는다. 일찍부터 재물과 권위를 얻는다. 부부와 자손
이 화합한다.

* **6** 길. 계승격(繼承格) 덕후운(德厚運) 대업계승지상(大業
繼承之象)

가업이나 사회적 대업을 계승해 부귀영달한다. 매사
성공과 발전이 따르고 지위를 얻는다. 부부운이 길하
고 가정이 화평하다.

* **7** 길. 독립격(獨立格) 발전운(發展運) 심신강건지상(心身康健之象)

독립심이 강하고 무관 기질이라 직장생활보다 사업이 좋다. 동업이나 합작보다 독자 사업이 유리하다. 어떤 난관도 인내력으로 극복한다.

* **8** 길. 발달격(發達格) 전진운(前進運) 자수성공지상(自手成功之象)

의지가 굳고 개척정신이 강하다. 난관을 극복하고 자수성가해 부귀를 얻는다. 독단적 성격으로 주변과 마찰이 있을 수 있다.

* **9** 흉. 궁박격(窮迫格) 불행운(不幸運) 흥진전패지상(興振全敗之象)

부모형제의 덕이 없다. 일시 발전하나 중도에 좌절한다. 매사 실패하고 생활이 불안정하다. 부부가 생리사별하고 자손의 근심이 있다.

* **10** 흉. 공허격(空虛格) 단명운(短命運) 공허단명지상(空虛短命之象)

재치와 사교성은 있으나 끈기가 없어 매사 용두사미다. 일시 성공은 있으나 중도 좌절한다. 부부가 이별하고 질병과 재난이 따른다.

* [11] 길. 신성격(新成格) 흥가운(興家運)) 신왕재왕지상(身旺財旺之象)

성실하고 사교적이다. 도와주는 사람이 많고 하는 일마다 좋은 결실을 맺는다. 중년 이후 가문이 번창한다. 부부가 해로하고 귀한 자식을 둔다.

* [12] 흉. 박약격(薄弱格) 고수운(孤愁運) 박약고독지상(薄弱孤獨之象)

의지 박약과 무기력으로 매사 막힘이 많다. 일시 성공해도 실패가 따른다. 부모형제의 덕이 없다. 배우자 · 자녀와 이별한다. 심신이 허약하다.

* [13] 길. 지모격(智謀格) 지달운(智達運) 입신양명지상(立身揚名之象)

임기응변에 능하다. 어느 분야로 진출해도 성공한다. 중년 이후 정치에 입문해도 좋다. 부부운이 좋다. 건강하고 장수한다.

* [14] 흉. 이산격(離散格) 파괴운(破壞運) 천신만고지상(千辛萬苦之象)

부모의 덕이 없다. 무슨 일을 해도 중도 좌절하고 실패한다. 관재 등 재앙이 속출한다. 배우자 · 자녀와 생리사별하고 고독하다.

* 15 ▷ 길. 통솔격(統率格) 복수운(福壽運) 만물통합지상(萬物統合之象)

도량이 넓고 의지가 강하다. 초년에 곤궁하더라도 인덕과 복덕으로 대업을 성취해 부귀를 누린다. 부부의 정도 깊다.

* 16 ▷ 길. 덕망격(德望格) 재부운(財富運) 덕망유복지상(德望裕福之象)

대중을 통솔하는 지도자가 된다. 주변의 존경과 신망으로 순조롭게 발전하고 성공을 거둔다. 부부가 해로하고 자손이 번성한다.

* 17 ▷ 길. 용진격(勇進格) 건창운(健暢運) 만사통달지상(萬事通達之象)

어떤 난관도 극복하고 자립대성한다. 부귀와 명예를 다 누린다. 특히 관록운이 강하다. 외국에서 명예와 부를 얻는 경우가 많다.

* 18 ▷ 길. 발전격(發展格) 융창운(隆昌運) 부귀발전지상(富貴發展之象)

어느 분야로 진출해도 성공한다. 사업에도 뛰어난 능력을 발휘한다. 역경을 만나도 끝내 성공해 부귀를 얻고 주위의 존경과 신망을 받는다.

* **19** 흉. 고난격(苦難格) 병액운(病厄運) 봉학상익지상(鳳鶴傷翼之象)

재능과 노력만큼 결과가 없다. 성공해도 잠시뿐이다. 매사 시작은 있어도 끝이 없다. 부모형제의 덕이 없다. 배우자 · 자녀와 생리사별한다.

* **20** 흉. 허망격(虛妄格) 단명운(短命運) 만사허망지상(萬事虛妄之象)

일시 성공은 있으나 매사 수포로 돌아간다. 자질과 재능이 있어도 빛을 발하지 못한다. 육친의 덕이 없다. 배우자 · 자녀와 생리사별하고 고독하다.

* **21** 길. 수령격(首領格) 견실운(堅實運) 부귀공명지상(富貴功名之象)

대길한 수다. 어려운 난관이 닥치기도 하나 대업을 완수해 이름을 날린다. 만인을 영도하는 지도자 지위에 올라 부귀공명한다.

* **22** 흉. 중절격(中折格) 박약운(薄弱運) 중도좌절지상(中途挫折之象)

재능과 노력에 비해 결과가 허무하고 중도 좌절한다. 매사 실패하고 역경과 비운이 잇따른다. 부부 이별하고 고독과 병고에 시달린다.

* **[23]** 길. 공명격(功名格) 융창운(隆昌運) 공명행복지상(公明幸福之象)

지덕과 문무를 겸비하고 지도력이 있어 빈천하더라도 영도적 지위에 오른다. 대중의 인기와 명망이 높다. 대지대업을 이룬다.

* **[24]** 길. 입신격(立身格) 축재운(蓄財運) 부귀영화지상(富貴榮華之象)

지략과 지모, 불굴의 노력으로 자수성가해 큰 재물을 모은다. 주위의 존경과 신망을 받는다. 부부가 화목하고 자식도 가문을 빛낸다.

* **[25]** 길. 건창격(健昌格) 복수운(福壽運) 만사순풍지상(萬事順風之象)

도량이 넓고 대인관계가 원만해 자수성가한다. 부귀, 특히 재물 복이 뛰어나다. 부부가 해로하며 평탄하게 산다. 자손의 복도 강하다.

* **[26]** 흉. 영웅격(英雄格) 만달운(晩達運) 만난허무지상(萬難虛無之象)

의협심이 강하다. 성공은 일시적이고 노력에 비해 결실이 적어 허망하다. 육친의 덕이 없다. 배우자·자녀와 이별하고 고독과 형액 등 불행이 속출한다.

* (27)- 중길, 흉. 대인격(大人格) 중절운(中折運) 중도좌절지상(中途挫折之象)

성격이 강해 주위의 비난과 시비구설이 따른다. 좌절과 실패가 반복된다. 가정운이 적막하다. 이별과 고독, 형액 등 액운이 연속된다.

* (28)- 흉. 조난격(遭難格) 파란운(波瀾運) 파란곡절지상(波瀾曲折之象)

인덕이 없어 하는 일에 막힘이 많다. 성공은 일시적일 뿐 지속되지 않는다. 부모형제의 덕이 박하다. 배우자·자녀와 이별하고 가정이 적막하다.

* (29)- 중길. 성공격(成功格) 풍재운(豊才運) 태공향복지상(泰功享福之象)

총명하고 대인관계가 원만하다. 주위 도움으로 매사 순조롭게 발전한다. 관운과 재물운이 좋다. 가정운도 좋다. 부부가 해로하고 자손이 번창한다.

* (30)- 흉. 불측격(不測格) 부침운(浮沈運) 부몽부침지상(浮夢浮沈之象)

끈기가 없고 예민해 성공과 실패가 교차된다. 예상치 못한 재난과 풍파로 부침이 심하다. 부부가 이별하고 자손의 근심사가 있다.

* 31) 길. 융창격(隆昌格) 흥가운(興家運) 일익영화지상(日益榮華之象)

지도자 자질을 갖추고 있다. 대업을 이뤄 주변의 존경과 신망을 얻는다. 학문과 예술, 교육, 정계에서 크게 성공한다. 가정운도 좋다.

* 32) 길. 순풍격(順風格) 왕성운(旺盛運) 의외형복지상(意外亨福之象)

뜻밖의 기회를 얻거나 은인을 만나 순조롭게 성공한다. 어느 분야에서나 만사형통한다. 가정이 화평하고 가문이 번창한다.

* 33) 길. 승천격(昇天格) 왕성운(旺盛運) 욱일승천지상(旭日昇天之象)

장년 전후 대업을 성취해 명예와 부를 크게 얻는다. 어떤 난관이 닥쳐도 해결해 나간다. 지도자가 될 수 있다. 부부가 화목하다.

* 34) 흉. 변란격(變亂格) 파멸운(破滅運) 평지풍파지상(平地風波之象)

좋은 집안에 출생해도 재앙이 닥쳐 모진 세파를 맛본다. 일시 성공해도 곧 몰락한다. 하는 일마다 실패한다. 배우자·자녀와 생리사별하고 패가망신한다.

* 35 길. 태평격(泰平格) 안강운(安康運) 만물평화지상(萬物平和之象)

인덕과 성실, 끈기로 성공·발전할 수 있다. 감성이 풍부해 문예, 예능계에서 크게 성공할 수 있다. 부부 금실이 좋고 자식운도 좋다.

* 36 흉. 의협격(義俠格) 파란운(波瀾運) 파란중첩지상(波瀾重疊之象)

의협적인 기질이 있으나 성공하지 못하고 파란곡절이 많다. 인덕이 없어 노력해도 결실이 없다. 가정도 적막해 고독과 병고가 따른다.

* 37 길. 인덕격(人德格) 출세운(出世運) 유의유덕지상(有義有德之象)

조력자가 많고 사업이 번창한다. 자수성가해 대업을 이루고 가문을 일으킨다. 관운과 명예운이 따른다. 부부가 해로하고 자손이 번창한다.

* 38 중길. 문예격(文藝格) 평범운(平凡運) 문예발달지상(文藝發達之象)

매사 집념으로 부귀영예를 누린다. 특히 문학, 예술, 창작, 발명 등에서 발전한다. 가정적으로도 평안하다. 부부 금실이 좋고 부귀장수한다.

* (39)➤ 길. 장성격(將星格) 부영운(富營運) 안락다복지상(安樂多福之象)

   난관도 극복하고 성공해 부귀영화를 누린다. 신망을 얻어 많은 이를 통솔하는 위치에 오른다. 부부가 해로하고 자손이 번창한다.

* (40)➤ 흉. 무상격(無常格) 파란운(波瀾運) 노고무공지상(勞苦無功之象)

   인덕이 없고 운세 변화가 무쌍하다. 매사 실패가 반복되고 좌절한다. 노력한 만큼 결실이 없다. 부부가 이별하고 말년이 고독하다.

* (41)➤ 길. 대공격(大功格) 고명운(高名運) 사해공명지상(四海功名之象)

   일이 뜻대로 이뤄진다. 만인의 존경과 신망이 두텁다. 재물이 풍부하다. 부부의 정이 돈독하고 해로한다. 영특한 자손을 둔다.

* (42)➤ 흉. 고행격(苦行格) 수난운(受難運) 풍파신고지상(風波辛苦之象)

   하는 일마다 고난이 겹친다. 노력에 비해 결과가 미흡해 중도 좌절한다. 만사불성이다. 부부가 이별하고 풍파가 끊이지 않는다.

* **43** 흉. 성쇠격(盛衰格) 산재운(散財運) 육친무덕지상(六親無德之象)

허황된 유혹에 빠지기 쉽다. 수입에 비해 지출이 많아 경제적으로 늘 어렵다. 정신질환을 앓을 수 있다. 가정이 적막하다.

* **44** 흉. 마장격(魔障格) 파멸운(破滅運) 패가망신지상(敗家亡身之象)

삶의 의욕을 잃을 정도로 감당하기 힘든 고난이 연속된다. 인덕이 없어 하는 일마다 막힘이 따른다. 가정운도 안 좋아 액운이 잇따른다.

* **45** 길. 대지격(大智格) 현달운(顯達運) 대지대업지상(大志大業之象)

매사 순조로워 높은 지위에 오른다. 사방에 귀인이 많고 하는 일마다 성공으로 이끈다. 부귀장수한다. 배우자와 자녀의 덕이 있다.

* **46** 흉. 미운격(未運格) 비애운(悲哀運) 곤궁신고지상(困窮辛苦之象)

때를 만나지 못해 매사 의욕이 없다. 하는 일마다 실패와 좌절을 경험한다. 부모의 덕이 없다. 여러 가지 액운으로 일생을 고독하게 보낸다.

* **47** 길. 출세격(出世格) 전개운(展開運) 천지합덕지상(天地合德之象)

  모든 일이 뜻대로 번창한다. 특히 재운이 왕성하다. 학문으로도 사업으로도 성공한다. 배우자의 덕으로 가산이 늘어난다. 가정이 화평하다.

* **48** 길. 유덕격(有德格) 영달운(榮達運) 식록유덕지상(食祿有德之象)

  만인의 존경과 신뢰를 받는 지도자가 된다. 도와주는 사람이 많다. 직장운, 사업운, 명예운이 다 좋다. 가정이 화목하고 부귀장수한다.

* **49** 중길. 은퇴격(隱退格) 변화운(變化運) 변화불측지상(變化不測之象)

  길흉이 상반된다. 주거 불안, 직업 변동 등으로 생활이 불안정하다. 가정운도 불길해 부부 이별 등 시련과 고난이 따른다.

* **50** 흉. 부몽격(浮夢格) 불행운(不幸運) 일성일패지상(一成一敗之象)

  경제적으로 어려움이 많다. 낭비가 심하다. 매사 즉흥적이고 사교성이 부족하다. 심신이 허약하다. 부부가 이별하고 노후가 고독하다.

* **[51]** 흉. 길흉격(吉凶格) 성패운(成敗運) 흥망성쇠지상(興亡盛衰之象)

난관을 이기고 대업을 성취하나 파란변동이 심하다. 중년 이후 부침이 심하고 좌절과 실패 등 액운이 따른다. 생활이 불안정하다.

* **[52]** 길. 약진격(躍進格) 시승운(時乘運) 비룡승천지상(飛龍昇天之象)

정치가나 학자로 이름을 날린다. 하는 일이 날로 발전해 재물을 크게 모으고 대성한다. 자손에게까지 명성이 이어진다.

* **[53]** 흉. 내허격(內虛格) 장해운(障害運) 불화쟁론지상(不和爭論之象)

겉으로 화려한 것 같으나 실속이 없다. 인생 전반과 후반의 길흉이 바뀌나 한 번 재화가 닥치면 가산을 탕진한다. 부부는 이별한다.

* **[54]** 흉. 무공격(無功格) 절망운(絶望運) 불화신고지상(不和辛苦之象)

부모의 덕이 없다. 일시 행복은 누릴 수 있으나 중도에 좌절·실패가 거듭된다. 부부가 이별하고 질병과 고독 등 풍파가 따른다.

* 55 ▷ 중길. 미달격(未達格) 불안운(不安運) 만사불성지상(萬事不成之象)

  겉은 융성한 듯하나 실패와 고통이 따른다. 파산과 병고, 재화가 거듭된다. 부부 이별의 비애가 있다. 인내력을 기르면 성공할 수 있다.

* 56 ▷ 흉. 한탄격(恨歎格) 패망운(敗亡運) 부족부진지상(不足不振之象)

  매사 좌절을 겪는다. 노력한 만큼 결실이 없어 심신이 고달프다. 실패과 재화, 망신, 병고 등 액운이 연속된다. 말년이 고독하고 불행하다.

* 57 ▷ 길. 봉시격(逢時格) 시래운(時來運) 노력왕상지상(勞力旺盛之象)

  대인관계가 원만하고 끈기가 있다. 조력을 받아 하는 일마다 뜻대로 형통한다. 부부가 유정하고 자손까지 부귀영화를 누린다.

* 58 ▷ 중길. 후영격(後榮格) 후복운(後福運) 선흉후길지상(先凶後吉之象)

  성패파란이 심해 길흉이 겹치나 결국은 성공한다. 초년은 어려움이 많지만 초지일관의 노력으로 대기만성해 복록을 누린다.

* [59]▷ 흉. 재화격(災禍格) 실의운(失意運) 매사불우지상(每事
不遇之象)

시작은 있으나 끝이 없다. 작은 어려움에도 좌절하고
실의에 빠진다. 한 번 재난이 닥치면 액운이 연속된다.
배우자 덕이 없다.

* [60]▷ 흉. 동요격(動搖格) 재난운(災難運) 상하동요지상(上下
動搖之象)

주관이 없고 변덕이 많아 한 가지 일도 마무리하지 못
한다. 금전운이 약하고 고난과 고초가 심하다. 부부가
불화하고 자식운도 약하다.

* [61]▷ 길. 영화격(榮華格) 재리운(財利運) 영화득재지상(榮華
得財之象)

심신이 강인하고 재능이 뛰어나 명예와 재물을 두루 얻
는다. 말년까지 부귀영화를 누린다. 부부가 해로하고
자식은 효도한다.

* [62]▷ 흉. 고독격(孤獨格) 쇠퇴운(衰退運) 일생신고지상(一生
辛苦之象)

의심이 많고 의지가 약해 큰 일을 성취하기 어렵다. 불
시의 재액을 만나 비운에 처한다. 부부가 불화하고 병
고 등 풍파가 따른다.

* **63** 길. 순성격(順成格) 성공운(成功運) 만사여의지상(萬事
如意之象)

귀인의 도움으로 하는 일마다 성공한다. 재난이 닥쳐도
끈기로 극복한다. 노력보다 결과가 좋다. 부귀영달이
자손에까지 이어진다.

* **64** 흉. 침체격(沈滯格) 쇠멸운(衰滅運) 부침파란지상(浮沈
波瀾之象)

하는 일마다 실패를 거듭한다. 한 번 운이 기울기 시작
하면 걷잡을 수 없다. 가정 불안, 골육의 이산, 병고 등
풍파가 겹친다.

* **65** 길. 휘양격(輝陽格) 흥가운(興家運) 부귀명예지상(富貴
名譽之象)

매사 성취한다. 만인을 지도하는 자리에 오른다. 부귀명
예를 누린다. 부부가 유정하고 자손까지 복을 받아 평탄
하게 산다.

* **66** 흉. 우매격(愚昧格) 쇠망운(衰亡運) 진퇴유곡지상(進退
維谷之象)

우둔하고 무계획적이다. 진퇴유곡에 빠져 헤어나지 못
한다. 주변 사람에게 배신을 당해 손해를 본다. 부부가
갈등하고 이별한다.

* 67> 길. 천복격(天福格) 자래운(自來運) 가세번창지상(家勢
繁昌之象)

무슨 일을 해도 막힘이 없다. 한때 실패가 있어도 딛고
일어나 더 큰 업적을 남긴다. 부부가 화목하다. 평생 부
귀를 누리고 장수한다.

* 68> 길. 명지격(名智格) 흥가운(興家運) 명리겸비지상(名利
兼備之象)

큰 성공을 거둬 부귀를 누린다. 출세가도를 달려 많은
사람의 신망과 존경을 받는다. 부부가 화목하고 자손도
귀하게 된다.

* 69> 흉. 종말격(終末格) 불안운(不安運) 고목풍설지상(枯木
風雪之象)

하는 일마다 장애가 따른다. 시작은 좋으나 중도에 파
란이 인다. 풍파가 많다. 인덕이 없다. 부부가 불화하고
생리사별한다.

* 70> 흉. 공허격(空虛格) 멸망운(滅亡運) 만사쇠퇴지상(萬事
衰退之象)

시작은 있으나 끝이 없다. 매사 실패한다. 근심걱정이
끊이지 않는다. 부모형제의 덕이 없다. 부부가 이별한
다. 자식운도 안 좋다.

* **71** 중길. 만달격(晩達格) 발전운(發展運) 고진감래(苦盡甘
來之象)

하는 일마다 성공을 이룬다. 덕망과 능력을 인정 받아
출세가도를 달린다. 가정적으로 다복해 부부가 해로하
고 주위의 부러움을 산다.

* **72** 흉. 상반격(相半格) 후곤운(後困運) 길흉상반지상(吉凶
相半之象)

대체로 전반은 평온하나 후반은 액운이 닥친다. 말년이
허망하다. 일생 희비애락이 교차한다. 겉보기에 평온하
나 흉화가 숨어 있다.

* **73** 중길. 평길격(平吉格) 평복운(平福運) 무난평복지상(無
難平福之象)

초반은 고생하나 후반은 복록이 불어나 안락하게 산다.
대성은 어려워도 평범한 성공은 가능하다. 작은 행복에
만족하면 평탄하게 산다.

* **74** 흉. 우매격(愚昧格) 미로운(迷路運) 무정세월지상(無情
歲月之象)

우둔하고 무능해 아무 것도 이루지 못한다. 무위도식하
며 무능한 삶을 산다. 변란, 변고 등 뜻밖의 재액이 끊
이지 않는다.

* **[75]** 중길. 정수격(靜守格) 평화운(平和運) 개문복래지상(開門福來之象)

모든 일을 잘 처리한다. 주변의 신망을 얻어 안정적인 기반을 구축한다. 부부가 화목하고 해로한다. 자손도 귀하게 된다.

* **[76]** 흉. 선곤격(先困格) 후성운(後盛運) 대기만성지상(大器晚成之象)

부모의 덕이 없어 초년은 고생하고 좌절한다. 중년 이후 금전운이 좋아지고 복록을 누린다. 부부가 화목하고 해로한다. 선흉후길이다.

* **[77]** 중길. 전후격(前後格) 길흉운(吉凶運) 길흉상반지상(吉凶相半之象)

전반은 윗사람의 도움으로 발전하나 후반은 액운이 따른다. 재복과 재화가 반복된다. 길흉이 상반된다. 부부가 불화하고 이별한다.

* **[78]** 중길. 선길격(先吉格) 평복운(平福運) 자연퇴보지상(自然退步之象)

중년 전 성공해 부귀를 얻으나 중년 이후 어려움을 겪는다. 경제적 고통과 대인관계의 갈등이 있다. 부부 갈등이 심하고 자손 덕이 없다.

* 79 흉. 종극격(終極格) 부정운(不正運) 노다공소지상(勞多功少之象)

소극적이고 의지가 약하다. 신용이 없어 소외된다. 노력해도 결과가 따르지 않는다. 생활이 불안정하다. 부부가 생리사별한다.

* 80 흉. 종결격(終結格) 은둔운(隱遁運) 일생고난지상(一生苦難之象)

일생 고난과 신고가 따른다. 인덕도 금전운도 없다. 파란이 중첩되고 풍파가 끊이지 않는다. 부부는 한 집에 살아도 남남이다.

* 81 길. 환원격(還元格) 성대운(盛大運) 발전부귀지상(發展富貴之象)

다시 1로 환원하는 수다. 우두머리를 뜻한다. 크게 발전하고 성공해 부귀영화를 누린다. 소망을 성취한다.

(2) 81수리 설명 2

* 1 태초격(太初格) 군왕옥좌지상(君王玉座之象)=출발권위(出發權威) 온건착실(穩健着實) 부귀장수(富貴長壽)

* 2 분리격(分離格) 제사분리지상(諸事分離之象)=분리파

괴(分離破壞) 독립불능(獨立不能) 육친무덕(肉親無德)

* 3 ⟩ 발전격(發展格) 만물시왕지상(萬物始旺之象)=명부양
전(名富兩全) 지모출중(智謀出衆) 지도적인물(指導的人物)

* 4 ⟩ 부정격(否定格) 동서각비지상(東西各飛之象)=박약좌
절(薄弱挫折) 제사불성(諸事不成) 미모다색정(美貌多色情)

* 5 ⟩ 성공격(成功格) 능성만물지상(能成萬物之象)=복록장
수(福祿長壽) 지모겸비(智謀兼備) 부귀영달(富貴榮達)

* 6 ⟩ 계승격(繼承格) 음덕시태지상(蔭德始胎之象)=안온여
경(安穩餘慶) 대업승계(大業繼承) 부귀영달(富貴榮達)

* 7 ⟩ 독립격(獨立格) 강건전진지상(剛健前進之象)=외강내
유(外剛內柔) 심신강건(心身剛健) 초지관철(初志貫徹)

* 8 ⟩ 개척격(開拓格) 자력발전지상(自力發展之象)=근면발
전(勤勉發展) 수복겸전(壽福兼全) 자수성공(自守成功)

* 9 ⟩ 궁박격(窮迫格) 대재무용지상(大才無用之象)=흥진전

패(興盡轉敗) 중도좌절(中道挫折) 고독단명(孤獨短命)

* **10** 공허격(空虛格) 만사허무지상(萬事虛無之象)=다재다
능(多才多能) 절처봉생(絶處逢生) 중년요절(中年夭折)

* **11** 신성격(新成格) 자력갱생지상(自力更生之象)=온건착
실(穩健着實) 두뇌명석(頭腦明晳) 부귀안락(富貴安樂)

* **12** 박약격(薄弱格) 연약고독지상(軟弱孤獨之象)=의지박
약(意志薄弱) 일시성공(一時成功) 대사난망(大事難望)

* **13** 지모격(智謀格) 입신양명지상(立身揚名之象)=이지발
달(理智發達) 임기응변(臨機應變) 문학성취(文學成就)

* **14** 이산격(離散格) 혼돈사산지상(混沌四散之象)=박약좌
절(薄弱挫折) 번뇌실패(煩惱失敗) 가정불행(家庭不幸)

* **15** 통솔격(統率格) 만물통합지상(萬物通合之象)=부위영
화(富貴榮華) 자립성공(自立成功) 중인앙시(衆人仰視)

* **16** 덕망격(德望格) 온후유덕지상(溫厚有德之象)=재운왕
성(財運旺盛) 덕망유복(德望裕福) 원만화합(圓滿和合)

* **17** 용진격(勇進格) 자치창달지상(自治暢達之象)＝박력수행(迫力遂行) 강직완고(剛直頑固) 대업성취(大業成就)

* **18** 발전격(發展格) 개발진취지상(開發進取之象)＝의지견고(意志堅固) 예술성공(藝術成功) 富貴榮達(부귀영달)

* **19** 고난격(苦難格) 봉학상익지상(鳳鶴傷翼之象)＝성쇠병약(盛衰病弱) 일시성공(一時成功) 폐질단명(廢疾短命)

* **20** 허망격(虛妄格) 만사공허지상(萬事空虛之象)＝백사부전(百事不全) 중도실패(中道失敗) 변사단명(變死短命)

* **21** 두령격(頭領格) 광풍제월지상(光風霽月之象)＝지모탁월(智謀卓越) 대업완수(大業完遂) 부귀공명(富貴功名)

* **22** 중절격(中折格) 추초봉상지상(秋草逢霜之象)＝재지우수(才智優秀) 중도좌절(中道挫折) 부부이별(夫婦離別)

* **23** 공명격(功名格) 혁신융창지상(革新隆昌之象)＝이지발달(理智發達) 일약출세(一躍出世) 영도적인물(領導的人物)

* **24** 입신격(入神格) 우후개화지상(雨後開花之象)＝점진발

전(漸進發展) 부귀영화(富貴榮華) 예술재능(藝術才能)

* 25 안강격(安康格) 안강무난지상(安康無難之象)＝자수성
가(自手成家) 대업달성(大業達成) 안강다복(安康多福)

* 26 시비격(是非格) 평지풍파지상(平地風波之象)＝예재우
수(藝才優秀) 영웅괴걸(英雄怪傑) 형액피화(刑厄被禍)

* 27 중단격(中斷格) 중도좌절지상(中途挫折之象)＝자아심
강(自我甚强) 욕망무한(慾望無限) 파란중첩(波瀾重疊)

* 28 파란격(波瀾格) 대해편주지상(大海片舟之象)＝호걸기
개(豪傑氣槪) 육친무덕(肉親無德) 파란곡절(波瀾曲折)

* 29 성공격(成功格) 신록유실지상(新綠有實之象)＝희망원
대(希望遠大) 대업성취(大業成就) 부귀공명(富貴功名)

* 30 불측격(不測格) 연작무소지상(燕雀無巢之象)＝권모술
수(權謀術數) 부침극심(浮沈極甚) 길흉상반(吉凶相半)

* 31 융창격(隆昌格) 자립흥가지상(自立興家之象)＝지용득
지(智勇得志) 학예겸비(學藝兼備) 자립대성(自立大成)

* **32** 순풍격(順風格) 의외형복지상(意外亨福之象)＝순풍거범(順風巨帆) 만사형통(萬事亨通) 수복겸전(壽福兼全)

* **33** 승천격(昇天格) 욱일승천지상(旭日昇天之象)＝재덕겸비(才德兼備) 초년발달(初年發達) 만인추앙(萬人推仰)

* **34** 변란격(變亂格) 운장파멸지상(運將破滅之象)＝파해조산(破害祖産) 재화연속(災禍連續) 불측화란(不測禍亂)

* **35** 태평격(泰平格) 안과태평지상(安過泰平之象)＝온량화순(溫良和順) 문예학술(文藝學術) 부귀장수(富貴長壽)

* **36** 의협격(義俠格) 영웅파란지상(英雄波瀾之象)＝일생부침(一生浮沈) 파란중첩(波瀾重疊) 조난역경(遭難逆境)

* **37** 인덕격(人德格) 주공천하지상(奏功天下之象)＝충실열성(忠實熱誠) 대사경륜(大事經綸) 독립단행(獨立單行)

* **38** 문예격(文藝格) 문리고봉지상(文理高峰之象)＝문학예술(文學藝術) 입신양명(立身揚名) 위력결핍(威力缺乏)

* **39** 장성격(將星格) 장성휘도지상(將星揮刀之象)＝위세관중(威勢觀衆) 부귀번영(富貴繁榮) 수복장수(壽福長壽)

* **40** 무상격(無常格) 수연생멸지상(隨緣生滅之象)＝노고무공(勞苦無功) 허욕손재(虛慾損財) 덕망결핍(德望缺乏)

* **41** 고명격(高名格) 건곤중심지상(乾坤中心之象)＝선견지명(先見之明) 대귀현출(大貴顯出) 대지대업(大志大業)

* **42** 고행격(苦行格) 행자봉난지상(行者逢難之象)＝의지박약(意志薄弱) 파란자초(波瀾自招) 가족이별(家族離別)

* **43** 성쇠격(盛衰格) 화개화락지상(花開花落之象)＝외화내허(外華內虛) 의지박약(意志薄弱) 파란신고(波瀾辛苦)

* **44** 마장격(魔障格) 백귀주출지상(百鬼晝出之象)＝백전백패(百戰百敗) 미로방황(迷路彷徨) 병난불구(病難不具)

* **45** 대지격(大智格) 원만구비지상(圓滿具備之象)＝지모원대(智謀遠大) 제사통달(諸事通達) 명성사해(名聲四海)

* **46** 미운격(未運格) 옥재진중지상(玉在塵中之象)＝박약무력(薄弱無力) 병약단명(病弱短命) 곤궁신고(困窮辛苦)

* **47** 출세격(出世格) 장부득시지상(丈夫得時之象)＝자손번영(子孫繁榮) 지모출중(智略出衆) 대업성취(大業成就)

* 48) 유덕격(有德格) 월인천강지상(月印千江之象)＝이지발달(理智發達) 중인사표(衆人師表) 공명영달(功名榮達)

* 49) 은퇴격(隱退格) 수시은현지상(隨時隱現之象)＝길흉상반(吉凶相半) 변화불측(變化不測) 자수성가(自手成家)

* 50) 부몽격(浮夢格) 진거가존지상(眞去假存之象)＝공허실의(空虛失意) 만년처량(晚年凄凉) 파가망신(破家亡身)

* 51) 성패격(成敗格) 길흉상반지상반(吉凶相半之象半)＝극성극쇠(極盛極衰) 곤고실패(困苦失敗) 파란변동(波瀾變動)

* 52) 약진격(躍進格) 만사통달지상달(萬事通達之象達)＝의지견고(意志堅固) 자수성가(自手成家) 비룡승천(飛龍昇天)

* 53) 내허격(內虛格) 길흉혼선지상(吉凶混線之象)＝가재탕진(家財蕩盡) 진퇴부정(進退不定) 화근중첩(禍根重疊)

* 54) 무공격(無功格) 구주심해지상(求珠深海之象)＝고독이별(孤獨離別) 패가망신(敗家亡身) 폐질불구(廢疾不具)

* 55) 미달격(未達格) 용동수중지상(龍動水中之象)＝외미내고(外美內苦) 표리부동(表裏不同) 길흉상반(吉凶相半)

* **56** 한탄격(恨歎格) 조난둔산지상(阻難屯難之象)＝변전무쌍(變轉無雙) 사업난성(事業難成) 만년흉악(晩年凶惡)

* **57** 봉시격(逢時格) 한앵춘명지상(寒鶯春鳴之象)＝흉전길화(凶轉吉化) 발달형통(發達亨通) 대난극복(大難克服)

* **58** 후영격(後榮格) 교상왕래지상(橋上往來之象)＝초년곤고(初年困苦) 선흉후길(先凶後吉) 만년행복(晩年幸福)

* **59** 재화격(災禍格) 밀운불우지상(密雲不遇之象)＝인내부족(忍耐不足) 액난부절(厄難不絕) 실의비애(失意悲哀)

* **60** 동요격(動搖格) 상하동요지상(上下動搖之象)＝복록자실(福祿自失) 진퇴양난(進退兩難) 실패곤고(失敗困苦)

* **61** 영화격(榮華格) 단계가절지상(丹桂可折之象)＝부귀번영(富貴繁榮) 자존자만(自尊自慢) 재물풍부(財物豊富)

* **62** 고독격(孤獨格) 계화개락지상(桂花開落之象)＝신용결핍(信用缺乏) 웅지중절(雄志中絕) 내외불화(內外不和)

* **63** 순성격(順成格) 효광부해지상(曉光浮海之象)＝만사여의(萬事如意) 자손여경(子孫餘慶) 부귀영화(富貴榮華)

* **64**> 침체격(沈滯格) 천리만운지상(千里滿雲之象)＝무모계
   획(無謀計劃) 부침멸리(浮沈滅離) 병난단명(病難短命)

* **65**> 휘양격(輝陽格) 순풍거범지상(順風巨帆之象)＝만사여
   의(萬事如意) 부귀명예(富貴名譽) 장수번영(長壽繁榮)

* **66**> 우매격(愚昧格) 양인익수지상(兩人溺水之象)＝손해재
   액(損害災厄) 진퇴유곡(進退維谷) 파가망신(破家亡身)

* **67**> 천복격(天福格) 해천일벽지상(海天一碧之象)＝발달순
   조(發達順調) 가세번창(家勢繁昌) 부귀영달(富貴榮達)

* **68**> 명지격(明智格) 정관자득지상(靜觀自得之象)＝지혜총
   명(智慧聰明) 점진성공(漸進成功) 명리겸비(名利兼備)

* **69**> 종말격(終末格) 봉별오동지상(鳳別梧桐之象)＝심신불
   안(心身不安) 폐질병약(廢疾病弱) 빈궁고통(貧窮苦痛)

* **70**> 공허격(空虛格) 흑해암야지상(黑海暗夜之象)＝횡액단
   명(橫厄短命) 만사쇠퇴(萬事衰退) 우고부절(憂苦不絕)

* **71**> 만달격(晚達格) 귀인은산지상(貴人隱山之象)＝내심곤
   고(內心困苦) 노다공소(勞多功少) 만년발달(晚年發達)

* [72] 상반격(相半格) 은운복월지상(隱雲覆月之象)=외관길
상(外觀吉祥) 전반행복(前半幸福) 만년파산(晩年破散)

* [73] 평길격(平吉格) 등산평안지상(登山平安之象)=초년신
고(初年辛苦) 대성불능(大成不能) 무난평복(無難平福)

* [74] 우매격(愚昧格) 화중화촉지상(畵中華燭之象)=무지무
능(無智無能) 신고번다(辛苦繁多) 무위도식(無爲徒食)

* [75] 정수격(靜水格) 산중식목지상(山中植木之象)=명리겸전
(名利兼全) 재액실패(災厄失敗) 매사불여의(每事不如意)

* [76] 선곤격(先困格) 평지난행지상(平地難行之象)=중도좌
절(中道挫折) 선고후성(先苦後成) 점진평복(漸進平福)

* [77] 전후격(前後格) 수연과보지상(隨緣果報之象)=길흉상
반(吉凶相半) 전비후희(前悲後喜) 길흉불측(吉凶不測)

* [78] 선길격(先吉格) 일경서산지상(日傾西山之象)=길흉상
반(吉凶相半) 전운평복(前運平福) 점차쇠퇴(漸次衰退)

* [79] 종극격(終極格) 임종유길지상(臨終有吉之象)=정신박
약(精神薄弱) 노다공소(勞多功少) 폐물지배(廢物之輩)

* ⟨80⟩ 종결격(終結格) 천지종말지상(天地終末之象)＝일생고
난(一生苦難) 재액연속(災厄連續) 병약단명(病弱短命)

* ⟨81⟩ 환원격(還元格) 뇌문일개지상(雷門一開之象)＝운기왕
성(運氣旺盛) 부귀권위(富貴權威) 사해명진(四海名振)

4. 성씨별 길한 81수리 배열

이름이 두 자인 경우 성씨별로 좋은 이름이 되는 한자 획수
수리를 배열한 것이다. 이 배열에 따라 이름을 지으면 원형이정
4격이 모두 길한 수리가 된다. 물론 이 배열도 성명학자에 따라
조금씩 다르다. 81수리의 길흉 구분에 차이가 있기 때문이다.
따라서 이름을 지을 때는 여러 학자의 81수리 길흉 구분을
참고하는 것이 좋다.

아래 표에서 '성'은 성씨, '이'는 上名(상명), '름'은 下名(하명)
을 각각 말한다.

⟨2획 성씨⟩

乃(내), 刀(도), 力(력), 卜(복), 又(우), 丁(정)

성	이	름	성	이	름	성	이	름	성	이	름	성	이	름	성	이	름
2	1	4	2	1	5	2	1	14	2	1	15	2	1	22	2	3	12
2	3	13	2	4	1	2	4	9	2	4	11	2	4	19	2	5	1

성	이	름	성	이	름	성	이	름	성	이	름	성	이	름	성	이	름
2	5	6	2	5	11	2	5	16	2	6	5	2	6	9	2	6	15
2	6	23	2	9	4	2	9	6	2	9	14	2	9	22	2	11	4
2	11	5	2	11	22	2	12	3	2	13	3	2	13	16	2	13	22
2	14	1	2	14	9	2	14	15	2	14	19	2	14	21	2	15	1
2	15	6	2	15	14	2	15	16	2	16	5	2	16	13	2	16	15
2	16	19	2	19	4	2	19	14	2	19	16	2	21	14	2	22	1
2	22	9	2	22	11	2	22	13	2	23	6						

〈3획 성씨〉

干(간), 弓(궁), 大(대), 凡(범), 山(산), 于(우), 也(야), 子(자), 千(천)

성	이	름	성	이	름	성	이	름	성	이	름	성	이	름	성	이	름
3	2	13	3	3	10	3	3	12	3	3	18	3	4	4	3	4	14
3	5	8	3	5	10	3	5	13	3	8	5	3	8	10	3	8	13
3	8	21	3	10	3	3	10	5	3	10	8	3	10	22	3	12	3
3	12	20	3	13	2	3	13	5	3	13	8	3	13	22	3	14	4
3	14	15	3	14	18	3	14	21	3	15	14	3	15	20	3	18	3
3	18	14	3	18	20	3	20	12	3	20	15	3	20	18	3	21	8
3	21	14	3	22	10	3	22	13									

〈4획 성씨〉

介(개), 孔(공), 公(공), 仇(구), 斤(근), 今(금), 毛(모), 木(목),

文(문), 方(방), 卞(변), 夫(부), 水(수), 午(오), 王(왕), 牛(우), 元(원), 尹(윤), 允(윤), 仁(인), 日(일), 才(재), 井(정), 中(중), 天(천), 太(태), 巴(파), 片(편), 火(화)

성	이	름	성	이	름	성	이	름	성	이	름	성	이	름	성	이	름
4	1	2	4	1	12	4	2	1	4	2	9	4	2	11	4	3	4
4	3	14	4	4	3	4	4	7	4	4	9	4	4	13	4	4	17
4	4	21	4	7	4	4	7	14	4	9	2	4	9	4	4	9	12
4	9	20	4	11	2	4	11	14	4	11	20	4	12	1	4	12	9
4	12	13	4	12	17	4	12	19	4	12	21	4	12	25	4	13	4
4	13	12	4	13	20	4	14	3	4	14	7	4	14	11	4	14	17
4	14	19	4	17	4	4	17	12	4	17	14	4	17	20	4	19	12
4	19	14	4	19	20	4	20	9	4	20	11	4	20	13	4	20	17
4	20	19	4	21	4	4	21	12	4	21	14	4	25	12			

〈5획 성씨〉

甘(감), 巨(거), 功(공), 瓜(과), 丘(구), 白(백), 北(북), 氷(빙), 史(사), 司(사), 石(석), 召(소), 申(신), 令(영), 永(영), 乙支(을지), 玉(옥), 田(전), 占(점), 左(좌), 只(지), 册(책), 台(태), 平(평), 包(포), 皮(피), 玄(현), 弘(홍), 禾(화)

성	이	름	성	이	름	성	이	름	성	이	름	성	이	름	성	이	름
5	1	2	5	1	10	5	1	12	5	2	1	5	2	6	5	2	11
5	2	16	5	3	8	5	3	10	5	6	2	5	6	10	5	6	12
5	6	18	5	8	3	5	8	8	5	8	10	5	8	16	5	8	24

성	이	름	성	이	름	성	이	름	성	이	름	성	이	름	성	이	름
5	10	1	5	10	3	5	10	6	5	10	8	5	11	2	5	12	1
5	12	6	5	12	12	5	12	20	5	13	20	5	16	2	5	16	8
5	16	16	5	18	6	5	20	12	5	20	13	5	24	8			

〈6획 성씨〉

曲(곡), 光(광), 圭(규), 吉(길), 老(노), 牟(모), 米(미), 朴(박),
百(백), 西(서), 先(선), 守(수), 安(안), 仰(앙), 列(열), 羽(우),
有(유), 伊(이), 印(인), 任(임), 在(재), 全(전), 朱(주), 宅(택),
好(호), 后(후)

성	이	름	성	이	름	성	이	름	성	이	름	성	이	름	성	이	름
6	1	10	6	2	5	6	2	9	6	2	15	6	2	23	6	5	2
6	5	10	6	5	12	6	5	18	6	5	26	6	7	10	6	7	11
6	7	18	6	7	25	6	9	2	6	9	9	6	9	23	6	10	1
6	10	5	6	10	7	6	10	15	6	10	19	6	10	23	6	10	25
6	11	7	6	11	12	6	11	18	6	12	5	6	12	11	6	12	17
6	12	19	6	12	23	6	15	2	6	15	10	6	15	17	6	15	18
6	17	12	6	17	15	6	17	18	6	18	5	6	18	7	6	18	11
6	18	15	6	18	17	6	19	10	6	19	12	6	23	2	6	23	9
6	23	10	6	23	12	6	25	7	6	25	10	6	26	5			

〈7획 성씨〉

江(강), 見(견), 谷(곡), 君(군), 克(극), 杜(두), 甫(보), 成(성),

宋(송), 辛(신), 良(양), 呂(여), 余(여), 汝(여), 延(연), 吳(오),
吾(오), 位(위), 李(이), 廷(정), 佐(좌), 池(지), 車(차), 初(초),
判(판), 何(하), 孝(효)

성	이	름	성	이	름	성	이	름	성	이	름	성	이	름	성	이	름
7	1	10	7	1	16	7	1	24	7	4	4	7	4	14	7	6	10
7	6	11	7	6	18	7	8	8	7	8	9	7	8	10	7	8	16
7	8	17	7	8	24	7	9	8	7	9	16	7	9	22	7	10	1
7	10	6	7	10	8	7	10	14	7	10	22	7	11	6	7	11	14
7	14	4	7	14	10	7	14	11	7	14	17	7	14	18	7	16	1
7	16	8	7	16	9	7	16	16	7	16	22	7	17	8	7	17	14
7	17	24	7	18	6	7	18	14	7	22	9	7	22	10	7	22	16
7	24	1	7	24	8	7	24	17									

〈8획 성씨〉

庚(경), 京(경), 季(계), 固(고), 空(공), 具(구), 奇(기), 金(김),
奈(내), 孟(맹), 明(명), 門(문), 房(방), 奉(봉), 斧(부), 舍(사),
尙(상), 昔(석), 松(송), 叔(숙), 承(승), 昇(승), 沈(심), 岳(악),
於(어), 夜(야), 林(임), 長(장), 宗(종), 周(주), 知(지), 昌(창),
采(채), 忠(충), 卓(탁), 表(표), 虎(호), 和(화)

성	이	름	성	이	름	성	이	름	성	이	름	성	이	름	성	이	름
8	3	5	8	3	10	8	3	13	8	3	21	8	5	3	8	5	8
8	5	10	8	5	16	8	5	24	8	7	8	8	7	9	8	7	10
8	7	16	8	7	17	8	7	24	8	8	5	8	8	7	8	8	9

성	이	름	성	이	름	성	이	름	성	이	름	성	이	름	성	이	름
8	8	13	8	8	15	8	8	17	8	8	21	8	9	7	8	9	8
8	9	15	8	9	16	8	10	3	8	10	5	8	10	7	8	10	13
8	10	15	8	10	21	8	10	23	8	13	3	8	13	8	8	13	10
8	13	16	8	15	8	8	15	9	8	15	10	8	15	16	8	16	5
8	16	7	8	16	9	8	16	13	8	16	15	8	16	17	8	16	21
8	17	7	8	17	8	8	17	16	8	21	3	8	21	8	8	21	10
8	21	16	8	23	10	8	24	5	8	24	7						

〈9획 성씨〉

姜(강), 南(남), 段(단), 柳(류), 思(사), 泗(사), 相(상), 宣(선), 星(성), 施(시), 信(신), 彦(언), 泳(영), 姚(요), 禹(우), 韋(위), 俞(유), 貞(정), 俊(준), 肖(초), 秋(추), 炭(탄), 泰(태), 表(표), 扁(편), 河(하), 咸(함), 胡(호), 後(후)

성	이	름	성	이	름	성	이	름	성	이	름	성	이	름	성	이	름
9	2	4	9	2	6	9	2	14	9	4	2	9	4	4	9	4	12
9	4	20	9	6	2	9	6	9	9	6	23	9	7	8	9	7	16
9	7	22	9	8	7	9	8	8	9	8	15	9	8	16	9	9	6
9	9	14	9	9	20	9	9	23	9	12	4	9	12	12	9	12	20
9	14	2	9	14	9	9	14	15	9	15	8	9	15	14	9	15	23
9	15	24	9	16	7	9	16	8	9	16	16	9	16	22	9	20	4
9	20	9	9	20	12	9	22	2	9	22	7	9	22	16	9	23	6
9	23	9	9	23	15	9	24	15									

〈10획 성씨〉

剛(강), 耿(경), 桂(계), 高(고), 骨(골), 貢(공), 俱(구), 起(기),
宮(궁), 唐(당), 馬(마), 芳(방), 桑(상), 徐(서), 席(석), 素(소),
孫(손), 洙(수), 乘(승), 柴(시), 時(시), 凉(양), 芮(예), 袁(원),
殷(은), 曹(조), 眞(진), 晋(진), 秦(진), 倉(창), 夏(하), 洪(홍),
花(화), 桓(환), 侯(후)

성	이	름	성	이	름	성	이	름	성	이	름	성	이	름	성	이	름
10	1	5	10	1	6	10	1	7	10	1	14	10	1	22	10	3	3
10	3	5	10	3	8	10	3	22	10	5	1	10	5	3	10	5	6
10	5	8	10	6	1	10	6	5	10	6	7	10	6	15	10	6	19
10	6	23	10	7	1	10	7	6	10	7	8	10	7	14	10	7	22
10	8	3	10	8	5	10	8	7	10	8	13	10	8	15	10	8	21
10	8	23	10	11	14	10	13	8	10	13	22	10	14	1	10	14	7
10	14	11	10	14	15	10	14	21	10	15	6	10	15	8	10	15	14
10	15	22	10	15	23	10	19	6	10	19	19	10	21	8	10	21	14
10	22	1	10	22	3	10	22	7	10	22	13	10	22	15	10	23	6
10	23	8	10	23	15												

〈11획 성씨〉

康(강), 强(강), 乾(건), 堅(견), 啓(계), 國(국), 那(나), 浪(낭),
麻(마), 梅(매), 班(반), 邦(방), 彬(빈), 常(상), 卨(설), 梁(양),
魚(어), 御(어), 苑(원), 尉(위), 異(이), 張(장), 章(장), 將(장),
珠(주), 崔(최), 票(표), 畢(필), 海(해), 許(허), 邢(형), 胡(호),
扈(호)

성	이	름	성	이	름	성	이	름	성	이	름	성	이	름	성	이	름
11	2	4	11	2	5	11	2	22	11	4	2	11	4	14	11	4	20
11	5	2	11	6	7	11	6	12	11	6	18	11	7	6	11	7	14
11	10	14	11	12	6	11	12	12	11	13	24	11	14	4	11	14	7
11	14	10	11	18	6	11	20	4	11	20	21	11	20	27	11	21	20
11	22	2	11	24	13	11	27	20									

〈12획 성씨〉

强(강), 景(경), 邱(구), 能(능), 單(단), 敦(돈), 童(동), 東方(동방), 登(등), 閔(민), 斯(사), 森(삼), 善(선), 邵(소), 筍(순), 舜(순), 淳(순), 順(순), 勝(승), 尋(심), 雁(안), 堯(요), 雲(운), 庾(유), 壹(일), 邸(저), 程(정), 曾(증), 智(지), 彭(팽), 馮(풍), 弼(필), 賀(하), 黃(황)

성	이	름	성	이	름	성	이	름	성	이	름	성	이	름	성	이	름
12	1	4	12	1	5	12	1	12	12	1	20	12	3	3	12	3	20
12	4	1	12	4	9	12	4	13	12	4	17	12	4	19	12	4	21
12	5	1	12	5	6	12	5	12	12	5	20	12	6	5	12	6	11
12	6	17	12	6	19	12	6	23	12	9	4	12	9	12	12	9	20
12	9	26	12	11	6	12	11	12	12	12	1	12	12	5	12	12	9
12	12	11	12	12	13	12	12	17	12	12	21	12	12	25	12	13	4
12	13	12	12	13	20	12	17	4	12	17	6	12	17	12	12	19	4
12	19	6	12	19	20	12	20	1	12	20	3	12	20	5	12	20	9
12	20	13	12	20	19	12	21	4	12	21	12	12	23	6	12	23	12
12	26	9															

〈13획 성씨〉

賈(가), 敬(경), 琴(금), 路(노), 頓(돈), 睦(목), 司空(사공), 新(신), 阿(아), 楊(양), 與(여), 廉(염), 雍(옹), 郁(욱), 慈(자), 莊(장), 楚(초), 椿(춘), 湯(탕)

성	이	름	성	이	름	성	이	름	성	이	름	성	이	름	성	이	름
13	2	3	13	2	16	13	2	22	13	3	2	13	3	8	13	3	22
13	4	4	13	4	12	13	4	20	13	5	20	13	8	3	13	8	8
13	8	10	13	8	16	13	8	24	13	10	8	13	10	22	13	11	24
13	12	4	13	12	12	13	12	20	13	16	2	13	16	8	13	16	16
13	16	19	13	16	22	13	18	20	13	19	16	13	19	20	13	20	4
13	20	5	13	20	12	13	20	18	13	22	2	13	22	3	13	22	10
13	22	16	13	22	26	13	24	8	13	24	11	13	26	22			

〈14획 성씨〉

甄(견), 公孫(공손), 槐(괴), 菊(국), 兢(긍), 箕(기), 端(단), 裵(배), 福(복), 鳳(봉), 賓(빈), 西門(서문), 碩(석), 壽(수), 愼(신), 實(실), 連(연), 鳶(연), 榮(영), 溫(온), 齊(제), 趙(조), 種(종), 菜(채), 華(화)

성	이	름	성	이	름	성	이	름	성	이	름	성	이	름	성	이	름
14	1	10	14	1	17	14	1	23	14	2	9	14	2	15	14	2	19
14	2	21	14	2	23	14	3	4	14	3	15	14	3	18	14	3	21
14	4	3	14	4	7	14	4	11	14	4	17	14	4	19	14	4	21
14	7	4	14	7	10	14	7	11	14	7	17	14	7	18	14	7	24

성 이름	성 이름	성 이름	성 이름	성 이름	성 이름
14 9 2	14 9 9	14 9 15	14 9 24	14 10 1	14 10 7
14 10 11	14 10 15	14 10 21	14 10 23	14 11 4	14 11 7
14 11 10	14 15 2	14 15 3	14 15 9	14 15 10	14 15 18
14 17 1	14 17 4	14 17 7	14 17 18	14 18 3	14 18 7
14 18 15	14 18 17	14 18 19	14 19 2	14 19 4	14 19 18
14 21 2	14 21 3	14 21 4	14 21 10	14 23 1	14 23 2
14 23 10	14 24 7	14 24 9			

〈15획 성씨〉

價(가), 葛(갈), 慶(경), 郭(곽), 廣(광), 歐(구), 魯(노), 德(덕),
董(동), 樓(루), 萬(만), 滿(만), 墨(묵), 司馬(사마), 樑(양), 葉(엽),
劉(유), 標(표), 漢(한)

성 이름	성 이름	성 이름	성 이름	성 이름	성 이름
15 1 2	15 1 16	15 1 22	15 2 1	15 2 4	15 2 6
15 2 14	15 2 16	15 2 22	15 3 14	15 3 20	15 4 2
15 6 2	15 6 10	15 6 17	15 6 18	15 8 8	15 8 9
15 8 10	15 8 16	15 8 24	15 9 8	15 9 14	15 9 17
15 9 23	15 10 6	15 10 8	15 10 14	15 10 22	15 10 23
15 14 2	15 14 3	15 14 9	15 14 10	15 14 18	15 14 23
15 16 1	15 16 2	15 16 8	15 16 16	15 16 17	15 17 6
15 17 9	15 17 16	15 17 20	15 18 6	15 18 14	15 20 3
15 20 17	15 22 1	15 22 2	15 22 10	15 23 9	15 23 10
15 23 14	15 24 8				

〈16획 성씨〉

彊(강), 橋(교), 盧(노), 潭(담), 都(도), 陶(도), 道(도), 頭(두),
穆(목), 潘(반), 燕(연), 豫(예), 龍(용), 陸(육), 謂(위), 陰(음),
錢(전), 諸(제), 陳(진), 皇甫(황보), 興(흥)

성	이	름	성	이	름	성	이	름	성	이	름	성	이	름	성	이	름
16	1	7	16	1	16	16	1	22	16	2	5	16	2	13	16	2	15
16	2	19	16	2	21	16	2	23	16	5	2	16	5	8	16	5	16
16	7	1	16	7	8	16	7	9	16	7	22	16	8	5	16	8	7
16	8	9	16	8	13	16	8	15	16	8	17	16	8	21	16	9	7
16	9	8	16	9	16	16	9	22	16	9	23	16	13	2	16	13	8
16	13	16	16	13	19	16	13	22	16	15	2	16	15	8	16	15	16
16	15	17	16	16	1	16	16	5	16	16	9	16	16	13	16	16	15
16	16	19	16	17	8	16	17	15	16	19	2	16	19	13	16	19	16
16	19	22	16	21	2	16	21	8	16	22	1	16	22	7	16	22	9
16	22	19	16	22	13	16	23	2	16	23	9	16	23	28	16	28	23

〈17획 성씨〉

鞠(국), 獨(독), 彌(미), 謝(사), 嘗(상), 鮮(선), 遜(손), 陽(양),
襄(양), 蓮(연), 尉(위), 蔣(장), 鍾(종), 蔡(채), 燭(촉), 聰(총),
鄒(추), 澤(택), 韓(한), 鄕(향)

성	이	름	성	이	름	성	이	름	성	이	름	성	이	름	성	이	름
17	1	6	17	1	14	17	1	15	17	1	16	17	1	20	17	4	4
17	4	12	17	4	14	17	4	20	17	6	1	17	6	12	17	6	15

성	이	름	성	이	름	성	이	름	성	이	름	성	이	름	성	이	름
17	6	18	17	7	8	17	7	14	17	7	24	17	8	7	17	8	8
17	8	16	17	12	4	17	12	6	17	12	12	17	14	1	17	14	4
17	14	7	17	14	21	17	15	1	17	15	6	17	15	16	17	15	20
17	16	1	17	16	8	17	16	15	17	18	6	17	20	1	17	20	4
17	20	15	17	21	14	17	24	7									

〈18획 성씨〉

簡(간), 瞿(구), 歸(귀), 蕃(번), 顔(안), 禮(예), 魏(위), 鞦(추), 鎬(호)

성	이	름	성	이	름	성	이	름	성	이	름	성	이	름	성	이	름
18	3	3	18	3	14	18	3	20	18	5	6	18	6	5	18	6	7
18	6	11	18	6	15	18	6	17	18	7	6	18	7	14	18	11	6
18	13	20	18	14	3	18	14	7	18	14	15	18	14	19	18	15	6
18	15	14	18	17	6	18	19	14	18	20	3	18	20	13			

〈19획 성씨〉

鑑(감), 關(관), 南宮(남궁), 譚(담), 龐(방), 薛(설), 離(이), 鄭(정)

성	이	름	성	이	름	성	이	름	성	이	름	성	이	름	성	이	름
19	2	4	19	2	14	19	2	16	19	4	2	19	4	12	19	4	14
19	6	10	19	6	12	19	10	6	19	10	19	19	12	4	19	12	6
19	12	20	19	13	16	19	13	20	19	14	2	19	14	4	19	14	18

성	이	름	성	이	름	성	이	름	성	이	름	성	이	름	성	이	름
19	14	19	19	16	2	19	16	13	19	16	16	19	16	22	19	18	14
19	18	20	19	19	10	19	19	14	19	19	20	19	20	12	19	20	13
19	20	18	19	20	19	19	22	16									

〈20획 성씨〉

羅(나), 釋(석), 鮮于(선우), 嚴(엄), 還(환)

성	이	름	성	이	름	성	이	름	성	이	름	성	이	름	성	이	름
20	1	4	20	1	12	20	1	17	20	3	12	20	3	15	20	3	18
20	4	1	20	4	9	20	4	11	20	4	13	20	4	17	20	4	21
20	5	12	20	5	13	20	9	4	20	9	9	20	9	12	20	11	4
20	11	21	20	12	1	20	12	3	20	12	5	20	12	9	20	12	19
20	13	4	20	13	5	20	13	13	20	13	18	20	13	19	20	15	3
20	15	17	20	17	1	20	17	4	20	17	15	20	17	21	20	18	3
20	18	13	20	19	12	20	19	13	20	19	19	20	21	4	20	21	11
20	21	17															

〈21획 성씨〉

顧(고), 藤(등), 隨(수), 鶴(학)

성	이	름	성	이	름	성	이	름	성	이	름	성	이	름	성	이	름
21	2	4	21	2	6	21	2	9	21	2	14	21	2	16	21	3	8
21	3	14	21	3	24	21	4	2	21	4	4	21	4	12	21	4	14
21	4	20	21	6	2	21	6	10	21	6	11	21	6	12	21	6	18

성	이	름	성	이	름	성	이	름	성	이	름	성	이	름	성	이	름
21	8	3	21	8	8	21	8	9	21	8	10	21	8	16	21	9	2
21	9	8	21	10	6	21	10	8	21	10	14	21	11	6	21	11	20
21	12	4	21	12	6	21	12	12	21	14	2	21	14	3	21	14	4
21	14	10	21	14	17	21	16	2	21	16	8	21	17	14	21	17	20
21	18	6	21	20	4	21	20	11	21	20	17	21	24	3			

〈22획 성씨〉

鑑(감), 權(권), 邊(변), 蘇(소), 隱(은), 襲(습)

성	이	름	성	이	름	성	이	름	성	이	름	성	이	름	성	이	름
22	1	10	22	1	15	22	1	16	22	2	9	22	2	11	22	2	13
22	2	15	22	2	21	22	3	10	22	3	13	22	7	9	22	7	10
22	7	16	22	9	2	22	9	7	22	9	16	22	10	1	22	10	3
22	10	7	22	10	13	22	10	15	22	11	2	22	13	2	22	13	3
22	13	10	22	13	16	22	15	1	22	15	2	22	15	10	22	16	1
22	16	7	22	16	9	22	16	13	22	16	19	22	19	16	22	21	2

〈25획 성씨〉

獨孤(독고)

성	이	름	성	이	름	성	이	름	성	이	름	성	이	름	성	이	름
25	4	4	25	4	6	25	4	12	25	4	19	25	4	23	25	6	4
25	6	6	25	6	7	25	6	8	25	6	10	25	6	14	25	6	16
25	6	17	25	7	6	25	7	16	25	8	6	25	8	8	25	10	6

성	이	름	성	이	름	성	이	름	성	이	름	성	이	름	성	이	름
25	10	13	25	10	22	25	12	4	25	12	20	25	13	10	25	13	20
25	14	6	25	16	6	25	16	7	25	16	16	25	17	6	25	19	4
25	20	12	25	20	13	25	22	10	25	23	4						

〈31획 성씨〉

諸葛(제갈)

성	이	름	성	이	름	성	이	름	성	이	름	성	이	름	성	이	름
31	1	6	31	1	16	31	1	20	31	2	4	31	2	6	31	2	14
31	4	2	31	4	4	31	4	17	31	4	20	31	6	1	31	6	2
31	6	10	31	7	10	31	7	14	31	8	8	31	10	6	31	10	7
31	14	2	31	14	7	31	16	1	31	16	16	31	16	21	31	17	4
31	17	20	31	20	1	31	20	4	31	20	17	31	21	16			

5. 81수리의 기원

81수리를 포함한 성명학 수리론은 일본 성명학의 시조로 불리는 구마사키 겐오(熊崎健翁)가 1920년대 창안한 작명 기법이다.

그는 1929년 발간한 〈姓名의 神秘〉에서 자신의 수리론을 발표했다. 그는 이 책에서 81수리의 길흉은 물론 오격(五格)으로 성명의 길흉을 판단하는 방법도 제시했다.

이런 구마사키의 수리론이 일제 강점기인 1940년대 초 한국에 전파된 것으로 추정된다. 당시 일제의 창씨개명 강요는 한국에 구마사키 이론이 널리 퍼지는 계기가 됐음은 물론이다.

흔히 구마사키의 81수리론이 중국 남송 시대의 학자 채침(蔡沈, 호는 구봉 · 九峰)이 만든 '팔십일수원도(八十一數元圖)'에 뿌리를 두고 있다고들 한다.

그러나 전혀 관계가 없다는 주장이 맞다고 봐야 할 것이다. 무엇보다 팔십일수원도는 81수리와 체계부터 다르기 때문이다.

팔십일수원도는 1에서 9까지의 수를 1-1, 1-2… 2-1, 2-2… 3-1, 3-2… 식으로 9-9까지 짝지어 가로 세로 9개씩 모두 81개를 늘어놓은 것이다.

채침은 팔십일수원도와 81수를 통해 자연만물의 순환법칙이나 생장소멸의 변화를 설명하고자 했다. 게다가 팔십일수원도의 81개 숫자의 짝에는 구마사키 수리론처럼 길흉 개념이 들어 있지 않다. 채침의 팔십일수원도와 구마사키의 수리론은 '81'이란 숫자만 공통으로 쓸 뿐 내용은 전혀 관계가 없는 것이다.

오히려 고대 중국 우임금 시대의 신구낙서가 81수의 기본 원리이고, 문왕이 낙서를 보고 그렸다는 팔괘의 방위가 길흉 판단의 원리라는 주장이 설득력 있게 들린다.

신구낙서 원리로 구궁도를 그리고, 각 궁마다 작은 구궁도를 그리면 '구궁 팔십일수 원도(九宮 八十一數 元圖)'를 만들 수 있고, 숫자가 위치한 원래 구궁도와 작은 구궁도의 괘로 길흉을 판단할 수 있다는 것이다.

한마디로 구마사키가 81수의 원리를 창안한 것은 아니라는 얘기다. 충분히 일리가 있는 주장이다.

물론 구궁 팔십일수 원도를 통한 81수의 길흉 판단 내용이 현재 널리 쓰이고 있는 81수리와 똑같지는 않지만 연구해 볼 가치는 충분하다고 본다. 구마사키가 구궁 팔십일수 원도에서 아이디어를 얻어 자신의 81수리론을 만들었는지도 모른다.

〈구궁 팔십일수 원도〉

巽	巳		離 午		未			坤
	31	76	13	36	81	18	29	74	11
辰	22	40	58	27	45	63	20	38	56	申
	67	4	49	72	9	54	65	2	47
震	30	75	12	32	77	14	34	79	16	兌
卯	21	39	57	23	41	59	25	43	61	酉
	66	3	48	68	5	50	70	7	52
	35	90	17	28	73	10	33	78	15
寅	26	44	62	19	37	55	24	42	60	戌
	71	8	53	64	1	46	69	6	51
艮	丑		坎 子		亥			乾

6. 생각해 볼 점

성명학에서 사격이나 오격이 바탕을 두는 81수리만큼 논란이 많은 이론도 없다. 극과 극으로 나뉜다.

먼저 작명의 핵심 이론으로 매우 중시하는 작명가들이 있다. 이들은 작명에 81수리를 배제한다면 무엇을 기준으로 이름을 짓고, 성명을 풀이할 수 있느냐고 반문한다. 반면, 일고의 가치가 없다고 주장하는 작명가도 있다. 일본에서 들어 온 이론으로 합당한 근거가 없다는 것이다.

그러나 현실적으로 81수리는 작명에 가장 널리 쓰이고 있다. 시중의 작명서에 81수리를 소개하지 않은 책은 찾아보기 어려울 정도다. 그만큼 뿌리가 깊이 내린 이론이라고 할 수 있다.

81수리의 장점은 이름이 인간의 삶에 미칠 길흉을 인생의 4단계 시기별로 얘기해 줄 수 있다는 것이다. 실제 맞고 안 맞고는 다른 문제다.

사격이나 오격을 구성하는 수리가 좋으면 이름 덕택에 당사자가 누릴 인생을 '화려한' 용어로 설명할 수 있다. 작명가가 만들어주는 작명장을 보면 알 수 있다.

작명장에 기록된 사격이나 오격의 미사여구만 본다면 이 세상에 삶이 잘 풀리지 않는 사람은 없을 듯하다. 그러나 현실은 그렇지 않다는 게 문제다. 작명가라면 고민할 수밖에 없다.

주역 괘상론(卦象論)

제5장 주역 괘상론(卦象論)

성명의 글자 획수를 바탕으로 주역 64괘 중 1~3개를 도출하고, 그 괘에 따라 성명의 길흉을 판단하는 방법이다. 괘상이나 역상(易象), 괘는 같은 뜻이다.

81수리의 사격처럼 원래 한자 이름에 적용한 이론이지만, 최근에는 한글 이름에도 적용하는 성명학 유파도 있다.

1. 괘 도출 방법

괘를 도출하는 방법은 많다. 10가지가 넘는다. 단순한 방법도 있고 복잡한 방법도 있다.

성명 글자의 획수 계산에 역시 원획법과 필획법을 놓고 논란이 있다. 필획법과 곡획법을 함께 쓰는 방법도 있다.

64괘는 각각 상괘와 하괘로 구성된다. 따라서 괘를 도출하기 위해서는 성명의 글자 조합 획수로 상괘와 하괘, 그리고 필요하면 동효를 뜻하는 숫자 2~3개를 산출해야 한다.

상괘와 하괘는 8개의 소성괘 중 하나가 된다. 소성괘는 건,

태, 리, 진, 손, 감, 간, 곤괘 8개다. 순서대로 1, 2, 3, 4, 5, 6, 7, 8이란 숫자가 부여된다. 1=건, 2=태, 3=리, 4=진, 5=손, 6=감, 7=간, 8=곤이다.

64괘를 각각 부르는 이름에는 '긴태리진손감간곤'이 아니라 '천택화뢰풍수산지'를 쓴다.

건=천, 태=택, 리=화, 진=뢰, 손=풍, 감=수, 간=산, 곤 =지다.

•	건	태	리	진	손	감	간	곤
	(乾)	(兌)	(離)	(震)	(巽)	(坎)	(艮)	(坤)
	1	2	3	4	5	6	7	8
•	천	택	화	뢰	풍	수	산	지
	(天)	(澤)	(火)	(雷)	(風)	(水)	(山)	(地)

성명 글자의 조합으로 나온 획수로 상괘, 하괘를 찾는다. 8이 넘으면 8로 나누어 남는 수로 한다. 나머지가 없으면 8로 본다. 동효는 64괘를 각각 구성하는 6개의 효 중 하나가 된다. 획수가 동효의 위치다. 6이 넘으면 6으로 나누어 남는 수를 동효로 삼 는다. 나머지가 없으면 6으로 본다.

盧應根이란 성명을 예로 들어 괘상을 산출하는 몇 가지 방법 을 보자. 원획법을 적용한다. 원격, 형격, 이격, 정격은 81수리 의 사격을 뜻한다.

盧 = 16획, 應 = 17획, 根 = 10획

이름 획수＝원격＝27획

성 획수+이름 첫 자(상명) 획수＝형격＝33획

성 획수+이름 다음 자(하명) 획수＝이격＝26획

성 획수+이름 획수＝성명 총획수＝정격＝43획

1) 상괘 : 성명 총획수(정격), 하괘 : 이름 획수(원격)

상괘 : 43÷8은 나머지가 3이므로 리괘다.

하괘 : 27÷8은 나머지가 3이므로 리괘다

따라서 괘는 리위화(33) 괘가 된다.

성명의 길흉은 리위화 괘가 암시하는 내용으로 판단한다.

(33)에서 앞의 3은 상괘, 뒤의 3은 하괘를 뜻한다.

2) 상괘 : 성명 총획수(정격), 하괘 : 이름 획수(원격), 동효 : 성명 총획수(정격)+이름 획수(원격)

상괘 : 43÷8은 나머지가 3이므로 리괘다.

하괘 : 27÷8은 나머지가 3이므로 리괘다.

앞의 1)과 같다. 리위화(33) 괘다.

동효 : 43+27＝60. 60÷6은 나머지가 없으므로 6으로 본다.

6효가 동효다. 따라서 리위화 괘에서 6효가 동(動)해 변한 괘를
찾으면 뇌화풍(43) 괘가 된다.

성명의 길흉은 뇌화풍 괘가 암시하는 내용으로 판단한다.

(43)에서 4는 상괘, 3은 하괘를 뜻한다.

3) 상괘 : 이름 첫 자(상명) 획수, 하괘 : 다음 이름(하명) 획수

상괘 : 17÷8은 나머지가 1이므로 건괘다.

하괘 : 10÷8은 나머지가 2이므로 태괘다.

따라서 천택리(12) 괘가 된다.

천택리 괘가 암시하는 내용으로 성명의 길흉을 판단한다.

(12)에서 1은 상괘, 2는 하괘를 뜻한다.

4) 상괘 : 이름 첫 자(상명) 획수, 하괘 : 다음 이름(하명) 획수, 동효 : 성명 총획수(정격)

상괘와 하괘는 3)과 같다. 천택리(12) 괘다.

동효 : 43÷6은 나머지가 1이다. 천택리 괘에서 첫째 효(초효)가 변하는 것이므로 천수송(16) 괘가 나온다.

천수송 괘가 암시하는 내용으로 성명의 길흉을 판단한다.

(16)에서 1은 상괘, 6은 하괘를 뜻한다.

5) 상괘 : 성 획수+이름 첫 자(상명) 획수(형격), 하괘 : 이름 획수(원격) …… 초년운을 본다

상괘 : 성 획수+이름 첫 자(상명) 획수(형격), 하괘 : 성 획수+다음 이름(하명) 획수(이격) …… 중년운을 본다

상괘 : 성 획수+이름 첫 자(상명) 획수(형격), 하괘 : 성 획수+다음 이름(하명) 획수(이격), 동효 : 성명 총획수(정격) …… 말년운과 인생 전체 운을 본다.

초년운 상괘 : 33÷8은 나머지가 1이므로 건괘다. 하괘 : 27÷8

은 나머지가 3이므로 리괘다. 따라서 천화동인(13) 괘가 된다. (13)에서 1은 상괘, 3은 하괘다.

중년운 상괘 : 33÷8은 나머지가 1이므로 건괘다. 하괘 : 26÷8은 나머지가 2이므로 태괘다. 따라서 천택리(12) 괘가 된다. (12)에서 1은 상괘, 2는 하괘다.

말년운 상괘 : 33÷8은 나머지가 1이므로 건괘다. 하괘 : 26÷8은 나머지가 2이므로 태괘다. 따라서 천택리(12) 괘가 된다. 여기까지는 중년운 괘상과 같다.

여기에 동효를 산출해 적용해야 한다. 동효 : 43÷6은 나머지가 1이다. 천택리 괘에서 첫째 효(초효)가 변하므로 천수송(16) 괘가 된다. (16)에서 1은 상괘, 6은 하괘다.

성명이 암시하는 초년운은 천화동인(13) 괘로, 중년운은 천택리(12) 괘로, 말년운과 일생 전체 운은 천수송(16) 괘로 각각 본다.

2. 성명의 길흉 판단

64괘로 성명의 길흉을 판단하는 데는 주역에 나오는 64괘별 설명인 '괘사(卦辭)'를 바탕으로 한다.

각 괘를 구성하는 6개 효(총 384개)를 풀이한 '효사(爻辭)'도 활용한다.

괘사와 효사는 상징성과 함축성이 강해 공부를 깊이 하지 않으면 제대로 이해할 수 없다. 더욱이 그런 심오한 의미를 지닌 괘사와 효사를 인간사의 세세한 길흉으로 명쾌하게 풀어내기란 더욱 어렵다.

여기에다 '육효(六爻)'를 활용하는 방법도 있다. 성명 획수로 도출한 주역 괘상에 비신(飛神)과 육친(六親), 육수(六獸), 세응(世應), 신명(身命) 등을 붙여 길흉을 살피는 것이다. 육효를 공부하지 않으면 응용하기 어렵다.

작명이나 성명 풀이에 주역괘를 활용하는 작명가가 흔히 '큰소리'를 치는 이유는 그만큼 배우기 어렵기 때문일지도 모른다.

그러나 미리 겁 먹을 필요는 없다. 작명에 쓰이는 64괘별 길흉 설명은 앞에서 살펴 본 '오행 배열별 길흉'이나 '81수리의 길흉'처럼 정형화돼 있기 때문이다.

주역의 이치를 터득하지 못하더라도 작명이나 성명 풀이에 괘상론을 활용할 수 있다는 얘기다.

진짜 문제는 성명학 유파나 작명가에 따라 적용하는 64괘별 길흉 내용이 같지 않다는 것이다. 상당히 다른 경우도 있다. 작명에 주역 괘상론을 활용할 때 유의해야 한다.

작명가들이 적용하는 64괘별 길흉 설명 몇 가지를 소개한다. 임삼업 님의 〈作名 백과사전〉을 참고했다.

(1) 64괘별 운세 풀이

두 자리 숫자는 각각 상괘와 하괘를 표시한다.

* **11**(중건천, 건위천)

초년은 가난하고 고통스럽지만 차츰 나아져 마침내 부귀 겸전한다.(소길)

* **12**(천택리)

고목이 봄을 만나니 마침내 꽃을 활짝 피운다.(길)

* **13**(천화동인)

임금이 좋은 말을 하니 영웅은 유유자적한다.(길)

* **14**(천뢰무망)

목마(木馬)가 때맞춰 오니 마침내 재물과 이익을 얻는다.(길)

* **15**(천풍구)

운이 쇠하니 꽃은 지고 빈방만 지킨다.(흉)

* **16**(천수송)

근심은 떠나지 않고 소송을 해도 지기만 한다.(흉)

* **17**(천산둔)

적막한 산중에서 베개를 높이하고 할 일 없이 누워 있다.(흉)

* **18**(천지비)
시름 속에 덧없는 인생을 살다가 마침내 평온해진다.(소길)

* **21**(택천쾌)
남 모르게 출세해 명예와 재물이 따른다.(길)

* **22**(중태택, 태위택)
벽옥과 낭간으로 꾸며진 배가 강가의 정자로 간다.(소길)

* **23**(택화혁)
이십 청춘이 바람에 나부끼는 것과 같다.(흉)

* **24**(택뢰수)
분수를 알고 의로움을 지키니 명예가 새로 일어선다.(길)

* **25**(택풍대과)
비둘기가 홀로 우는 것은 매일 죽만 먹기 때문이다.(흉)

* **26**(택수곤)
얻으려다 실패하니 서릿발 같은 고통이 더해진다.(흉)

* **27**(택산함)
언청이가 놀림을 받는데 발도 전다.(흉)

* **28**(택지췌)
임금이 총애하고 상을 내린다.(길)

* [**31**(화천대유)]

날로 발전하니 수복(壽福))이 무궁하다.(길)

* [**32**(화택규)]

나무가 불에 타 푸름을 잃으니 심혈을 기울여도 티끌 같다.(흉)

* [**33**(중리화, 리위화)]

움직이는 가지는 고요하지 못하고 부지런한 몸은 일을 한다.(소길)

* [**34**(화뢰서합)]

행실을 닦으니 영화가 길고 연꽃이 피니 향기가 새롭다.(길)

* [**35**(화풍정)]

총명하고 문장이 좋으니 크게 출세한다.(길)

* [**36**(화수미제)]

십년을 다리 저는 병으로 살다 보니 한평생 별 차이가 없다.(흉)

* [**37**(화산려)]

나이 이십에 세상에 호탕하게 두각을 나타낸다.(길)

* [**38**(화지진)]

과거에 장원하니 앞날에 경사뿐이다.(길)

* [**41**(뇌천대장)]

세상에 두각을 나타내니 눈기운조차 하늘로 오른다.(길)

* **42**(뇌택귀매)

성문에서 입에 풀칠을 하니 머리를 숙이며 산다.(흉)

* **43**(뇌화풍)

쇠 소리가 한 번 울리니 그늘진 골짜기에도 따뜻한 기운이 감돈다.(길)

* **44**(중진뢰, 진위뢰)

스스로 깨달아 한가롭고 편안하게 나날을 보낸다.(소길)

* **45**(뇌풍항)

재물은 있으나 공이 없으니 끝내 형통함을 얻지 못한다.(소길)

* **46**(뇌수해)

천 명을 나이 순으로 대하니 어질다는 말이 절로 들린다.(길)

* **47**(뇌산소과)

오귀(五鬼)가 숲에 우굴거리니 남에게 조문한다.(흉)

* **48**(뇌지예)

재주가 뛰어나고 용모가 출중하니 하는 일마다 새롭다.(길)

* **51**(풍천소축)

분해서 입을 다물고 이를 갈아도 천 가지 맺친 한을 풀지 못한다.(흉)

* 52(풍택중부)

  태산의 높은 길을 춘삼월에 걸어 간다.(소길)

* 53(풍화가인)

  부부 금실이 좋으니 가정이 화목하다.(길)

* 54(풍뢰익)

  가문이 천리를 가니 모범으로 오래간다.(길)

* 55(중손풍, 손위풍)

  원치 않는 일이 늙어서도 계속 닥친다.(흉)

* 56(풍수환)

  꽃은 지고 열매도 없는데 광풍이 다시 몰아친다.(흉)

* 57(풍산점)

  오른쪽 다리가 이미 부러졌는데 왼쪽 눈마저 먼다.(흉)

* 58(풍지관)

  천인(千人)이 대성하니 사해(四海)가 어질고 길하다.(길)

* 61(수천수)

  고목(枯木)이 봄을 만나니 빛이 천리를 뻗는다.(길)

* 62(수택절)

  훈훈한 바람이 가정에 불어오니 자손마다 벼슬을 한다.(길)

* **63**(수화기제)

바람이 불어도 자리를 지켜야 하고 거친 강에 배를 띄운다.(흉)

* **64**(수뢰둔)

만일 영웅이 아니면 수복(壽福)을 기약하기 어렵다.(소길)

* **65**(수풍정)

몸을 편히 보전하니 풍진(風塵)이 침범하지 못한다.(길)

* **66**(중감수, 감위수)

험한 고개를 거듭 만나니 혼백마저 놀라 흩어진다.(흉)

* **67**(수산건)

물고기에 비늘이 없고 재물은 있으나 공이 없다.(흉)

* **68**(수지비)

관복을 입으니 임금의 은혜를 받는다.(길)

* **71**(산천대축)

늙은 용이 구름을 얻고 진수성찬이 차려진다.(길)

* **72**(산택손)

늙은 용이 강가에 앉아 소리 없이 눈물을 흘린다.(흉)

* **73**(산화비)

청조(靑鳥)는 바빠서 봄이 없고 일산(日傘)은 바람에 흔들리지 않는다.(길)

* **74**(산뢰이)

  수레는 같은 길을 가나 산 위의 달은 오락가락한다.(소길)

* **75**(산풍고)

  몸에는 질병이 있고 담장 너머에는 도둑이 기웃거린다.(흉)

* **76**(산수몽)

  화살로 미간을 쏘고 빈방에서 젊음을 판다.(흉)

* **77**(중산간, 간위산)

  조정에서 물러나니 세력이 줄어들어 보잘 것 없다.(흉)

* **78**(산지박)

  한 번 감옥에 가니 어찌 수복을 누리랴.(흉)

* **81**(지천태)

  문장으로 이름이 높아지고 관복을 입는다.(길)

* **82**(지택림)

  봉황 새끼와 기린의 뿔이 이미 빛을 내니 날마다 쓰인다.(길)

* **83**(지화명이)

  강에 누각을 짓고 사니 마음이 한가롭다.(소길)

* **84**(지뢰복)

  젊어서는 동서로 떠돌다 늙어서는 병을 얻는다.(흉)

* **85**(지풍승)

재주와 학문이 뛰어나고 도덕과 문장을 겸한다.(길)

* **86**(지수사)

처음 평지에 심은 것이 뒤에는 산머리와 가지런하다.(길)

* **87**(지산겸)

출세해 이름을 떨치고 문장도 뛰어나다.(길)

* **88**(중곤지, 곤위지)

맑은 향기가 집에 가득하니 임금 곁에서 이름을 날린다.(길)

(2) 성씨 획수별 64괘의 의미

동효를 구해 적용할 때 활용할 수 있다. 세 숫자 중 맨 앞은 상괘, 두 번째는 하괘, 세 번째는 동효를 나타낸다. 예컨대 '215괘…대장'의 경우 2(태괘)는 상괘, 1(건괘)은 하괘, 5는 동효다. 따라서 택천괘 괘에 5효가 동했다는 말이다. 대장은 5효가 동해 나온 괘의 이름이다.

성명 획수로 괘를 도출하면 성씨 획수에 따라 64개 괘 중 8개씩만 나온다. 동효는 성씨 획수에 따라 1, 3, 5효, 아니면 2, 4, 6효가 된다.

1, 9, 7, 25획 성씨

* 215 쾌 … 대장 : 가을 풀이 서리를 만난 상

풍운이 달을 가려 천지가 컴컴하다. 운이 막히니 부귀가 공허하다. 동서로 분주하나 근근히 산다. 사고무친하다.

* 321 규 … 미제 : 의심이 많고 교활한 상

웃음 속에 칼을 품었으니 의심이 많아 결정을 못한다. 잘난 체하고 타산적이라 남과 화합하기 어렵다. 늘 불만이 있고 자포자기를 잘한다. 작은 일은 이룬다.

* 433 풍 … 뢰 : 임금 앞에서 어명을 받는 상

세상에 이름을 날리니 그 형세가 당당하다. 어진 정승이면서 훌륭한 장수다. 그러나 한 번 비명의 액이 있다. 처자와 이별하고 혼자 눈물 흘린다.

* 545 익 … 이 : 꿈 속에 빠져 깨어나지 못하는 상

망망대해에서 외로운 배가 풍랑을 만났다. 목숨이 위태로우니 어찌 일을 꾀하랴. 꿈인지 생시인지 분간을 못한다. 일생 천지가 어둡고, 또 어둡다.

* 651 정 … 수 : 모든 일이 뜻대로 되는 상

봄바람 부는 삼월에 온갖 꽃이 앞다투어 핀다. 달밝은 누각에

서 미인과 술을 마신다. 재물은 아무리 써도 마르지 않는다. 벼슬도 하니 부러움을 산다.

* 763 몽 … 고 : 밝은 곳을 등지고 어둠을 향하는 상

가을 곡식이 익기 전 눈과 서리가 내린다. 예의도 염치도 없으니 남들이 싫어한다. 구름이 해를 가리니 한낮에도 밝지 않다. 신체가 허약하고 재운도 없다.

* 875 겸 … 건 : 풍랑이 멈추지 않는 상

골육 간 불화한다. 일에 장애가 많고 처자의 아픔도 있다. 의롭지 못한 일을 탐하면 반드시 재앙을 부른다. 분수를 지키면 몸에 닥치는 액은 피한다.

* 181 비 … 무망 : 오랏줄로 꽁꽁 얽어매인 상

한 사람의 해가 온 세상에 미친다. 운세가 막히니 문을 닫고 때를 기다려라. 분수를 지키지 않으면 횡액을 면치 못한다.

* 213 쾌 … 택 : 성격이 강하고 과단성 있는 상

강하고 과단성이 있으나 동화력은 부족하다. 많은 어려움을 돌파하기가 쉽지 않다. 재물의 득실이 무상하다. 초중년은 불리하나 말년은 조금 길하다.

* **325 규 ··· 리** : 재주도 없고 슬기도 없는 상

겁이 많아 인생이 녹녹하다. 백번 생각하고도 의심이 많아 결정을 못한다. 명예는 얻기 어려우나 재물은 얻는다. 덕을 쌓아야 자손의 경사가 있다.

* **431 풍 ··· 소과** : 물고기들이 바다로 나가는 상

입신양명해 부모를 빛나게 한다. 재물도 흥해 석숭과 견줄 만하다. 집안이 편하고 수복을 누린다.

* **543 익 ··· 가인** : 벼슬보다 농사를 지으면 행복한 상

사업을 하려 하나 옳고 그름을 분간 못한다. 진행 도중에 자중지란이 일어난다. 사회 진출은 안 좋으니 집안일을 보살펴라. 하루 하루 쓰는 돈은 있다.

* **655 정 ··· 승** : 냇물이 쉬지 않고 흐르는 상

근검하고 절약해야 재물을 모을 수 있다. 샘물 근원이 마르지 않는다. 그 재주를 좀 부리면 만인을 구제한다. 덕을 쌓지 않으면 곤액(困厄)을 당한다.

* **761 몽 ··· 손** : 모래를 쥐고 길을 걷는 상

오동추야 달빛 아래 외롭게 산다. 육친 덕이 없어 탄식한다. 동서로 분주하고 풍상이 많다. 모래를 쥐고 길을 가니 손재가 많다.

* 873 겸 … 지 : 달빛이 천지 간 골고루 밝은 상

군자의 풍채다. 일찍 신망을 얻으니 누구나 가까이하길 원한
다. 은혜를 베풀어 많은 사람을 구제한다. 욕심이 적고 산수의
경지를 즐긴다.

* 185 비 … 진 : 큰 곤궁에 빠졌다가 살 길을 찾은 상

십년 덕을 쌓으니 바야흐로 성취한다. 구름이 걷히고 달이 나
오니 천지가 밝다. 막힌 운세가 지났으니 앞길이 밝다. 그러나
부부 이별수가 있다.

* 211 쾌 … 대과 : 뜻을 두고도 이루지 못하는 상

의지가 박약해 처음만 있고 끝은 없다. 몸이 약하고 병이 따
르니 매사 성취하기 어렵다. 육친은 있어도 고독하다. 여자를
가까이하면 위태롭고 실패한다.

* 323 규 … 대유 : 욕망을 이루지 못하는 상

집안에 병고가 있든지 자신이 병을 앓는다. 돈은 잘 벌어도
절반은 나간다. 일을 서둘러 하지 않고 늦게 하면 좋다. 말년에
는 많은 땅을 장만한다.

* 435 풍 … 혁 : 농사 지으면서 좋을 때를 기다리는 상

뱀이 용이 되니 영웅은 때를 만난다. 말을 타고 문을 나서 하
루 천리를 달린다. 배 주린 자가 풍년을 만나니 식록이 풍족하

다. 서두르면 도리어 불리하다.

* **541 익 ⋯ 관** : 부귀하고 자손을 많이 두는 상
정신이 맑고 의지가 강하다. 땅을 파 금을 보니 재록이 따른다. 아내의 도움으로 집을 일으킨다. 효자와 충신 자식을 둔다.

* **653 정 ⋯ 수** : 처음은 곤고하나 뒤에는 태평한 상
시냇물이 바다에 이르니 마침내 큰 뜻을 이룬다. 초년운은 나빠 보고도 못 먹는 격이다. 심신의 노고를 통해 성공한다. 돈을 잘 써 호걸로 불린다.

* **765 몽 ⋯ 환** : 헛된 이름만 멀리 들리는 상
아는 것은 없으나 지혜로운 이의 도움을 얻는다. 몸을 굽히고 겸손하면 일생 태평하다. 그렇지 않으면 재앙이 중중하다. 재물 문제로 관재도 면치 못한다.

* **871 겸 ⋯ 명이** : 벼슬과 명예를 탐하지 않는 상
농사가 천하의 으뜸가는 업이다. 봄이면 씨 뿌리고 가을이면 거두니 의식이 족하다. 장사로 업을 삼아도 좋다. 가정이 넉넉하니 또 무엇을 바라리오.

* **183 비 ⋯ 둔** : 달을 보고 신세를 한탄하는 상
재주는 있으나 인덕이 없으니 홀로 앉아 신세를 한탄한다. 분

수를 지키면 사소한 일은 성취한다. 조상의 유산은 뜬구름처럼 없어진다.

2, 10, 18획 성씨

* 314 대유 … 대축 : 빛나는 해가 동녘 하늘에 솟아오르는 상

비가 내리니 만물이 생기를 얻는다. 포부가 원대하니 가는 곳마다 춘풍이 분다. 부귀를 모두 얻고 이름을 떨친다. 공을 이루면 물러나야 일생 편안하다.

* 426 귀매 … 규 : 염치도 없고 부끄러움도 없는 상

의롭지 않고 예가 아닌 일을 다반사로 행한다. 마음의 진실성이 없다. 의심이 많아 믿지 않는다. 집안 분란과 몸의 액이 있다.

* 532 가인 … 소축 : 덕망이 높고 아량이 넓은 상

겸허하고 유순하다. 성실함에 칭송이 자자하다. 나날이 쌓고 쌓아 마침내 큰 부자가 된다. 집안이 흥왕하다. 자식에게 충효를 가르친다.

* 644 둔 … 수 : 유약해 성공하기 힘든 상

의지가 박약하다. 독립적으로 하는 일은 안되나 동업하는 일은 성취한다. 이지러진 달이 다시 둥그니 손해를 본 뒤 다시 얻는다.

* 756 고 ⋯ 승 : 벼슬과 명예를 탐하지 않는 상

한가롭게 높은 정자에 누우니 심신이 편안하다. 공명을 구하지 않으니 안빈낙도한다. 궁핍을 탓하지 마라 곤궁한 뒤 태평함이 있으리라.

* 862 사 ⋯ 지 : 위엄을 변방에 떨치는 상

가뭄에 비가 내리니 만물이 빛을 발한다. 용이 물을 얻으니 조화가 일어난다. 공을 이루고 이름을 세운다. 덕을 쌓으니 사람들이 흠모한다.

* 174 둔 ⋯ 점 : 공을 이룬 뒤 물러나 한가롭게 지내는 상

몸에 관인(官印)을 차고 백성을 다스린다. 군자는 길하나 소인은 불길하다. 변화가 무궁하다. 벼슬을 못하면 신세가 곤고하다.

* 286 췌 ⋯ 비 : 양이 다하고 음이 생하는 상

만물은 성하면 쇠하고 그릇은 차면 넘친다. 지위가 높으나 음인(陰人)이 시기한다. 족한 줄 알면 횡액은 면한다. 중년 말 이후 벼슬은 사양함이 좋다.

* 312 대유 ⋯ 화 : 좋은 운이 오래 가지 않는 상

과거 급제해 이름을 날리니 위세가 대단하다. 초반은 길하나 후반은 곤고하다. 벼슬을 잃는다. 자식의 근심도 있다.

* 424 귀매 … 림 : 사방에 원수를 맺는 상

윗사람에게 원망을 사고 아랫사람을 눈물짓게 한다. 원수가 몰래 칼을 간다. 시비구설에 송사가 끊이지 않는다. 몸을 낮추고 인심을 얻어야 한다.

* 536 가인 … 기제 : 공명을 탐하지 않고 한가히 사는 상

집안이 태평하다. 재주가 있고 문장이 높으니 청고하게 산다. 공명에 마음이 없으나 구한다면 얻는다. 운수가 좋으니 의식은 족하다.

* 642 둔 … 절 : 이러지도 저러지도 못하는 상

국화는 늦게 피는 법이니 만사 때가 있다. 초년에는 진퇴를 정하지 못한다. 수신하고 덕을 쌓으면 말년에 성취한다. 모든 일이 더디나 결국 뜻대로 된다.

* 754 고 … 정 : 좋은 일에 마가 많아 실패하는 상

나루에 배가 없어 오도 가도 못한다. 일이 미결되니 번민이 많다. 신고함을 겪으나 말년에는 좋은 운을 만난다. 몸이 약하지 않으면 처자운이 불리하다.

* 866 사 … 몽 : 자기 분수를 알면 허물이 없는 상

다친 날개가 낫지 않으니 날고자 하나 날지 못한다. 족한 줄 모르면 좋은 일이 흉하게 된다. 세상 만사가 다 그림의 떡이다.

분수를 지키면 일신은 편안하다.

* 172 둔 ··· 구 : 위엄을 사방에 떨치는 상

집에 있으면 이익이 없고 나가면 기쁜 일이 생긴다. 일이 바쁜 가운데 이익이 있다. 일찍 무예를 연마하면 성공한다. 일찍 나은 자식은 기르기 어렵다.

* 284 췌 ··· 비 : 교룡이 여의주를 얻은 상

물고기가 변해 용이 되니 이름을 날린다. 벼슬이 높으니 천하를 호령한다. 입신양명해 부모의 이름까지 드높인다. 집안이 화락하다.

* 316 대유 ··· 대장 : 못에 잠겼던 용이 하늘로 날아오르는 상

하늘이 돕고 신명이 도우니 성취 못하는 일이 없다. 싸우지 않고도 이기니 기략이 비범하다. 입신양명해 위엄을 떨친다. 수복이 무궁하다.

* 422 귀매 ··· 뢰 : 분수를 지키면 아무 허물이 없는 상

분수를 지킬 줄 모른다. 재물을 탐하고 색을 밝히니 곳곳에 원수만 만든다. 조상의 업은 좋으나 뜬구름처럼 흩어진다. 말년에는 빈손으로 집에 돌아온다.

* 534 가인 … 동인 : 집안에 경사가 많은 상

땅을 가려 이사하면 복록이 무궁하다. 골짜기에 봄이 오니 온 갖 꽃이 핀다. 집안이 마음을 합치니 재물이 늘고 일이 이뤄진 다. 부부 해로하고 자손이 많다

* 646 둔 … 익 : 조심하면서 좋은 때를 기다려야 하는 상

말 잔등에 올랐으나 갈 곳을 정하지 못한다. 관운이 불리하니 한갓 노력만 한다. 처음은 나쁘고 뒤는 좋다. 신세를 탄식마라 말년에 광명이 있다.

* 752 고 … 산 : 모든 일에 유익함이 없는 상

불순한 비바람으로 초목이 자라지 못한다. 벼슬을 얻지 못하 고 재물도 넉넉지 못하다. 동분서주하나 유익함이 없다. 질병이 없으면 구설시비가 많다.

* 864 사 … 해 : 자기 분수를 지키면 편안한 상

세상의 공명은 꿈 속의 일이다. 나아가고자 하나 나아가지 못 한다. 가운이 안 좋으나 의식은 궁하지 않다. 하늘의 뜻을 따르 면 별다른 재앙은 없다.

* 176 둔 … 함 : 족한 줄 알면 아무 허물이나 재앙이 없는 상

요산요수하며 유유자적한다. 재주를 자랑하면 시기를 당한 다. 족한 줄 알면 흉액이 없으나 욕심 내면 실패한다. 집안이 융

창하니 한가롭게 여생을 보낸다.

* 282 췌 ··· 곤 : 출세해 의기양양하게 고향에 돌아오는 상

총명하고 준수하니 문장이 좋고 수재다. 순조롭게 벼슬에 올라 왕의 명령을 받는다. 권리가 사방에 있으니 가는 곳마다 봄바람이 분다. 일생 흉함이 없다.

3, 11, 19획 성씨

* 415 대장 ··· 쾌 : 열 번 쏴도 맞지 않는 상

묘한 꾀가 있어도 맞지 않으니 어찌하랴. 육친의 덕이 없다. 동으로 가고 서로 가며 풍상이 중중하다. 대낮에 물건을 잃으니 재물이 공(空)을 만난다.

* 521 중부 ··· 환 : 재물이 족하고 집안도 화목한 상

이익이 시장에 있으니 장사로 돈을 번다. 밖에 나가 활동하면 길하다. 집안에 경사가 많고 부부도 화목하다. 중심이 튼튼하니 무슨 일이든 안되랴.

* 633 기제 ··· 둔 : 우물 안의 고기가 바다에 나오는 상

문무를 겸전하니 동량지재가 된다. 초년은 불리하니 어찌 공명을 얻으랴. 곤궁하게 지낸 뒤 좋은 일을 만난다. 녹이 많고 지위가 높으니 이름을 떨친다.

* 745 이 … 익 : 육친의 인연이 없는 상

이기적이고 타산적이라 남들이 미워한다. 예의에 거리끼지 않는다. 물건을 두고 다투나 이익이 없다. 청산에 해질 때 하늘을 보고 웃는다.

* 851 승 … 태 : 부귀장수를 누리는 대길상

때 맞춰 비가 내리니 온갖 곡식이 무성하다. 부귀를 모두 얻는다. 한 가지 근심은 자식 걱정이다. 일생 험난한 일이 없고 장수한다.

* 163 송 … 구 : 분수를 지켜 조심하면 편안한 상

천리타향에서 고인을 만난다. 윗사람을 공경하면 위태한 가운데 편안함을 얻는다. 의롭지 않은 것을 탐하면 명예가 손상된다. 간간이 횡재수가 있다.

* 275 함 … 소과 : 평범하고 흉액이 별로 없는 상

마음도 담력도 작으니 변변치 못한 인물이다. 벼슬은 없으나 재물은 좀 모은다. 어진 아내를 얻는다. 하나는 얻고 하나는 잃으니 길흉이 반반이다.

* 381 진 … 서합 : 열 가지 재주를 하나도 이루지 못하는 상

총명하나 계획이 맞지 않다. 꾀함은 사람이 하나 성사는 하늘에 있다. 곤고한 뒤 근근이 성취한다. 형제 덕이 없다.

* 413 대장 ⋯ 귀매 : 꽃이 피고 열매가 맺히는 상

마음이 높고 뜻이 원대하니 구구한 일을 꺼린다. 교육자로 살
면 명예를 날린다. 경영은 안 맞고 공직이 가장 좋다.

* 525 중부 ⋯ 손 : 집안에 분란이 일어나는 상

깊은 산에서 길을 잃으니 오도 가도 못한다. 친척 간 재물 다
툼이 있다. 얻은 것을 거의 다 잃는다. 수고는 하나 공은 없다.

* 631 기제 ⋯ 건 : 부부가 다시 만나는 상

얻고 잃는 게 반반이니 먼저는 길하고 뒤는 나쁘다. 상처수
를 면치 못한다. 재취하면 길하다. 자식을 구하고자 사방을 헤
맨다.

* 743 이 ⋯ 비 : 재산도 없애고 일신도 망치는 상

배운 것도 없으면서 큰 것을 탐한다. 참새가 황새걸음 쫓으려
다 패가망신한다. 주색을 좋아하니 집에 한 푼도 없다. 처자가
흩어지니 혼자 방황한다.

* 855 승 ⋯ 정 : 짐 실은 말이 다리를 저는 상

천근이 몸을 누르니 일어날 수 없다. 초목이 서리를 맞으니
낙엽이 우수수 진다. 달 밝은 정자에서 아름다운 이와 이별한
다. 밖에 나가면 유익하다.

* 161 송 ⋯ 리 : 험난한 속에서도 편안함을 생각하는 상

매사 조심하라 구설시비가 있다. 겸허하게 덕을 쌓으면 흉이 길로 바뀐다. 사필귀정이니 어진 자에게는 대적할 자 없다. 사업은 불리하고 관리는 길하다.

* 273 함 ⋯ 췌 : 곡식마다 흉작을 만나는 상

때가 이르지 않았으니 나가지 마라. 재물이 구름같이 흩어지니 마음이 허황하다. 물을 거슬러 배를 운항하니 도달하지 못한다.

* 385 진 ⋯ 비 : 벼슬이나 재물에 별로 마음이 없는 상

얻고 잃는 것은 흔한 일이다. 득실에 신경 쓰지 않으니 마음은 편안하다. 부귀공명은 꿈 속의 일이다. 한가한 시골에서 독서로 세월을 보낸다.

* 411 대장 ⋯ 항 : 나아갈 줄만 알고 물러설 줄 모르는 상

고금동서 모르는 것이 없다. 기모(機謀)가 심원하고 언변이 출중하다. 누가 도와준다면 순탄하게 출세한다. 부부 마음이 맞으니 집안이 흥왕한다.

* 523 중부 ⋯ 소축 : 순풍에 배를 움직이는 상

먼저 곤궁하고 뒤에 태평하다. 작은 것을 쌓아 큰 것을 이룬다. 재물은 족하고 의식은 풍부하나 벼슬은 못 얻는다.

* 635 기제 … 명이 : 어두운 밤에 등불을 얻는 상

동분서주하며 잠시 풍상을 겪는다. 어둠 속을 가다 밝은 촛불을 얻는다. 귀인이 도우니 소원을 이룬다. 부귀를 다 얻으니 지난 고생은 꿈과 같다.

* 741 이 … 박 : 사람 됨됨이에 진실함이 없는 상

미인이 한 번 웃으니 천금을 흩어버린다. 주관이 없으니 한 가지도 결정하지 못한다. 미친 듯 취한 듯하다. 분수를 지켜야 한다.

* 853 승 … 사 : 만사 뜻대로 되는 상

장애가 없으니 말을 달려 천리를 간다. 사람들이 도와주니 노력에 비해 성과가 크다. 일찍 무예를 익히면 우두머리가 된다. 부부 해로는 기약하기 어렵다.

* 165 송 … 미제 : 큰 뜻과 포부를 품었으나 이루지 못하는 상

외유내강하다. 포부가 원대하나 공명은 얻지 못한다. 상업에 종사하면 천금을 희롱한다. 초년은 곤고하나 뒤에는 평안하다. 노년에 복록이 창성하다.

* 271 함 … 혁 : 인내심이 없어 오래 지탱하지 못하는 상

성질이 불길 같으니 참을성이 부족하다. 길흉이 극단이니 풍상을 겪는다. 일에 권태가 많아 이루기 어렵다. 부모를 멀리하고 처는 아낀다.

* 383 진 … 려 : 즐거운 가운데 슬픔이 있는 상

지성이 하늘을 감응하니 비로소 성취한다. 해외로 나가고 의기가 양양하다. 중년 실패로 가산을 한 번 뒤집는다. 밖에 나가면 마음이 즐겁나.

4, 12, 20획 성씨

* 516 소축 … 수 : 곤고한 용이 물을 얻는 상

십년 가뭄에 단비가 내린다. 처음은 곤하고 뒤는 태평하다. 빈손으로 가업을 이룬다. 나를 낮추면 손해가 없다. 몸이 약해 질병이 있다.

* 622 절 … 둔 : 의지가 박약한 상

소심해 큰 뜻을 세우기 어렵다. 남자라도 여자만도 못하다. 말은 순하고 행실은 착하나 매사 달성하지 못한다. 별다른 흉액은 없다.

* 734 비 … 화 : 사치를 좋아하고 부랑방탕한 상

사치를 좋아해 돈을 물 쓰듯 한다. 주색으로 손재한다. 집에 있는 날은 별로 없다. 평생 한 가지 일도 이루지 못한다.

* 846 복 … 이 : 바쁘기만 하고 생기는 것은 적은 상

청산에 해가 지니 돌아갈 일이 바쁘다. 세상사 뜬구름 같으니 영화는 일시적이다. 하늘에 구름이 가득하나 비는 오지 않는다.

여색을 가까이하지 마라.

* 152 구 … 둔 : 가정 운이 약해 불행한 상

집안에는 근심이 있고 밖에는 이익이 없다. 부친과 이별하지 않으면 자녀 때문에 눈물 흘린다. 차라리 죽는 것만 못하다.

* 264 곤 … 수 : 과거에 합격해 이름을 알리는 상

부모의 음덕이 많고 귀한 가문 출신이다. 과거에 무난히 합격한다. 아내는 어질고 자식은 효도한다. 초년에는 몸이 약하고 병도 많다.

* 376 려 … 소과 : 늘 바쁘기만 하고 한가한 때가 없는 상

삼일 가야 하는 길을 하루 만에 가야 한다. 양을 얻고 소를 잃는다. 먼저 웃고 나중에 운다. 좋은 것보다 나쁜 일이 많다.

* 482 예 … 해 : 온갖 어려움을 이기고 성공하는 상

의지가 굳고 과단성이 있다. 참을성이 강하고 처음과 끝이 한결같다. 귀인과 사귀니 출세하고 이름을 떨친다. 집안을 부흥시킨다.

* 514 소축 … 천 : 티끌 모아 태산을 만드는 상

작은 것을 쌓아 큰 것을 만든다. 재물을 위해 좋고 나쁜 것을 가리지 않는다. 근근이 재물을 모으나 우연히 잃는다. 한 번 나아가고 한 번 물러선다.

* 626 절 … 중부 : 재물 때문에 재앙을 부르는 상

사고무친하다. 형제 간 재물을 다투니 부모가 슬퍼한다. 하극
상하니 반드시 재앙을 당한다. 집에 불상사가 있다.

* 732 비 … 대축 : 봄꽃이 만발한 상

삼월 춘풍에 만물이 나서 자란다. 귀인을 만나 공명을 이룬
다. 작은 것을 쌓아 큰 것을 만든다. 형제간 송사가 있다.

* 844 복 … 뢰 : 소리만 있고 실속이 없는 상

분수를 넘어 망동하면 해가 있다. 더운 여름 우레소리만 있고
비는 안 온다. 덕을 쌓으면서 때를 기다려라. 외화내빈하니 하
늘을 쳐다보며 크게 웃는다.

* 156 구 … 대과 : 좋은 것인지 나쁜 것이지 알 수 없는 상

큰 소리로 불러도 대답하는 이 없다. 우연히 길한 일도 만나
고 흉한 일도 만난다. 삶이 귀하지도 천하지도 않다.

* 262 곤 … 췌 : 가난해도 오직 도를 즐기는 상

나무 뿌리와 물을 먹어도 즐겁기만 하다. 천길을 나는 봉황은
굶주려도 좁쌀을 쪼지 않는다. 중년 이후 귀인을 만난다. 준마
가 한 번에 천리를 간다.

* 374 려 … 산 : 처음은 허망하나 뒤에는 실속이 있는 상

초년은 허송세월한다. 사방을 다니며 많은 사람을 사귄다. 좋은 기회를 얻어 계략을 성취한다. 날카로운 연장에 다칠까 우려된다.

* 486 예 … 진 : 부랑방탕해 제 멋대로 사는 상

환락을 즐기니 제 분수를 모른다. 공명수가 있으나 조석으로 변한다. 부모를 일찍 잃는다. 재물을 탐하면 명예가 손상된다.

* 512 소축 … 가인 : 맑은 바람 밝은 달처럼 아름답고 깨끗한 상

매사 뜻대로 된다. 재주와 지혜가 있으니 모르는 것이 없다. 식록이 따르고 집안이 화락하다. 아내는 어질고 자식은 효도한다.

* 624 절 … 택 : 비단옷을 입고 밤길을 걷는 상

오직 재물만 안다. 이익이 된다면 좋고 나쁜 것에 구애받지 않는다. 말이 많고 행동이 가벼우니 구설을 부른다. 육친 간 불화하니 일신이 고독하다.

* 736 비 … 명이 : 구름이 흩어지고 밝은 달이 나오는 상

청수하고 재주와 지혜도 있다. 순진하고 거짓이 없으니 귀인이 돕는다. 관직은 길하고 사업은 불리하다. 부모 덕이 없거나 자식 근심이 있다.

* 842 복 … 림 : 세상사가 뜬구름같이 허무한 상

천리타향에서 나그네의 심사가 처량하다. 고향으로 돌아오나 타향보다 못하다. 분수 밖의 일을 하지 마라. 농공에 종사하면 의식은 궁하지 않다.

* 154 풍 … 손 : 만사 허무하게 되는 상

성품이 불량하니 공연히 재물을 없앤다. 조상의 유산도 광풍 낙엽처럼 흩어진다. 재물도 없고 성취도 없으니 불행에 빠진다. 분수를 지켜야 한다.

* 266 곤 … 송 : 큰 허물이 없는데도 흉액을 만나는 상

송사가 연달아 벌어진다. 무단히 액을 만난다. 까마귀 날자 배 떨어지는 격이다. 마음 정한 곳이 없으니 사방을 배회한다. 가슴 속 근심을 누가 아랴.

* 372 려 … 정 : 의협심으로 널리 구제하는 상

온유·겸허하니 사람들이 따른다. 의협심 있는 협객으로 많은 은혜를 베푼다. 동서로 오가니 그 이름이 자자하다. 집에는 소홀하니 재물이 넉넉지 못하다.

* 484 지 … 곤 : 앞길에 장애가 많은 상

하늘의 이치를 따르지 않으면 재앙을 부른다. 산을 밟고 물을 건너니 풍상이 많다. 자손의 액을 면한다면 늦게 자손의 경

사가 있다.

5, 13, 21획 성씨

* 611 수 ··· 정 : 숨어 살면서 때를 기다리는 상

두 마리 매가 날개 상한 새를 놓고 다툰다. 양보해야 액을 면한다. 형제 간 덕이 없거나 처와 이별한다.

* 723 손 ··· 대축 : 노력해 스스로 살아가는 상

세 사람이 동행하다 한 사람을 잃는다. 동업은 불리하고 혼자 경영이 좋다. 상업으로 분주하게 움직여 돈을 번다. 일생 한가한 때가 없다.

* 835 명이 ··· 기제 : 만물이 생겨 자라나는 상

그늘진 골짜기에 햇볕이 드니 찬 땅이 살아난다. 하늘의 이치대로 고초가 다하면 기쁨이 온다. 삼십 전은 풍상이 많고, 그 후는 모든 일이 순조롭다.

* 141 무망 ··· 비 : 나무 위에서 물고기를 구하는 상

나루에 배가 없으니 강을 건너지 못한다. 어두운 밤에 길을 잃으니 동서 분간을 못한다. 신액이 늘 따른다. 노력해도 소득이 없다.

＊253 대과 … 곤 : 가족이 헤어지고 재산이 파괴되는 상

잘난 체하고 계교로 사람을 속인다. 새가 날개가 상했으니 날지 못한다. 간간이 구설이 일고 관액도 당한다. 육친의 덕이 없고 재물도 넉넉지 못하다.

＊365 미제 … 송 : 그늘진 골짜기가 양지가 되는 상

십년 공을 쌓으니 비로소 성취한다. 학업을 이루지 못하면 때가 와도 영화롭지 못하다. 운이 말년에 오니 골짜기에 봄이 온 듯하다. 미인을 아내로 삼으리라.

＊471 소과 … 풍 : 꽃이 광풍에 떨어지는 상

무덤을 여러 번 옮기니 반드시 재앙이 온다. 사방에서 경영하나 이익이 없다. 집안에 어려움이 있어 우는 소리가 끊이지 않는다.

＊583 관 … 점 : 큰 뜻은 늦게 이뤄지는 상

천리 먼 길도 한 걸음부터 시작된다. 주경야독하니 좋은 기회가 반드시 온다. 옛것을 버리고 새것을 좇으니 일신이 편안하다.

＊615 수 … 태 : 노력하나 얻는 것이 없는 상

무슨 일을 해도 모두 헛되다. 수고롭게 노력하나 소득은 별로 없다. 친한 사람이 적이 되니 손재와 실패를 당한다. 총명하

나 벼슬길이 막힌다.

* 721 손 … 몽 : 고독해 의지처가 없는 상

인정이 많아 곤궁한 사람을 구제한다. 음덕을 베푸나 팔자는 안 좋다. 노년에 몸을 의지할 곳조차 없다. 아내와 이별하지 않으면 대가 끊긴다.

* 833 명이 … 복 : 기초가 허약한 상

쉽게 이루고 쉽게 실패한다. 눈 속에서 봄을 기다리는 격이니 때가 아직 이르다. 모이고 흩어짐이 무상하다. 조상의 유산은 광풍에 떨어지는 낙엽 같다.

* 145 무망 … 서합 : 오래도록 단비가 내리지 않는 상

나그네가 길을 잃어 오고 가지도 못한다. 육친의 덕이 없으니 일신이 고단하다. 일이 여의치 못한데 병까지 따른다.

* 251 대과 … 쾌 : 모든 복록이 다 이뤄지는 상

구름이 걷히니 해와 달빛이 다시 밝다. 일마다 형통하다. 쇠가 불을 만나 그릇이 된다. 수복을 다 얻으니 여생이 편안하다.

* 363 미제 … 정 : 풍파에 조각배를 띄운 상

한조각 작은 배로 어찌 바다를 건너랴. 가만히 때를 기다림만 못하다. 못의 목마른 물고기가 수원을 얻지 못한다. 액운이 겹겹이 발생한다.

* 475 소과 … 함 : 효도하며 부모를 모시는 상

부모를 잘 공양하니 효자란 칭찬을 듣는다. 예술로 생활한다. 동서로 그 명성이 자자하다. 재물이 들어오나 절반은 나간다.

* 581 관 … 익 : 군자는 지위를 얻으나 소인은 불리한 상

마음은 하늘을 찌르는 듯하나 당치도 않은 일이다. 수신하고 공부한 뒤에 매사 임해야 한다. 욕심이 병이니 자숙하라. 소소한 일은 구하면 얻는다.

* 613 수 … 절 : 사방을 봐도 도와줄 친분이 없는 상

홀로 달빛 아래 앉았으니 신세가 처량하다. 만사 뜻이 없으니 몸을 절에 의지한다. 육친의 덕이 없으니 일신이 고독하다.

* 725 손 … 중부 : 처음은 있고 끝이 없는 상

세상사 뜬구름 같으니 성패가 한결같지 않다. 동쪽에서 얻고 서쪽에서 잃는다. 일에 두서가 없으니 안 하는 것만 못하다. 무익한 일로 세월만 허비한다.

* 831 명이 … 겸 : 성쇠가 반복되는 상

밝음을 등지고 어둠을 향하니 운기가 쇠퇴한다. 군자는 권리를 잃고 소인은 재물을 잃는다. 이익이 논에 있으니 농사를 지

으면 태평하다.

* 143 무망 … 동인 : 의욕을 잃고 절망에 빠지는 상

일마다 뜻같지 않으니 탄식만 나온다. 아무리 공부해도 벼슬을 못 얻는다. 모든 경영은 장애가 있어 성취하지 못한다.

* 255 대과 … 항 : 용두사미가 되는 상

온당치 못한 일을 하니 오래 가지 못한다. 한 가지 일도 성취하지 못한다. 고향을 떠나고 땅을 잃는다.

* 361 미제 … 규 : 참새가 황새 걸음을 흉내 내는 상

날개도 나지 않았는데 높은 하늘을 날고자 한다. 얼토당토 않은 일을 망령되이 행하면 실패한다. 산에 가서 물고기를 구한다. 평생 바쁘게 노력한들 결과가 없다.

* 473 소과 … 예 : 큰 인물은 늦게 성취하는 상

쇠가 불가마를 거쳐 아름다운 그릇이 된다. 초년에는 고생이 심하다. 모르는 게 없이 통달하니 임금의 은혜를 입는다. 입신양명해 권리를 사방에 행사한다.

* 585 관 … 박 : 자식을 위해 기도하는 상

계획이 치밀하니 실패가 없다. 진퇴를 잘 결정하면 성공한다. 먼저는 좋고 뒤는 곤고하니 손재한다. 자손의 액이 있으니 청산에 기도한다.

6, 14, 22획 성씨

* 712 대축 … 비 : 모래를 쥐고 냇물을 막는 상

욕심이 많아 얻어도 만족할 줄 모른다. 재물 인연이 없어 하루 모아 하루에 없앤다. 궤변으로 속이니 믿는 이가 없다. 외실 내허하니 불평이 많다.

* 824 림 … 귀매 : 하늘과 땅이 비로소 열리는 상

외로운 달이 천리를 비춘다. 먼저 흉하고 뒤에 길하니 과거가 꿈과 같다. 비로소 운이 열리니 앞길이 밝다. 형제궁은 불리하니 일신이 고독하다.

* 136 동인 … 혁 : 처음은 곤고하고 뒤에 태평한 상

잔설이 남아 있으니 때가 아직 이르다. 진인사(盡人事)하고 대천명(待天命)하라. 고진감래 흥진비래(苦盡甘來 興盡悲來)한다. 중년 이후 부귀를 얻는다.

* 242 수 … 택 : 뜻밖의 좌절을 당해 곤고한 상

형제처럼 가까운 이가 해를 준다. 아니면 친구나 동료가 해를 끼친다. 두 가지 일을 마음에 두니 한 가지도 이루지 못한다. 손재가 많다.

* **354 정 … 고** : 눈이 천지에 가득한 상

봄꽃이 피기 전 폭우가 내린다. 사고무친이나 하늘도 돌보지 않는다. 신병마저 간간이 따른다. 곤고함이 많다.

* **466 해 … 미제** : 먼저 잃고 뒤에 얻는 상

상하가 맞지 않으니 되는 일이 없다. 몹시 게을러 좋은 일을 번번이 놓친다. 처덕으로 가업을 이루니 손실 중에도 복이 있다. 건강하고 오래 산다.

* **572 점 … 풍** : 실패한 뒤 흥하는 상

초년은 재산을 한 번 잃는다. 빈손으로 가업을 일으킨다. 어둠 속을 가다 우연히 밝은 등불을 얻는다. 어진 처를 만나 집안을 일으킨다.

* **684 비 … 췌** : 높은 산에 나무를 심는 상

관인이 쌍으로 아름다우니 고관대작이다. 나라를 떠받드는 대들보다. 길한 중에 처자의 근심이 있다. 관직은 길하나 경영은 아름답지 못하다.

* **716 대축 … 태** : 준비가 있으면 근심이 없는 상

흥진비래한다. 겸양이 아름다우니 경사가 있다. 신병이 없으면 처자의 근심이 있다. 조실부모하고 빈손으로 가업을 일으킨다.

＊822 림 … 복 : 처음 마음 먹은 대로 끝까지 밀고 나가는 상

이십 전에는 매사 불성한다. 곤고함이 있은 뒤 성취가 있다. 산은 험하고 높으나 오르고 오르면 정상에 이른다. 부귀를 다 얻는다.

＊134 동인 … 가인 : 절망 상태인데도 도와주는 이가 없는 상

망망대해의 한 조각 외로운 배다. 친한 사람이 없고 은혜를 베풀고도 덕이 없다. 눈앞에 적을 두고도 속수무책이다. 밖으로 나가지 말고 때를 기다려라.

＊246 수 … 무망 : 슬픈 일이 계속 일어나는 상

비단 옷을 입고 밤길을 걷는다. 경영하는 일마다 용두사미다. 재물 때문에 재앙을 당하니 없는 것만 못하다. 모래로 냇물을 막는 격이니 노력이 헛되다.

＊352 정 … 려 : 모든 일이 헛되게 돌아가는 상

일찍 고향을 떠나 많은 풍상을 겪는다. 결혼도 늦고 자식도 늦으니 언제 안정하랴. 크게 바라지 않아도 마음 상하는 일이 많다.

＊464 해 … 사 : 부귀영달하는 상

용이 밝은 구슬을 얻으니 조화가 무궁하다. 재록이 따르니 부귀를 누린다. 사방의 백성을 호령한다. 관록을 먹지 못하면 하

는 일 없이 세월을 보내리라.

* 576 점 ··· 건 : 늙은 용이 구슬을 잃은 상

총명하다고들 하나 매사 실패한다. 비색(否塞)을 탓하지 마라 성패는 하늘의 뜻이다. 늙은 용이 구슬을 잃어 조화를 부리고자 하나 못한다.

* 682 지 ··· 수 : 우물의 고기가 나와 바다로 가는 상

청운의 길이 있어 머리에 계수나무를 꽂는다. 임금을 보필하니 국태안민하다. 권리를 사방에 떨친다. 높은 벼슬에 오르지 못하면 도리어 불길하다.

* 714 대축 ··· 대유 : 영귀함이 무궁한 상

초년은 평범하고 후년은 길하니 기쁨이 가정에 가득하다. 재물은 산처럼 쌓아 쓰고도 남는다. 임금의 은혜로 입신양명한다.

* 826 림 ··· 손 : 하늘이 복록을 내려주는 상

선량하고 인정도 많다. 은혜를 베풀고 남을 구제하니 재물이 나간다. 귀인이 도와주니 반드시 보답이 있다. 오래 산다.

* 132 동인 ··· 천 : 훌륭한 신하가 높은 지위를 얻는 상

머리에 계수나무를 꽂고 금의환향한다. 두 사람이 힘을 합치니 모든 일이 순조롭게 이뤄진다. 매사 공정하게 처리하라 부귀가 장구하리라.

*244 수 … 둔 : 재물이 항상 따르는 상

큰 장사를 해 천금을 희롱한다. 소인은 새물을 얻고 군자는 벼슬길로 나아간다. 길한 중에 자손의 우환이 있다. 그렇지 않으면 신병이 종종 있다.

*356 정 … 항 : 옥이 진흙 속에 묻혀 있는 상

강유를 겸전하니 재능이 변화무쌍하다. 수단이 출중하니 집에 있는 날이 없다. 한가한 날이 없으나 소득은 별로 없다. 하늘을 보고 탄식한다.

*462 해 … 예 : 구름이 해와 달을 가리는 상

집에 불평이 있으니 외출해 방황한다. 옛터가 불리하니 여러 번 이사한다. 부모 근심이 없으면 몸에 큰 흉터가 있다. 주색을 조심하라 가업도 몸도 망친다.

*574 점 … 둔 : 가정의 분란이 끊이지 않는 상

병든 소나무 가지 위에 두견새 소리가 슬프다. 변괴가 거듭 생긴다. 자손 때문에 재산 허비가 많다. 우연히 좋은 운을 만나 하루 아침에 벼슬을 얻는다.

* 686 비 … 관 : 바람 앞의 등불처럼 위험한 상

비바람에 낙화가 분분하다. 신액이 늘 따르니 매사 이뤄지지 않는다. 일희일비하니 길흉 구분이 안된다. 외부내빈(外富內貧)하니 이 고초를 누가 아랴.

7, 15, 23획 성씨

* 813 태 … 림 : 한창 좋은 운이 기우는 상

해가 중천에 솟으면 기울고 달이 둥글면 이지러진다. 길 중에 흉이 있다. 생기는 것 없이 바쁘다. 해는 서산에 지는데 갈 길은 멀고 몸은 고달프다.

* 125 리 … 규 : 뜻은 있으나 펴보지 못하는 상

의심이 많으니 결정을 못한다. 이기적 · 타산적이라 남과 화합 못한다. 동서로 달리며 허송세월한다. 의식이 부족하고 육친의 덕도 없다.

* 231 혁 … 함 : 백 번 참으면 편안한 상

참을성이 부족하다. 입도 가볍고 몸도 가벼워 실패한다. 근신자중해야 대체로 평안하다. 가정에도 불화가 있으니 홀로 앉아 탄식한다.

* 343 서합 … 화 : 좋은 운이 이미 지나버린 상

좋은 일이 끝났으니 될 것 같으면서 안된다. 간간이 횡액이 있으니 음해를 조심하라. 벼슬운은 안 좋으나 재물은 풍족하다.
얻으면 반은 잃는다.

* 455 항 … 대과 : 밖은 부자이고 안은 가난한 상

성질이 강하고 고집불통이다. 남과 어울리지 못해 고립된다.
관록이 따르니 과거에 합격한다. 재물복은 안 좋다.

* 561 환 … 중부 : 늙은 용이 구슬을 잃는 상

삼년간 비가 안 와 오곡이 흉작이다. 물고기가 물을 잃어 곤
궁함이 크다. 소망은 헛된 꿈이다. 좋지 못한 일이 끊이지 않
는다.

* 673 건 … 비 : 하늘의 명을 따라야 길한 상

나는 매가 날개가 상했으니 새를 보고도 못 잡는다. 세상사
모두 그림의 떡이다. 분수를 지켜라 뒤에 영화가 있다. 부부도
불화한다.

* 785 박 … 관 : 우물 안 고기가 나와 바다로 가는 상

곤고한 물고기가 바다로 가니 먼저 흉하고 뒤에 길하다. 타향
에서 이사를 자주 한다. 초중년은 풍파가 있고 말년은 태평하
다. 벼슬운은 안 좋다.

* 811 태 … 승 : 만물이 생겨 자라는 상

시절이 평화롭고 해마다 풍년이 든다. 한 사람의 덕이 세상에 미친다. 동서로 오가니 누구나 한 번 보길 원한다. 만인을 사귀니 가는 곳마다 반긴다.

* 123 리 … 천 : 조심하면 편안함을 유지하는 상

불 같은 성격에 잘난 체하고 거만하다. 나아가고자 하나 그러지 못한다. 호랑이 꼬리를 밟으니 부주의한 탓이다. 처궁이 불길해 상처수도 있다.

* 235 혁 … 풍 : 노력하나 결과가 없는 상

호랑이를 그리려 하나 개새끼가 된다. 골육 간 덕이 없다. 잃기만 하니 유익함이 없다. 처자식과도 이별한다.

* 341 서합 … 진 : 이지러진 달이 다시 둥글어지는 상

허물이 있어도 고치면 귀하게 된다. 반성하지 않으면 신액이 따른다. 공연한 일로 세월을 보낸다. 어둠 속에서 등불을 얻으니 곤고한 뒤 길함이 있다.

* 453 항 … 해 : 권위와 위엄을 드날리는 상

가뭄에 비가 내리니 만물이 빛을 발한다. 근심이 사라지고 복이 오니 즐겁다. 부귀를 다 얻는다. 그러나 간혹 신병이 있다.

* **565 환 ··· 몽** : 머리에 계수나무 꽃을 꽂는 상

십년 글을 읽고 과거시험을 기다린다. 마침내 과거에 합격하니 의기양양하다. 금의환향하니 사람들이 우러러본다.

* **671 건 ··· 기제** : 앞길이 험난한 상

다리를 저는 말이 태산을 만난다. 운이 막히니 손실과 실패뿐이다. 해가 청산에 지는데 아들을 잃고 탄식한다. 타향으로 이사해도 별로 신통한 게 없다.

* **783 박 ··· 산** : 뜻밖의 변을 당하는 상

부귀를 구하지 마라 갈수록 태산이다. 조상의 유산은 나날이 없어진다. 집안이 불안하니 처로 인해 재앙을 부른다. 노력으로 근근이 살아간다.

* **815 태 ··· 수** : 매사 장애가 많아 이루지 못하는 상

검은 구름이 달을 가리니 천지가 깜깜하다. 노력하나 결과가 없다. 고진감래하니 노년은 태평하다. 덕을 쌓고 은혜를 베풀어야 흉이 사라진다.

* **121 리 ··· 송** : 호랑이 꼬리를 밟은 상

풍파 속에 배를 움직인다. 매사 조심하라 관재송사를 당한다. 먼저는 곤고하고 뒤에 태평하다. 재물은 흥하나 가정운은 불리하다.

* 233 혁 ⋯ 수 : 금시 이루었다가 금시 실패하는 상

망령되이 움직이지 마라 반드시 손해를 본다. 어디를 가든 남의 도움을 받는다. 재물이 모였다 흩어진다. 집을 떠나야 성공한다.

* 345 서합 ⋯ 무망 : 모든 일이 허망하게 돌아가는 상

돌을 쪼아 옥을 얻으니 곤고한 뒤 성공한다. 집안 분란에 마음을 붙일 곳이 없다. 하는 일마다 중도에 실패한다. 초지일관하면 후반은 태평하리라.

* 451 항 ⋯ 대장 : 뱀의 몸으로 용의 포부를 지닌 상

실력이 없는데도 바라는 것은 크다. 허황된 일로 공상만 한다. 동서로 분주하나 결실은 없다. 분수를 지키면 액을 면한다.

* 563 환 ⋯ 풍 : 마와 장애가 몸에 침범하는 상

교활한 뱀을 죽이지 못하니 변괴가 연속된다. 해가 지는데 길을 잃는다. 구설에 시달리고 질병까지 앓는다. 무단히 손재한다.

* 675 건 ⋯ 겸 : 곤고한 가운데 우연한 도움으로 좋아지는 상

목마른 용이 물을 얻으니 먼저 곤고하고 뒤에 태평하다. 험난 속에 귀인의 도움을 받는다. 산이 변해 밭이 된다. 말년에 벼슬한다.

* 781 박 … 리 : 수원이 말라 물이 흐르지 않는 상

검은 구름이 해를 가려 빛을 못 본다. 가산이 점점 사라지니 곤궁해진다. 초목이 뿌리가 상하니 말라 죽는다. 말이 많아 시비구설도 따른다.

8, 16, 24획 성씨

* 114 천 … 소축 : 겉은 길하나 안은 불길한 상

임기응변하는 재주가 있다. 학문이 뛰어나니 훈장을 업으로 삼는다. 재물은 족하나 자손 근심이 있다. 간간이 괴이한 일로 집안이 편안치 못하다.

* 226 택 … 리 : 부지런하면 재물이 모이는 상

호사다마하니 될 것 같으면서도 안된다. 일을 해도 뜬구름처럼 흩어진다. 바쁘게 노력하며 산다. 성실하게 노력하면 평안함을 유지한다.

* 332 화 … 대유 : 옛것이 가고 새것이 오는 상

큰 장사꾼이니 천금을 희롱한다. 싹이 비를 만나 날로 생기가 난다. 옛것을 버리고 새것을 좇으면 재물이 들어온다. 하는 일은 남의 도움으로 이룬다.

* 444 뢰 … 복 : 실력을 기르고 때가 오기를 기다리는 상

용의 뿔이 나지 않으니 때가 아직 이르다. 초년은 성취가 없

다. 중년 이후 부귀를 얻는다. 만물이 비로소 생기니 운이 점점 열린다.

＊556 풍 … 정 : 복록이 창성한 상

지혜가 출중하니 때에 따라 만물이 응한다. 곳곳에 이익이 있으니 만인과 사귀어라. 은인이 도와주니 태평해진다. 타향에서 성공해 금의환향한다.

＊662 수 … 비 : 근근이 의식을 연명해 나가는 상

활은 있으나 화살이 없으니 적을 어찌 막으랴. 호랑이가 함정에 빠져 탈출하지 못한다. 노력하면 작은 일은 성취한다. 주색을 조심하라.

＊774 산 … 려 : 빈천하고 단명하는 상

강산을 떠돌며 허송세월한다. 집에 오면 근심이 있고 나가면 즐겁다. 처자운이 불리하니 머리를 깎기 쉽다. 세상만사 그림의 떡이다.

＊886 지 … 박 : 두 마리 용이 서로 싸우는 상

음이 성하면 양이 쇠하니 처가 남편의 권리를 빼앗는다. 하극상하니 분란이 끊이지 않는다. 자식이 불효한다. 숨은 액이 닥치니 피하지 못한다.

* 112 천 … 동인 : 대기만성하는 상

행실이 착하니 사람들이 흠양한다. 간사함을 피하고 선을 취하니 일찍 명망을 얻는다. 먼저는 곤고하고 뒤는 길하다.

* 224 택 … 절 : 일생 흉액이 없는 상

운수대길하다. 길성(吉星)이 문에 비치니 성공이 어렵지 않다. 부귀가 따른다. 집안이 화락하고 자손이 창성한다.

* 336 화 … 풍 : 온갖 풍상을 많이 겪는 상

사방을 돌아다니며 산전수전을 겪는다. 목마른 용이 물을 얻는다. 처음은 곤고하고 뒤는 태평하다. 벼슬을 얻지 못하면 재물을 경영해 부자가 된다.

* 442 뢰 … 귀매 : 아내를 잃고 탄식하는 상

소리만 요란할 뿐 실속은 없다. 재산 문제로 골육이 다툰다. 자식의 액이 있다. 아니면 상처수가 있다.

* 554 풍 … 구 : 천하를 두루 다니는 나그네 상

산천에 뜻을 두고 천하를 돌아다닌다. 처자는 집에서 한없이 기다린다. 뜬구름 같은 인생이니 꿈 속 같다. 말년에는 처자와 만난다.

* 666 수 … 환 : 가정을 파괴하고 몸을 망치는 상

새장의 새는 생명이 경각에 달려 있다. 십년 경영한 일이 모두 헛되게 끝난다. 구설과 형액이 끊이지 않는다. 아무 것도 하지 않는 것만 못하다.

* 772 산 … 고 : 병든 말에 무거운 짐을 실은 상

다리의 힘은 없는데 갈 길이 태산이다. 일은 많고 몸은 고달프니 죽지도 살지도 못한다. 만사 용두사미다. 근근이 벌어 살더라도 처자의 덕은 없다.

* 884 지 … 예 : 나쁜 일도 없고 지위도 없는 상

재운이 없으니 간간이 실패한다. 근검절약하면 부자는 안되더라도 가난하진 않다. 좋은 명예는 얻기 어렵다. 형제 덕이 없고 처궁도 안 좋다.

* 116 천 … 쾌 : 흥진비래하는 상

성격이 강해 남에게 굽히기 싫어한다. 너무 강하면 꺾이는 법이다. 초년은 길하고 후년은 곤고하다. 높은 자리에 있을 때 겸손하면 그 지위를 유지한다.

* 222 택 … 수 : 고요한 가운데 즐거움이 있는 상

백호가 바람을 일으키니 변화를 예상하기 어렵다. 싸우면 필승하니 성공해 이름을 날린다. 쇠를 없애고 보배를 얻으니 손해

본 것 같으나 손해가 아니다.

* 334 화 … 비 : 모든 일이 실속이 없는 상

시집가지 않은 처녀가 아이를 낳는다. 구설이 따르고 망신을 당한다. 허망한 말을 하니 믿는 이가 없다. 녹녹한 인생이나 분수를 지킬 줄 모른다.

* 446 뢰 … 서합 : 유약하고 주관이 없는 상

주관이 없으니 한 가지 일도 꾀하지 못한다. 감언이설에 속아 간간이 손해를 본다. 엄처시하에 산다. 부귀를 얻지 못하니 변변치 못한 인생이다.

* 552 풍 … 점 : 의심하고 결정을 못하는 상

여우같이 의심하니 이로운 말도 듣지 않는다. 교활해서 먼저 얻고 뒤에 손해 본다. 길을 잃고 방황한다. 일생 길함이 없고 처자의 근심도 있다.

* 664 수 … 곤 : 흉함이 극에 이르러 길함이 나타나는 상

못 속의 물고기가 살아날 길이 없다. 분주하나 신통한 게 별로 없다. 일이 뜻대로 안되니 탄식한다. 음이 극에 이르면 양이 생기니 사지에서 회생한다.

＊776 산 … 겸: 잘한 일에도 공덕이 없는 상

부모가 아니면 처자의 액이 있다. 가산을 크게 잃고 병이 생긴다. 성실하나 믿는 이가 없다. 남을 구제하나 도리어 원수로 안다.

＊882 지 … 사: 훌륭한 장수가 군졸을 얻는 상

평탄한 땅에 말을 달리니 막힐 것이 없다. 큰 인물은 길하나 소인은 불리하다. 매사 어려움이 많으나 노력하면 성취한다. 처음은 길하나 뒤에는 막힌다.

(3) 여러 가지 64괘별 길흉표

ABCD 네 가지 길흉표를 소개한다. 이 표만 보더라도 같은 괘상에 대한 길흉 판단이 얼마나 다른지 알 수 있다.

○=대길, □=중길, △=보통, ×=흉, 숫자=10점 만점 기준 점수

괘상	A	B	C	D
11 중건천	○	○	□	8
12 천택리	×	□	□	7
13 천화동인	×	○	○	8
14 천뢰무망	×	×	△	6
15 천풍구	×	△	△	6
16 천수송	△	×	△	6

괘상	A	B	C	D
17 천산둔	△	×	×	3
18 천지비	×	×	×	4
21 택천쾌	×	○	□	5
22 중택태	○	□	○	9
23 택화혁	△	□	□	7
24 택뢰수	○	△	□	7
25 택풍대과	×	×	△	6
26 택수곤	×	×	×	2
27 택산함	○	○	□	8
28 택지췌	○	○	□	8
31 화천대유	○	○	○	10
32 화택규	×	×	×	4
33 중화리	△	□	△	3
34 화뢰서합	△	□	△	6
35 화풍정	○	○	○	10
36 화수미제	△	○	□	8
37 화산려	×	△	×	4
38 화지진	○	○	□	7
41 뇌천대장	△	○	□	8
42 뇌택귀매	×	△	△	7
43 뇌화풍	×	□	○	10
44 중뢰진	×	△	△	6
45 뇌풍항	△	○	□	8

괘상	A	B	C	D
46 뇌수해	○	□	○	10
47 뇌산소과	△	△	△	6
48 뇌지예	○	○	○	10
51 풍천소축	×	○	△	6
52 풍택중부	○	○	□	7
53 풍화가인	○	○	□	7
54 풍뢰익	○	○	○	9
55 중풍손	△	□	□	8
56 풍수환	○	□	△	6
57 풍산점	△	△	□	9
58 풍지관	○	△	□	8
61 수천수	△	□	□	7
62 수택절	△	○	□	8
63 수화기제	△	○	□	10
64 수뢰둔	×	×	△	5
65 수풍정	△	×	□	10
66 중수감	×	×	×	3
67 수산건	×	×	×	2
68 수지비	○	○	○	10
71 산천대축	○	○	□	9
72 산택손	△	○	□	7
73 산화비	△	□	□	7
74 산뢰이	△	□	□	7

괘상	A	B	C	D
75 산풍고	×	×	△	7
76 산수몽	×	△	△	5
77 중산간	△	△	□	7
78 산지박	×	×	×	3
81 지천태	○	○	○	10
82 지택림	○	○	□	8
83 지화명이	×	△	△	5
84 지뢰복	○	□	□	8
85 지풍승	○	○	○	10
86 지수사	△	□	□	7
87 지산겸	○	□	○	9
88 중지곤	○	○	□	7

3. 생각해 볼 점

주역 괘상론에서 가장 큰 문제는 괘상을 도출하는 방법이 여러 가지라는 것이다. 작명가마다 자신이 쓰는 방법이 맞다고 주장하지만 객관적으로 검증된 바는 없다. 방법에 따라 도출한 괘상이 달라지고, 괘상이 달라지면 성명의 길흉 판단이 달라질 수 있다. 혼란스러울 수밖에 없다.

작명에 주역 괘상론을 적용하는 작명가는 흔히 뭔가 대단한

듯 과시하는 느낌을 준다. 괘상론이 앞에서 살펴 본 음양론이나 오행론, 수리론에 비해 배우기가 상대적으로 어렵기 때문이 아닐까 싶다.

아무나 쉽게 배울 수 없다는 점에서 괘상론은 '고급' 이론으로 대우 받는 분위기도 있다. 역학의 근본이라 할 수 있는 '주역'을 활용한다는 점에서도 그렇다.

그러나 괘상을 도출하는 방법만 알면 성명 풀이나 작명에 괘상론을 쉽게 적용할 수 있다. 성명학에 적용하는 64괘의 길흉 내용은 이미 정리돼 있기 때문이다. 주역의 깊은 뜻까지 몰라도 되는 것이다.

문제는 오히려 괘상 도출 방법이나 작명가에 따라 64괘의 길흉 해석이 다르다는 것이다. 좋거나 나쁜 정도의 차이에 그치지 않고 아예 좋고 나쁨 자체가 다른 경우도 있다. 특히 괘의 길흉을 설명한 것이 아니라 '길과 흉', 또는 'O와 X'식으로 표시한 경우 더욱 그렇다. 64괘 길흉 해석을 한 가지만 보면 잘못 판단할 수밖에 없다.

제 **6** 장

육친론(六親論)과
육수론(六獸論)

제6장 육친론(六親論)과 육수론(六獸論)

1. 육친론

육친은 성명 글자의 발음 오행과 당사자 사주팔자의 연지, 또는 일간 간의 관계로 도출한다. 두 가지 방법을 다 적용해 볼 수도 있다. 발음 오행은 초성과 종성을 다 고려한다.

(1) 발음 오행 표출 방법

발음 오행을 따지므로 당연히 다수설을 따르느냐 소수설을 따르느냐의 문제가 있다. 여기서는 다수설을 따르기로 한다. ㅇ ㅎ을 土로, ㅁ ㅂ ㅍ을 水로 본다는 얘기다.

한자 원음을 기준으로 해야 한다는 주장과 소리 나는 대로 해야 한다는 주장이 있다. 柳나 李의 경우 '류', '리'로 보느냐 '유', '이'로 보느냐의 문제다.

노응근(盧應根)을 예로 들어 보자.

노의 발음 오행은 火, 응은 土-土, 근은 木-火다. 따라서 노응근의 발음 오행은 아래와 같이 나타낼 수 있다.

노	응	근
火	土土	木火

발음 오행을 필요에 따라 음양으로 구분해 12지지로 표시할 수도 있다. 한자 획수가 홀수이면 양, 짝수이면 음으로 나눈다. 盧應根의 획수는 아래와 같다.

盧	應	根
16	17	10획

획수를 보면 盧는 짝수, 應은 홀수, 根근은 짝수다. 따라서 盧의 발음 오행은 火는 巳, 應의 土는 戌-戌, 根의 木과 火는 卯-巳가 된다.

오행을 음양으로 구분할 때 辰戌丑未 土는 가려 써야 한다. 글자의 획수가 6획 이하의 양수이면 辰, 6획 이하의 음수이면 未로 보고, 7획 이상의 양수이면 戌, 7획 이상의 음수이면 丑으로 본다. 10획을 넘으면 끝자리 숫자로 구별한다. 1획 辰, 2획 未, 3획 辰, 4획 未, 5획 辰, 6획 未, 7획 戌, 8획 丑, 9획 戌, 10획 丑으로 보는 것이다.

盧應根의 발음 오행을 음양으로 구분해 표출하면 다음과 같다.

盧	應	根
16	17	10
巳	戌戌	卯巳

(2) 육친 표출 방법

1) 생년 지지 기준

생년 지지(사주팔자의 연지)를 기준으로 성명의 발음 오행이 어떤 육친에 해당하는지를 본다.

육친은 부모, 형제, 자식(자손), 아내(처첩 · 재물), 남편(관귀) 다섯 가지다. 사주학에서 쓰는 육친과 용어만 다를 뿐 의미는 같다.

사주학의 육친과 비교하면 부모는 인성, 형제는 비겁, 자손은 식상, 재물은 재성, 관귀는 관성에 해당한다.

부모, 형제, 자손, 재물, 관귀는 각각 父, 兄, 孫, 財, 官으로 쓴다.

노응근의 생년이 戊戌년이라면 戊이 기준이 된다. 戊를 기준으로 성명의 발음 오행이 어떤 육친인가를 보는 것이다. 노응근의 육친을 표출하면 아래와 같다.

```
성명 : 노    응    근
오행 : 火   土土   木火
육친 : 父   兄兄   官父
```

盧應根의 발음 오행을 음양으로 나눠 육친을 표출하면 다음
과 같다.

```
성명 :  盧     應      根
획수 :  16     17     10
오행 :  巳     戌戌    卯巳
육친 :  父     兄兄    官父
```

2) 일간 기준

사주팔자의 연지(생년 지지)가 아니라 일간을 기준으로도 볼
수 있다. 노응근의 사주팔자에서 일간이 庚이라면 육친은 아래
와 같이 도출된다. 庚을 기준으로 성명 발음 오행이 어떤 육친
에 해당하는가를 보는 것이다.

```
성명 : 노    응    근
오행 : 火   土土   木火
육친 : 官   父父   財官
```

발음 오행을 음양으로 나눠 육친을 표출하면 다음과 같다.

```
성명 : 盧      應      根
획수 : 16      17      10
오행 : 巳      戌戌     卯巳
육친 : 官      父父     財官
```

2. 육수론

육수(六獸)는 전설상의 여섯 마리 동물인 청룡(靑龍), 주작(朱雀), 구진(句陳), 등사(螣蛇), 백호(白虎), 현무(玄武)를 말한다. 靑朱句匕白玄(청주구사백현)으로 쓰고 읽는다. '육효(六爻)'에서 쓰는 것이다.

(1) 육수 배치 방법

사주팔자의 연간(생년 천간)을 기준으로 하거나 일간을 기준으로 하는 방법이 있다. 두 가지를 다 적용하는 작명가도 있다.

1) 생년 천간 기준
이름 끝 자의 종성부터 성 쪽으로 올라가면서 순서대로 붙인다. 글자의 종성이 없어도 있는 것으로 보고 육수를 배치한다.
이름 끝 자의 종성에 붙이는 육수는 생년 천간에 따라 다르다. 생년 천간이 甲乙이면 청을 이름 끝자에 놓고 차례로 주구사백현을 붙인다. 丙丁이면 이름 끝 자부터 주구사백현청을 붙인다. 戊이면 구사백현청주를, 己이면 사백현청주구를, 庚辛이면 백부터 백현청주구사를, 壬癸이면 현청주구사백을 각각 순서대로 붙인다.

노응근의 육수 배치는 다음과 같다. 생년 戊戌에서 천간은 戊이므로 句부터 시작해 올라 가면서 匕白玄靑朱를 붙인다.

성명 :	노	응	근
오행 :	火	土土	木火
육친 :	父	兄兄	官父
육수 :	朱靑	玄白	匕句

발음 오행을 음양으로 구분한 경우는 아래와 같다.

성명 :	盧	應	根
획수 :	16	17	10
오행 :	巳	戌戌	卯巳
육친 :	父	兄兄	官父
육수 :	朱靑	玄白	匕句

2) 일간 기준

노응근의 사주팔자에서 일간은 庚이다. 따라서 白부터 시작해 육수를 붙인다.

성명 :	노	응	근
오행 :	火	土土	木火
육친 :	父	兄兄	官父
육수 :	匕句	朱靑	玄白

발음 오행을 음양으로 구분한 경우는 아래와 같다.

성명 :	盧	應	根
획수 :	16	17	10
오행 :	巳	戌戌	卯巳
육친 :	父	兄兄	官父
육수 :	匕句	朱靑	玄白

(2) 육수의 의미

1) 청룡

길신이다. 원만하고 좋은 것을 의미한다. 부(父)에 있으면 부
모의 덕이 있고 부모가 장수한다. 손(孫)에 있으면 귀하고 훌륭
한 자식을 둔다. 재(財)에 있으면 처덕이 있고 재물복도 있다.
관(官)에 있으면 명예를 얻고 높은 자리에 오른다.

2) 주작

길흉 상반(相半)이다. 구설시비의 흉 작용과 함께 언론 · 교

직 등의 직업에는 좋은 작용을 한다. 또 손(孫)에 있으면 자손이, 형(兄)에 있으면 형제가 많다. 부(父)에 있으면 부모가 장수한다. 그러나 관(官)에 붙으면 관운이 있으나 관재를 당할 수도 있다.

3) 구진

근심걱정을 일으키는 흉신이다. 육친과 이별수를 암시한다.

4) 등사

놀람과 시끄러움을 뜻하나 군·검·경 등의 직업에는 길 작용을 한다. 주작과 비슷한 면이 있다.

5) 백호

재(財)에 붙으면 길신이다. 재운이 좋다. 그러나 다른 육친에 붙으면 흉신으로 변한다. 사고, 수술, 이별 등을 암시한다.

6) 현무

구진과 비슷한 흉신이다.

3. 풀이 방법

육친 간 상생·상극과 육친에 붙은 육수를 보고 육친덕의 유무나 재물운, 명예운, 건강운 등을 판단한다. 여기에 신살(神殺)까지 붙여 길흉을 살펴 볼 수도 있다.

예를 들어 보자. 사주팔자의 일간이 아니라 생년의 지지와 천간을 기준으로 각각 육친과 육수를 표출하는 방법을 적용한다. 발음 오행은 다수설을 따른다. 이금정·한금사 님의 〈성명학 길라잡이〉를 참고했다.

〈壬申생 김정현〉

성명 :	김	정	현
오행 :	木水	金土	土火
육친 :	財孫	兄父	父官
육수 :	白比	句朱	靑玄

백호 재(財)를 손(孫)이 생하고, 손(孫)은 형(兄)이 생하고, 형(兄)은 부(父)가 생하고, 부(父)는 관(官)이 생하니 상생의 연속이다. 대재운격(大財運格)이다.

〈戊午생 우성현〉

성명 :	우	성	현
오행 :	土	金土	土火
육친 :	孫	財孫	孫兄
육수 :	句朱	靑玄	白比

이름 첫 자 초성의 청룡 재(財)를 중심으로 좌우에서 많은 손(孫)이 생재하므로 재운이 대길하다.

〈辛酉생 金光鎬〉

성명 :	金	光	鎬
오행 :	木水	木土	土
육친 :	財孫	財父	父
육수 :	匕句	朱青	玄白

재(財)가 둘이다. 처복이 없다. 81수리 4격에서 형격 14수, 이격 26수이므로 더욱 그렇다.

〈丁巳생 金七守〉

성명 :	金	七	守
오행 :	木	金火	金
육친 :	父官	財兄	財
육수 :	靑玄	白匕	句朱

재(財)가 둘이다. 처복이 없다. 더욱이 81수리 4격에서 이격 14수가 흉하다.

〈庚午생 趙慶淑〉

성명 :	趙	慶	淑
오행 :	金	木土	金木
육친 :	財	父官	財父
육수 :	匕句	朱青	玄白

관(官)이 없다. 81수리 4격에서 이격이 26수로 흉하다. 남편복이 없다.

〈癸亥생 金榮子〉

성명 :	金	榮	子
오행 :	木水	土土	金
육친 :	孫兄	官官	父
육수 :	白比	句朱	靑玄

관(官)이 둘이다. 더욱이 구진 관이 있다. 81수리 4격에서 형격이 22수로 흉하다. 남편복이 없다.

4. 생각해 볼 점

육친론과 육수론은 점술의 하나인 '육효(六爻)'에서 쓰는 이론이다. 물론 앞에서도 설명한 것처럼 육친이란 용어와 의미는 사주학에서도 똑같이 쓴다.

육친론을 적용하면 육친의 의미나 육친 간 관계 등을 통해 성명 풀이를 풍성하게 할 수 있다. 육수론까지 적용하면 더욱 그렇다.

문제는 육친과 육수를 도출하는 방법이 하나로 통일돼 있지 않은 것이다. 사주팔자의 연주(생년)와 일간을 기준으로 하는 두 가지 방법이 있으니 혼란스러울 수 있다. 두 가지 방법을 각각 적용한 육친과 육수가 서로 다를 경우가 많기 때문이다. 두 가지 방법을 다 적용하더라도 마찬가지다.

〈참고 : 오친론(五親論)〉

육친이 父, 兄, 孫, 財, 官 다섯 가지이므로 오친으로 부르는 것이다. 원형이정 사격 중 형격의 오행을 기준으로 사격의 오친을 도출해 성명을 풀이한다. 형격을 나로 보는 것이다. 사격의 오행은 1 2=목, 3 4=화, 5 6=토, 7 8=금, 9 0=수로 본다.

오친의 의미는 육친론의 육친과 다르다. 父는 富, 兄은 亨, 孫은 損, 財는 災, 官은 官貴로 보는 것이다. 그러나 따지고 보면 육친론과 완전히 다른 것은 아니다.

이름 첫 자의 초성 발음 오행을 기준으로 성명 글자의 오친을 도출해 육친론처럼 풀이하는 방법도 있다.

전자의 오친론을 자세히 살펴 보자. 정담 선사님의 〈姓名學-바로 이 이름〉을 참고했다.

1. 오친(五親)의 의미

- **父는 富다**=父는 인성(편인, 정인)으로 나를 돕는 것이다. 나에게 득이 된다. 나를 풍족·풍요롭게 하고 살찌운다. 그러나 지나치면 안 좋다.

- **兄은 凶이다** = 兄은 비견(비견, 겁재)이다. 내가 약하면 도움이 되고 강하면 財를 극하므로 흉하다.
- **孫은 損이다** = 孫은 식상(식신, 상관)으로 나의 기운을 빼앗아가는 것이다. 그래서 나는 기력이 쇠해진다. 나의 기운이 너무 강할 때는 오히려 길 작용을 한다.
- **財는 災다** = 財는 재성(편재, 정재)이다. 내가 약하고 財가 강하면 재화(災禍), 재앙(災殃)을 일으킨다. 그러나 나와 財의 힘이 균형을 이루면 신왕재왕(身旺財旺)으로 길하다.
- **官은 官貴다** = 官은 관성(편관, 정관)이다. 내가 약하고 官이 강하면 흉한 관귀(官鬼)로, 나와 관이 힘의 조화를 이루면 길한 관귀(官貴)로 작용한다.

2. 오친의 풀이 방법

나를 상징하는 형격의 오행과 다른 격의 오친이 힘의 균형을 이뤄야 좋다. 나의 힘이 너무 강해도, 너무 약해도 흉한 것이다. 오친의 풀이에는 생년 지지를 중시한다.

* 壬申생 손성진(孫星鎭)

孫	星	鎭
10획	9획	18획

원격=27, 형격=19, 이격=28, 정격=37

나인 형격이 19이므로 오행은 水다. 원격 27과 이격 28, 정격 37은 모두 金이다. 여기에 생년지지 申도 金이다. 나(水)에게 金은 富다. 많은 富가 나를 생하니 오히려 나쁘다. 생년지지가 비만 둥 질환을 초래하는 흉한 富다.

* 己卯생 이상화(李尙和)

	李	尙	和
	7획	8획	8획

원격=16, 형격=15, 이격=15, 정격=23

형격의 오행은 土다. 원격과 이격은 土, 정격은 火이므로 형격인 나를 생한다. 더욱이 생년 지지도 土다. 생년지지 丑이 나의 힘을 너무 강하게 하므로 흉하다.

* 乙卯생 김태현(金兌玹)

	金	兌	玹
	8획	7획	10획

원격=17, 형격=15, 이격=18, 정격=25

나인 형격은 土다. 정격이 土이므로 나를 도우나 원격과 이격이 金이므로 나의 기운을 설기(洩氣)한다. 게다가 생년지지 木이 형격 土를 극하니 나는 너무 약해진다. 병약하고 무기력한 운명으로 산다. 생년지지 官이 官鬼로 작용하는 것이다.

* 辛巳생 이진호(李晋虎)

李　　晋　　虎
7획　　10획　　8획

원격=18, 형격=17, 이격=15, 정격=25

　형격은 金이다. 원격과 이격, 정격이 다 도우니 나의 힘이 너무 강해진다. 이때 생년지지 火가 金을 극하므로 숨통이 트이고 운세는 활기를 찾는다. 생년지지 官이 官貴로 작용하는 것이다.

* 庚申생 고미진(高渼瑨)

高　　渼　　瑨
10획　　13획　　15획

원격=28, 형격=23, 이격=25, 정격=38

　나인 형격은 火다. 火는 원격과 정격 金을 극하고 이격 土에 설기되니 힘이 빠져 죽을 맛이다. 설상가상으로 생년지지 金도 극하니 재다신약(財多身弱) 형태다. 생년지지 金이 災로 작용한다. 가난과 질병에 시달린다.

* 癸亥생 길배선(吉倍仙)

吉　　倍　　仙
6획　　10획　　5획

원격=15, 형격=16, 이격=11, 정격 21

형격은 16이므로 土다. 원격이 土이므로 나를 도우나 이격과 정격이 木으로 나를 극하므로 나의 힘은 약해진다. 이런 상황에서 나는 생년지지 水를 극하므로 죽을 맛이다. 생년지지가 흉 작용을 한다. 만사 침체하고 질병으로 고생한다.

* 壬申생 노형곤(盧亨坤)

盧　　　**亨**　　　**坤**

16획　　　7획　　　8획

원격=15,　형격=23,　이격=24,　정격=31

나인 형격은 23이므로 火다. 정격 木과 이격 火가 도우니 힘이 아주 강해진다. 그런데 火가 원격 土에 설기되고 생년지지 金을 극하니 힘의 균형을 이뤄 성공할 수 있다. 그러나 金이 극을 당하니 폐질환 등 질병이 우려된다. 생년지지 金이 길흉 작용을 다 하는 것이다.

* 辛酉생 송시우(宋始祐)

宋　　　**始**　　　**祐**

7획　　　8획　　　10획

원격=18,　형격=15,　이격=17,　정격=25

형격은 土다. 정격이 土이므로 도우나 원격과 이격이 金이므로 설기된다. 더욱이 생년지지가 金이라 설기가 심해지므로 나는 무기력해진다. 생년지지가 損 작용을 하는 것이다. 재물 손실과 함께 건강도 안 좋다.

* 戊申생 이우현(李宇玹)

李   宇   玹

7획   8획   10획

원격=18, 형격=15, 이격=17, 정격=25

나인 형격은 土다. 정격이 土로서 나를 돕지만 원격과 이격
金에 나의 힘이 설기되므로 약해진다. 설상가상으로 생년지지도
金이라 나는 죽을 맛이다. 생년지지가 흉 작용을 하는 것이다.

* 丁卯생 홍상진(洪尙鎭)

洪   尙   鎭

10획   9획   18획

원격=27, 형격=19, 이격=28, 정격=37

형격은 水다. 원격과 이격, 정격이 모두 金으로 도와주니 나
의 힘이 지나치게 강해진다. 이때 생년지지 木이 나의 힘을 설
기하므로 숨통이 트인다. 생년지지가 길 작용을 하는 것이다.
부귀하면서 남에게 잘 베푸는 인생을 산다.

제 7 장

사주 보완론

제7장 사주 보완론

사주가 필요로 하는 오행을 찾아내 이름에 넣어야 좋은 이름이 된다는 이론이다.

태어나면서 결정되는 선천운인 사주의 부족함을 후천운으로 작용하는 성명으로 보완해야 한다는 것이다. 흔히 작명을 제대로 하려면 사주를 볼 줄 알아야 한다고 주장하는 이유도 여기에 있다.

사주가 필요로 하는 오행을 이름에 넣는 방법은 자원 오행을 통하거나 발음 오행을 통하는 방법 두 가지가 있다.

자원 오행은 한자 이름으로 넣는 것이고, 발음 오행은 한글 이름으로 넣는 것이다.

예컨대 사주가 필요로 하는 오행이 木이라면 자원이 木인 한자를 이름 글자로 쓰거나 발음 오행이 木인 ㄱ ㄲ ㅋ이 들어가는 한글을 이름에 쓰는 것이다.

두 가지 방법 중 전통적인 작명법은 대체로 자원 오행 방식을, 한글 파동 성명학은 발음 오행 방식을 우선한다. 어려운 일이지만 둘 다 충족시켜야 한다는 작명가도 있다.

문제는 사주에 필요한 오행을 찾아내는 일이다. 흔히 사주에 필요한 오행이란 사주에 부족하거나 없는 오행, 또는 사주의 용신(用神)을 뜻한다. 이 가운데 사주에 부족하거나 없는 오행은 조금만 공부하면 쉽게 찾을 수 있다.

그러나 용신은 그렇지 않다. 작명가에 따라 같은 사주라도 용신을 다르게 잡을 수 있다. 사주를 보는 관법(觀法)이 달라서 그럴 수도 있고, 사주 자체가 용신을 찾기 애매해서 그럴 수도 있다.

이유야 어쨌든 용신을 잘못 파악하고 이름을 짓는다면, 그 이름이 부족한 선천운을 보완하기는커녕 해악만 끼치게 될 것이다.

이 같은 이유로 작명에 사주 보완론을 아예 무시해야 한다는 주장도 나온다. 실제 사주를 전혀 고려하지 않고 작명하는 유파도 있다.

그러나 작명에서 사주 보완론을 절대 빼서는 안된다는 분위기가 지배적이라고 할 수 있다. 작명할 때 사주는 필수적으로 고려해야 한다는 것이다. 성명학의 발생 근원이나 의미를 '선천운=사주, 후천운=성명'에서 찾기 때문일 것이다.

1. 사주가 필요로 하는 오행

'사주가 필요로 하는 오행'이라고 하지만 작명가에 따라 다른 의미로 사용한다. 사주의 용신을 뜻하기도 하고, 단순히 사주에 부족하거나 사주에 없는 오행을 뜻하기도 한다. 없는 오행은 지지의 경우 지장간의 정기를 기준으로 삼는다.

또 작명가에 따라 사주가 필요로 하는 오행을 이름에 넣어 사주를 보완할 때 사주에 없는 오행을 우선해야 한다는 주장이 있는가 하면, 사주의 용신을 중시해야 한다는 주장도 있다. 물론 둘 다 적용해야 한다는 작명가도 있다.

이름으로 사주를 보완할 때는 되도록 사주가 필요로 하는 오행을 이름 첫 글자에 넣는 것이 좋다. 이름 첫 글자가 성명 전체에서 가장 중요한 작용을 하기 때문이다.

2. 용신 찾기

사주에 부족하거나 없는 오행을 찾는 것은 쉽다. 그러나 용신은 그렇지 않다. 사주의 용신은 크게 억부 용신과 조후 용신으로 나눈다. 병약 용신이나 통관 용신은 억부 용신에 포함시켜도 큰 무리는 없다.

억부 용신이란 사주에서 일간을 중심으로 오행 세력 간 균형과 조화를 꾀하는 오행을 말한다. 일간의 세력이 약하면 힘을 북돋워 주는 인성이나 비겁이, 일간의 세력이 강하면 힘을 약하게 하는 식상이나 재성, 관성이 용신이 된다.

억부 용신을 찾으려면 사주에서 일간의 힘이 강한지 약한지를 판단할 수 있어야 한다. 억부 용신은 사주 공부를 상당히 많이 한 사람도 찾는 것이 쉽지 않다. 더욱이 전문가도 억부 용신을 찾기가 헷갈리는 사주도 많다.

조후 용신은 사주의 전체 기운이 매우 차거나 뜨거울 때 이를 중화시키는 오행을 말한다. 사주가 너무 차가우면 火가, 너무 뜨거우면 水가 조후 용신이다.

조후 용신은 사오미(巳午未)월 여름철이나 해자축(亥子丑)월 겨울철 출생자에게 필요할 수 있다.

사주에 따라 억부 용신보다 조후 용신을 우선해야 하는 경우도 있다. 그러나 그 판단 기준은 작명가에 따라 다르다.

이 경우 조후 용신과 억부 용신의 오행이 같으면 아무런 문제가 없다. 상생관계인 경우도 괜찮다. 그러나 두 용신의 오행이 상극관계라면 사정은 다르다. 사주의 용신에 해당하는 오행을 이름에 넣어 사주를 보완해야 한다는 이론 자체가 흔들릴 수밖에 없기 때문이다.

3. 사주가 필요로 하는 오행 찾기 사례

時 日 月 年	
癸 戊 甲 庚 丑 辰 申 辰	억부 용신은 火다. 없는 오행도 火다.
己 癸 戊 戊 未 酉 午 子	억부 용신은 金이다. 그러나 없는 오행은 木이다.
庚 癸 壬 甲 申 亥 申 申	억부 용신은 木이다. 그러나 없는 오행은 火, 土다.
庚 丙 丙 辛 寅 午 申 酉	억부 용신은 火다. 그러나 없는 오행은 土다.
庚 庚 丙 壬 辰 午 午 申	억부 용신은 土다. 그러나 없는 오행은 木이다.
甲 丙 癸 癸 午 申 亥 巳	억부 용신은 木이다. 그러나 없는 용신은 土다.
戊 己 癸 庚 辰 巳 午 辰	억부 용신은 金이다. 그러나 없는 오행은 木이다.
丙 甲 乙 癸 寅 申 卯 亥	억부 용신은 火다. 그러나 없는 오행은 土다.

丙 乙 甲 丙 子 未 午 辰	억부 용신은 水다. 그러나 없는 오행은 金이다.
壬 癸 庚 辛 子 丑 子 卯	억부 용신은 木이다. 그러나 없는 오행은 火다.
丙 戊 己 丙 辰 子 亥 辰	억부 용신도, 조후 용신도 火다. 그러나 없는 오행은 木, 金이다.
丁 戊 丁 壬 巳 午 未 子	억부 용신도, 조후 용신도 水다. 그러나 없는 오행은 木, 金이다.

4. 생각해 볼 점

　사주에서 용신의 작용과 사주에 없는 오행의 작용은 다를 수 있다. 용신은 사주에서 일간을 중심으로 오행 세력 간 균형을 꾀한다면, 없는 오행은 사주 전체에서 오행의 조화를 꾀하는 작용을 하기 때문이다.

　따라서 '사주가 필요로 하는 오행'을 사주의 용신과 사주에 없는 오행 중 무엇으로 보느냐에 따라 작명에 큰 차이가 날 수 있다. 사주를 분석해 찾은 용신과 사주에 없는 오행이 같지 않을 경우다.

사주에 없는 오행이 사주의 용신과 상생하는 관계가 아니라 상극하는 관계일 때 특히 그렇다. 없는 오행이 오히려 용신의 작용을 방해할 수 있기 때문이다. 이 경우 이름으로 사주를 보완한다는 의미가 과연 무엇인지 헷갈릴 수밖에 없다.

용신 찾기가 어려운 사주라면 자칫 이름을 잘못 지을 수도 있다. 잘못 찾은 용신으로 이름을 짓는다면 선천운인 사주를 보완해 후천운을 좋게 하는 것이 아니라 더 나빠지게 할 뿐이다. 특히 사주에서 억부 용신과 조후 용신이 우선 적용 필요성을 다투면서 두 용신의 오행이 상반될 경우 더욱 그렇다.

제 **8** 장

실증 연구

제8장 실증 연구

    앞에서 작명을 할 때나 성명의 길흉을 분석할 때 적용되는 여러 가지 이론을 살펴 봤다. 참으로 많은 이론과 주장이 난무하고 있음을 알 수 있다.

    과연 어떤 이론을 적용해 지은 이름이 좋은지 도무지 알 길이 없다. 그러나 작명가마다 자신의 방법이 맞다고 당당하게 말하기 일쑤다.

    보통 작명 이론은 세상에 실제 살았거나 살고 있는 사람의 이름 풀이를 통해 정립된다. 잘되고 못된 이런 저런 사람의 이름 분석을 통해 도출된 결론이 하나의 이론이 되는 것이다. 예컨대 '이런 이름을 쓰는 사람은 이렇게 살더라' '저런 이름을 사용하는 사람은 저렇게 되더라'는 식이다.

    그러나 거꾸로 그런 이론에 따라 이름을 지어 준 아이가 실제 그런 삶을 사는지 확인하기는 어렵다. 20~30년 이상 쭉 지켜 봐야 하기 때문이다. 설사 한두 명에게서 확인했다 하더라도 일반화하기는 곤란하다. 더욱이 이름이 사람의 운명이나 삶의 길흉을 좌우한다고 할 수도 없다. 이런 점에서 성명학 이론은 이론이라기보다 '가설'이라고 할 수 있다. 사실 여부가 검증

되지 않았다는 얘기다.

성명학이 하나의 학문으로 자리잡기 위해서는 검증을 통해 가설의 진위를 가리는 작업이 이뤄져야 한다. 그래야 성명학이 일반인의 신뢰를 얻을 수 있다. 물론 성명학은 경험과학이 아니므로 그런 작업은 무척 어려울 수밖에 없다. 그렇더라도 포기할 일은 아니다.

이런 상황에서 2014년 처음 나온 성명학 관련 박사학위 논문은 시사하는 바가 크다고 하겠다. 김형일 님의 〈성명학 이론의 타당성에 관한 실증적 연구—이혼자 통계를 중심으로〉와 신상춘 님의 〈개명 전후 이름이 자존감과 스트레스에 미치는 영향 및 SSC58—개명 상담 모델 연구〉라는 논문이다. 두 논문을 간단히 소개한다.

1. 김형일의 〈성명학 이론의 타당성에 관한 실증적 연구 – 이혼자 통계를 중심으로〉

(1) 연구 대상

먼저 혼인 신고 후 법적으로 이혼 경력이 있는 성인 남녀 1038명(519쌍)에게 설문조사했다. 여기서 '한 번의 이혼'과 '한 자 성과 두 자 이름'의 조건을 갖춘 624명(남자 298명, 여자 326명)만을 골라 성명학 이론인 음양 · 오행 · 수리의 타당성을 실증 분석했다.

(2) 분석 대상

음양과 오행, 수리가 운명에 미치는 영향을 분석했다. 구체적으로 음양은 한자 획수 음양과 한글 획수 음양, 한글 모음 음양 등 음양으로 구분해 길흉을 분석했다. 오행은 한자 획수 음양, 사격 수리 오행, 삼원 오행, 한글 초성(자음) 오행으로 나누어 상생·상극 관계를 분석했다. 수리는 81수리의 길흉을 바탕으로 사격의 영향을 연구했다.

(3) 분석 결과

1) 음양론

한자 획수 음양과 한글 획수 음양은 운명에 미치는 영향이 없거나 아주 작은 반면, 한글 모음은 운명에 미치는 영향이 컸다.

2) 오행론

한자 획수 오행과 사격 수리 오행, 삼원 오행은 운명에 미치는 영향이 컸다. 그러나 한글 초성(자음)이 운명에 미치는 영향은 작거나 없었다. ㅇㅎ을 土, ㅁㅂㅍ을 水로 보는 다수설이나, 반대로 ㅇㅎ을 水, ㅁㅂㅍ을 土로 보는 소수설로 분석해도 결과에는 차이가 없었다.

* 사격 수리 오행은 이격-형격-원격의 오행 배열로 길흉을 보는
  것이다. 필자는 삼원 오행의 하나로 분류하고, 삼원 오행 산출
  법1로 소개했다.

3) 수리론

사격의 81수리는 운명에 미치는 영향이 컸다.

4) 제언

성명학에서 먼저 한글과 한자의 차이를 알고 특성에 맞게 접
근해야 한다. 이론을 한글과 한자에 적용하는 방법을 달리해
야 한다.

또 한글 초성(자음) 오행보다 한글 모음의 중요성이 드러났
다. 그동안 모음보다 자음을 중시했으나, 이런 시각에서 벗어나
야 한다. 자음에만 오행을 적용하는 것은 한계가 있다.

따라서 한글의 모음과 한자의 수리를 중심으로 하는 성명학
이론인 '음성수리론(音聲數理論)'을 제안한다.

2. 신상춘의 〈개명 전후 이름이 자존감과 스트레스에 미치는 영향 및 SSC58-개명 상담 모델 연구〉

(1) 연구 대상

개명한 사람 250명을 대상으로 설문조사를 해 개명 전후 이름에 의한 스트레스와 자존감, 어의 분별의 인식도 변화를 실증적으로 연구했다. 개명 효과를 확인하고 분석하기 위해서다.

(2) 연구 결과

1) 개명 후 이름의 자존감은 개명 전보다 높아지고 이름 스트레스는 낮아졌다. 어의 분별은 개명 후 긍정적으로 높아졌다.

2) 개명 전 본인이 개명을 원한 경우가 본인이 아닌 사람이 원한 경우보다 자존감이 더 낮았다. 또 스트레스는 더 높고 어의 분별은 더 부정적이었다.

3) 그러나 개명 후에는 본인이 개명을 원한 경우가 그렇지 않은 경우보다 이름 스트레스는 더 낮아지고, 이름 자존감은 더 높아졌으며 어의 분별은 더 긍정적이었다.

4) 개명 전후 이름 스트레스와 이름 자존감의 상관관계를 파악한 결과 이름 스트레스가 줄어야 자존감이 높아지는 것으로 나타났다. 또 이름 스트레스와 어의 분별의 상관관계를 분석한 결과 이름 스트레스가 낮을수록 어의 분별은 긍정적이었다.

5) 종합하면 개명을 원할 경우 개명하면 스트레스가 감소하는 반면, 이름 자존감은 높아지고 어의 분별은 긍정적으로 변화하는 것으로 나타났다.

(3) 제언

1) 본인이 스스로 개명을 원하는 사람에게서 개명 효과가 더 높게 나타났으므로 개명을 원하는 사람이 개명을 쉽게 할 수 있도록 할 필요가 있다.

2) 이름 스트레스가 이름 자존감과 어의 분별에 나쁜 영향을 미치므로 이름 때문에 스트레스를 받지 않도록 하는 사회적 공감대가 필요하다.

3) 본인이 처한 상황을 자신의 의지로 개척하겠다는 자기 결정권을 반영해 자기 스스로 개명을 선택하도록 해야 개명 효과가 높아질 수 있다.

4) 이름이 심신에 미치는 영향을 구체적이고 실증적으로 연구해 상담에 응용할 수 있어야 한다.

새로운 성명학

한글 성명학과 광미명성학

한글 성명학

전통적인 성명학은 한자를 우선하고 한글은 부수적으로 고려한다. 한자의 음양과 오행 관계를 우선하되, 한글로는 발음 오행을 살피는 식이다.

그러나 1990년대 들어 한자보다 한글을 중시하는 새로운 성명학이 나타나기 시작했다. '한글 파동 성명학' '한글 성격 성명학' 등이 대표적이다. 이런 성명학이 접근 방법이나 이론에는 크고 작은 차이가 있지만, 한글을 중시한다는 점에서 '한글 성명학'으로 묶어도 좋을 것이다.

한글 성명학이 지금은 대세는 아니지만 빠른 속도로 확산되고 있는 점을 고려해 따로 부록으로 싣는다.

1. 파동 성명학

파동 성명학은 한글 성명의 발음 오행과 당사자 사주의 연주나 일주 오행으로 육친을 도출한 뒤, 그 육친 관계로 성명을 풀이한다. 앞에서 살펴 본 육친론을 주요 이론으로 쓰는 것이다.

도출한 육친은 숫자로 표시하고 주파수, 또는 음파수 등으로 부른다. 주파수나 음파수가 바로 육친인 셈이다.

육친 관계 분석에는 사주학 이론을 많이 활용한다. 주파수나 주파수 간 관계를 통해 사주처럼 당사자의 성격이나 재물, 명예, 부모, 자식, 부부운 등을 살필 수 있다.

파동 성명학은 이우람 선생이 오랜 연구 끝에 1980년대 후반 처음 공개했다. 그 뒤 '한글 음파 이름학' '소리 이름학' '한글 파동 성명학' '소리 성명학' '성명 사주학' '사주학적 성명학' 등 여러 유파가 생겼다고 할 수 있다.

파동 성명학의 다양한 이론을 소개한다.

(1) 주파수(음파수) 도출 방법

1) 도출 기준

성명 글자의 오행을 기준으로 하는 방법과 당사자의 생년 간지(사주의 연주) 오행을 기준으로 하는 방법이 있다. 생년 지지만 보는 작명가도 있다. 또 사주의 연주가 아니라 일간(일주의 천간)의 오행을 기준으로 삼는 이도 있다.

2) 성명 글자의 오행 표출 대상

성명 글자를 발음 오행으로 표출하는 방법은 두 가지가 있다. 자음만 고려하는 방법과 자음, 모음을 둘 다 고려하는 방법이다.

자음과 모음을 다 표출하는 방식이 뒤에 나왔다. 소리 글자인 한글은 자음과 모음이 결합해야 비로소 소리가 나오므로 모음을 무시해서는 안된다는 것이다. 상당히 설득력이 있는 주장이다.

3) 자음, 모음의 음양오행 구분

성명 글자의 자음만 오행으로 표출해서 보는 유파는 대체로 다수설을 따른다. ㅇㅎ을 土로, ㅁㅂㅍ을 水로 보는 것이다. 발음 오행의 음양은 글자의 획수로 구분한다. 획수가 홀수이면 양, 짝수이면 음으로 나눈다.

자음과 모음을 둘 다 오행으로 표출하는 유파는 자음과 모음의 음양오행을 각각 정해 놓고 적용한다. 음양 구분에 획수를 고려하지 않는다. 자음의 오행 표출에는 다수설과 소수설로 양립해 있다.

(2) 자음만 오행으로 표출할 경우

1) 자음의 오행 분류

자음의 오행 분류는 아래와 같이 다수설에 따른다. 오행은 천간으로 나타낸다.

ㄱㅋ	木(甲乙)
ㄴㄷㄹㅌ	火(丙丁)
ㅇㅎ	土(戊己)
ㅅㅈㅊ	金(庚辛)
ㅁㅂㅍ	水(壬癸)

오행의 음양은 글자의 획수에 따른다. 획수가 홀수이면 양, 짝수이면 음이다. 예컨대 木이라도 해당 글자의 획수가 홀수이면 양인 甲, 짝수이면 음인 乙이 된다.

자음의 획수 계산에서 한글학회와 달리 ㅈ은 3획, ㅊ은 4획으로 본다. 한글학회에 따르면 ㅈ은 2획, ㅊ은 3획이다.

을미(乙未)년에 태어난 구풍춘이란 성명을 예로 들어 보자.

구에서 ㄱ의 오행은 木, 풍에서 ㅍ은 水, ㅇ은 土, 춘에서 ㅊ은 金, ㄴ은 火다. 구는 3획, 풍은 7획, 춘은 7획으로 모두 홀수이므로 양이다. 따라서 구의 ㄱ은 甲, 풍의 ㅍ은 壬, ㅇ은 戊, 춘의 ㅊ은 庚, ㄴ은 丙이 된다. 이런 내용을 아래와 같이 틀로 짠다.

구 3획(양)	甲
풍 7획(양)	壬
	戊
춘 7획(양)	庚
	丙

2) 육친(주파수) 도출법1 – 성명 자음의 오행 기준

앞에서 표출한 구춘풍의 성명 자음 오행을 기준으로 생년의 간지인 乙未의 육친이 무엇인지를 파악한다. 생년 乙未의 천간 乙의 육친은 성명 왼쪽에, 지지 未의 육친은 성명 오른쪽에 각각 적는다. 이때 생년 지지는 지장간의 정기로 본다. 未의 지장간 丁乙己 중 己로 보는 것이다.

구춘풍의 자음 오행 甲壬戊庚丙을 기준으로 할 때 생년 천간 乙의 육친은 각각 겁재, 상관, 정관, 정재, 정인에 해당한다. 또 생년 지지 未의 정기는 己이므로 未의 육친은 각각 정재, 정인, 정관, 겁재, 상관이다. 이런 내용을 아래와 같이 정리한다.

乙			未
겁재	구	甲	정재
상관	풍	壬	정관
정관		戊	겁재
정재	춘	庚	정인
정인		丙	상관

다음 육친을 주파수(음파수)라는 숫자로 바꾼다. 육친별 주파수는 정해져 있다. 비견=1, 겁재=2, 식신=3, 상관=4, 편재=5, 정재=6, 편관=7, 정관=8, 편인=9, 정인=0이다. 구풍춘의 자음 오행을 주파수로 바꾸면 아래와 같다.

乙			未
2	구	甲	6
4	풍	壬	8
8		戊	2
6	춘	庚	0
0		丙	4

자음의 발음 오행은 다수설이 아니라 소수설에 따르면 달라진다. 소수설은 ㅇㅎ은 水, ㅁㅂㅍ은 土로 다수설과 반대다.

ㄱㅋ	목(甲乙)
ㄴㄷㄹㅌ	화(丙丁)
ㅇㅎ	수(壬癸)
ㅅㅈㅊ	금(庚辛)
ㅁㅂㅍ	토(戊己)

구풍춘의 자음 오행은 木－金火－土水가 된다. 구와 춘은 다수설과 같지만, 풍만 달라진다. 음양을 적용하면 풍의 ㅍ은 戊, ㅇ은 壬이다. 이런 내용으로 틀을 짜면 아래와 같다.

구	甲
풍	戊
	壬
춘	庚
	丙

여기서 육친을 도출하고 주파수를 붙이면 아래와 같다.

```
    乙                      未
2겁재    구      甲      정재6
8정관    풍      戊      겁재2
4상관            壬      정관8
6정재    춘      庚      정인0
0정인            丙      상관4
```

```
    乙                      未
  2     구      甲        6
  8     풍      壬        2
  4            戊        8
  6     춘      庚        0
  0            丙        4
```

3) 육친(주파수) 도출법2 – 생년 지지의 오행 기준

성명 자음의 발음 오행이 아니라 생년 지지(정기)의 오행을 기준으로 육친을 도출하는 것이다. 성명 자음의 발음 오행을 도출하는 방법은 같다.

```
    구      甲
    풍      戊
            壬
    춘      庚
            丙
```

육친을 도출할 때 생년 乙未에서 未가 기준이다. 未(己)를 기준으로 할 때 甲壬戊庚丙의 육친은 각각 정관, 상관, 정인, 정재, 겁재다. 이를 정리하면 다음과 같다.

		未
구	甲	정관
풍	壬	정재
	戊	겁재
춘	庚	상관
	丙	정인

육친을 주파수로 바꾸면 아래와 같다.

		未
구	甲	8
풍	壬	6
	戊	2
춘	庚	4
	丙	0

참고

자음의 발음 오행 분류를 소수설에 따르면 '육친 도출법1'과 마찬가지로 구와 춘은 같고 풍만 달라진다.

구　　甲　未
　　　戊　8
풍　　壬　2　6
　　　庚　4
춘　　丙　0

4) 육친(주파수) 도출법3 – 일간의 오행 기준

성명 자음의 발음 오행이나 생년 지지의 오행이 아니라 일간의 오행을 기준으로 육친을 도출하는 방법이다.

구춘풍의 사주에서 일간이 경(庚)이라고 하자. 성명 자음의 발음 오행을 도출하는 방법은 같다.

구　　甲
　　　戊
풍　　壬
　　　庚
춘　　丙

일간이 庚이므로 庚을 기준으로 할 때 甲壬戊庚丙의 육친은 각각 편재, 식신, 편인, 비견, 편관이다. 또 편재는 5, 식신은 3, 편인은 9, 비견은 1, 편관은 7이다. 이를 정리하면 다음과 같다.

		庚	
구	甲	편재	5
풍	壬	식신	3
	戊	편인	9
춘	庚	비견	1
	丙	편관	7

주파수만 남기고 정리하면 다음과 같다.

		庚
구	甲	5
풍	壬	3
	戊	9
춘	庚	1
	丙	7

(3) 자음과 모음을 다 오행으로 표출할 경우

한글을 구성하는 모음도 자음처럼 오행으로 표출해 성명의 길흉을 판단하는 이론이다.

현재 이런 주장을 하는 유파는 크게 둘로 나뉜다. 자음과 모음의 오행 분류 방식이 다르다. 글자의 획수와 상관없이 자음과 모음의 음양오행을 정해 놓았다는 점은 같다.

1) A이론

<table>
<tr><td>木</td><td>甲</td><td>ㄱ</td><td></td><td></td><td>ㅏ ㅑ</td></tr>
<tr><td></td><td>乙</td><td>ㅋ ㄲ</td><td></td><td></td><td>ㅕ</td></tr>
<tr><td>火</td><td>丙</td><td>ㄴ ㄷ</td><td></td><td></td><td>ㅜ</td></tr>
<tr><td></td><td>丁</td><td>ㄹ ㅌ ㄸ</td><td></td><td></td><td>ㅠ</td></tr>
<tr><td>土</td><td>戊</td><td>ㅇ</td><td></td><td></td><td>ㅓ ㅐ</td></tr>
<tr><td></td><td>己</td><td>ㅎ</td><td></td><td></td><td>ㅔ</td></tr>
<tr><td>金</td><td>庚</td><td>ㅅ</td><td></td><td></td><td>ㅣ ㅖ</td></tr>
<tr><td></td><td>辛</td><td>ㅈ ㅊ ㅆ ㅉ</td><td></td><td></td><td>ㅓ ㅡ</td></tr>
<tr><td>水</td><td>壬</td><td>ㅁ</td><td></td><td></td><td>ㅗ</td></tr>
<tr><td></td><td>癸</td><td>ㅂ ㅍ ㅃ</td><td></td><td></td><td>ㅛ</td></tr>
</table>

2) B이론

<table>
<tr><td>木</td><td>甲</td><td>ㄱ</td><td></td><td></td><td>ㅏ</td></tr>
<tr><td></td><td>乙</td><td>ㅋ ㄲ</td><td></td><td></td><td>ㅕ</td></tr>
<tr><td>火</td><td>丙</td><td>ㄴ</td><td></td><td></td><td>ㅛ</td></tr>
<tr><td></td><td>丁</td><td>ㄷ ㄹ ㅌ ㄸ</td><td></td><td></td><td>ㅜ</td></tr>
<tr><td>土</td><td>戊</td><td>ㅁ</td><td></td><td></td><td>ㅣ</td></tr>
<tr><td></td><td>己</td><td>ㅂ ㅍ ㅃ</td><td></td><td></td><td>ㅡ ㅑ</td></tr>
<tr><td>金</td><td>庚</td><td>ㅅ</td><td></td><td></td><td>ㅓ</td></tr>
<tr><td></td><td>辛</td><td>ㅈ ㅊ ㅆ ㅉ</td><td></td><td></td><td>ㅗ</td></tr>
<tr><td>水</td><td>壬</td><td>ㅇ</td><td></td><td></td><td>ㅠ</td></tr>
<tr><td></td><td>癸</td><td>ㅎ</td><td></td><td></td><td></td></tr>
</table>

3) 차이

무엇보다 자음 ㅇㅎ과 ㅁㅂㅍ의 분류가 다르다. A이론은 다수설에 따라 각각 土와 水로 보는 반면, B이론은 소수설에 따라 각각 水와 土로 본다.

자음의 음양 분류도 다른 것이 있다. ㄷ의 경우다. A이론은 丙으로, B이론은 丁으로 분류한다.

더욱이 모음의 음양오행 분류는 거의 다 다르다.

B이론은 자음과 모음의 음양오행을 〈훈민정음해례본〉에 나온 대로 분류해야 한다고 주장한다. 한글 성명학인 만큼 〈해례본〉의 제자 원리를 따라야 한다는 것이다. A이론은 자음과 모음의 음양오행 분류 기준에 대해 분명히 밝힌 것은 없다. 오래 연구한 결과 그렇다는 식의 얘기만 할 뿐이다.

그러나 B이론의 분류도 〈해례본〉과 다른 점이 있다. 먼저 〈해례본〉에는 자음의 경우 오행 구분은 돼 있지만, 음양 구분은 없다. 또 모음 ㅣ는 양도 음도 아닌 중성으로 나와 있다. 또 ㅐ ㅔ ㅖ ㅢ 은 아예 언급조차 없다. 훈민정음 창제 당시 없었던 모음이기 때문일 것이다.

같은 이름이라도 이처럼 자음과 모음의 음양오행 분류가 다르면 육친(주파수)이 달라질 수밖에 없다. 또 육친이 다르면 육친 간 관계도 달라지므로 성명의 길흉 판단에도 차이가 나는 것은 당연하다.

구풍춘을 예로 들어 보자.

A의 이론을 따르면 ㄱ=甲, ㅜ=丙, ㅍ=癸, ㅜ=丙, ㅇ=戊, ㅊ=辛, ㅜ=丙, ㄴ=丙이다. 이런 내용으로 틀을 짜면 아래와 같다. 육친은 성명의 발음 오행을 기준으로 도출한다.

		乙		未		
2	겁재	구	甲	정재	6	
0	정인		丙	상관	4	
3	식신	풍	癸	편관	7	
0	정인		丙	상관	4	
8	정관		戊	겁재	2	
5	편재	춘	辛	편인	9	
0	정인		丙	상관	4	
0	정인		丙	상관	4	

乙				未
2	구	甲		6
0		丙		4
3	풍	癸		7
0		丙		4
8		戊		2
5	춘	辛		9
0		丙		4
0		丙		4

B의 이론에 따르면 ㄱ=甲, ㅜ=丁, ㅍ=己, ㅜ=丁, ㅇ=壬,
ㅊ=辛, ㅜ=丁, ㄴ=丙이다.

	乙			未	
2	겁재	구	甲	정재	6
9	편인		丁	식신	3
7	편관	풍	己	비견	1
9	편인		丁	식신	3
4	상관		壬	정관	8
5	편재	춘	辛	편인	9
9	편인		丁	식신	3
0	정인		丙	상관	4

	乙			未
2		구	甲	6
9			丁	3
7		풍	己	1
9			丁	3
4			壬	8
5		춘	辛	9
9			丁	3
0			丙	4

(4) 풀이법

주파수(음파수)의 특성이나 주파수 간 관계로 성명의 길흉을 판단한다. 주파수란 육친을 숫자로 표시한 것이므로 사주학의 육친별 특성 등 육친론이 많이 활용된다. 파동 성명학의 풀이법을 간단하게 소개한다.

성명 왼쪽에 있는 천간 주파수가 오른쪽에 있는 지지 주파수보다 힘이 훨씬 강하다고 본다. 또 천간 주파수 중에서는 이름 첫 자의 초성(자음) 주파수가 가장 강한 힘을 발휘한다. 특히 당사자의 성격은 70% 이상 여기서 나온다. 모든 주파수 중 핵심 역할을 하는 것이다.

천간 주파수는 천간 주파수대로, 지지 주파수는 지지 주파수대로 상하로 붙어 있는 주파수 간 상생·상극 관계를 따진다. 기본적으로 그렇다.

예컨대 1-5(-는 붙어 있음을 표시)나 2-6이 있으면 남녀 공히 돈 문제가 있다고 본다. 특히 남자라면 아내와 갈등이 있다고 해석한다. 1(비견) 2(겁재)가 5(편재) 6(정재)를 극하는 형태이기 때문이다.

3-7이나 4-8이 있으면 남녀 공히 직장이나 명예에 문제가 있다고 풀이한다. 특히 남자라면 자식과 갈등하거나 자식 문제가 있고, 여자라면 남편과 사이가 안 좋다고 본다. 3(식신) 4(상관)이 7(편관) 8(정관)을 치기 때문이다.

여자 이름에 9-3이나 0-4가 있으면 자식에 애로가 있다고 해석한다. 9(편인) 0(정인)이 3(식신) 4(상관)를 극하는 형태이기 때문이다.

성 한 자, 이름 두 자인 경우 성의 주파수는 25세까지 초년운을, 이름 첫 자는 26~45세 중년운을, 이름 끝 자는 46세 이후의 말년운을 각각 지배한다고 본다. 그러나 성명의 주파수 작용을 이처럼 연령대별로 고정시키고만 볼 필요는 없다. 특히 중년 이후가 그렇다.

선천운인 사주와 후천운인 성명이 인간의 삶에 미치는 영향은 나이가 많아지면서 달라진다고 본다.

사주의 영향력은 갓난아이일 때 100에서 갈수록 점점 작아지는 반면, 성명의 영향력은 갓난아이일 때 0에서 점점 커진다는 것이다.

그래서 젊은 시절 처한 상황은 성명과 함께 사주를 꼭 보고 판단해야 한다.

(5) 생각해 볼 점

파동 성명학의 가장 큰 문제는 육친, 즉 주파수(음파수)를 뽑는 방법이 여러 가지라는 것이다. 방법상 차이도 적지 않다.

① 성명의 발음 오행을 기준으로 생년의 천간과 지지의 주파수를 각각 도출하는 방법,

② 생년의 지지를 기준으로 발음 오행의 주파수를 도출하는

방법,

③ 사주팔자의 일간을 기준으로 발음 오행의 주파수를 도출하는 방법 등 크게 세 가지가 있다.

주파수 도출에서 성명 글자의 자음만 고려하느냐, 아니면 자음·모음 둘 다 고려하느냐에 따른 차이도 크다.

게다가 자음과 모음의 발음 오행 분류도 유파에 따라 다르다.

이처럼 주파수 도출 방법이 다르면 주파수 배열이 달라지고, 그러면 자연 성명 풀이도 달라지게 마련이다. 사정이 이런데도 유파마다 자기 이론이 옳다고 주장하니 혼란스러울 수밖에 없다.

파동 성명학은 나온 지 30여년에 불과하지만 작명가의 많은 관심을 끌면서 빠른 속도로 확산되고 있다. 무엇보다 사주팔자처럼 한글 이름으로 당사자의 삶을 풀 수 있는 장점이 있기 때문이다. 그러나 주파수 도출 방법이 여러 가지라는 것은 치명적인 약점이 아닐 수 없다.

2. 형음(形音) 성명학

형음 성명학은 중국에서 나온 이론으로, 한글 파동 성명학과 유사한 점이 많다. 형음 성명학에서 形은 한자를, 音은 오음(五音)을 뜻한다. 오음이란 '우치각상궁'을 말한다.

출생한 해(출생년)의 오운(五運)을 기준으로 한자의 획수 오행과 오음 오행을 숫자로 표시하고 이름을 풀이하는 것이다.

형음 성명학에서는 그 숫자를 '코드'라고 부른다. 파동 성명학의 주파수나 음파수와 같은 개념이다. 이재형 님의 〈형음 성명학〉을 참고했다.

(1) 오음 오행

오음 오행은 성명 글자의 초성(자음)만 발음 오행으로 표출한다. 자음의 오음 오행은 아래와 같이 정해져 있다.

水	음	ㅁ ㅂ	양	ㅍ
火	음	ㄴ ㄷ ㄹ	양	ㅌ
木	음	ㄱ	양	ㅋ
金	음	ㅈ ㅊ	양	ㅅ
土	음	ㅇ	양	ㅎ

당나라 왕이던 李世民(이세민)을 예로 들어 보자. 이세민은 중국 역사상 걸출한 인물 중 한 명이다.

중국어 발음은 '리스민'이므로, 오음 오행은 리스민을 기준으로 도출해야 한다.

리의 ㄹ은 음火, 스의 ㅅ은 양金, 민의 ㅁ은 음水다.

이 름 :	리	스	민
오음오행 :	음火	양金	음水

(2) 수리 오행

수리 오행은 한자 획수를 기준으로 하되, 하도의 수의 오행에 따라 표출한다. 10획이 넘으면 첫째 사리를 기준으로 한다.

1·6=水, 2·7=火, 3·8=木, 4·9=金, 5·10=土로 보는 것이다. 홀수는 양, 짝수는 음이므로 수리를 음양오행으로 나누면 다음과 같다. 획수는 원획법으로 계산한다.

1=양水, 6=음水, 2=음火, 7=양火, 3=양木, 8=음木, 4=음金, 9=양金, 5=양土, 10=음土

李世民에서 李는 7획, 世와 民은 각각 5획이다. 따라서 李는 양火, 世와 民은 양土다.

이　름 :	李	世	民
수리오행 :	양火	양土	양土

(3) 출생년의 오운

오운이란 천간의 합으로 나온 오행을 말한다. 천간의 합은 甲己합土, 乙庚합金, 丙辛합水, 丁壬합木, 戊癸합火 다섯 가지다. 여기서 甲과 己의 오운은 土, 乙과 庚은 金, 丙과 辛은 水, 戊와 癸는 火다.

출생년의 오운은 출생년의 천간으로 결정된다. 출생한 해가 甲년이나 己년이면 오운은 土, 乙년이나 庚년이면 金, 丙년이나 辛년이면 水, 戊년이나 癸년이면 火다.

甲년과 丙년, 癸년, 庚년, 壬년은 양년(陽年)이고 乙년과 丁년, 己년, 辛년, 癸년은 음년(陰年)임을 고려해 오운을 세분하면 다음과 같다.

> 甲년=양土, 乙년=음金, 丙년=양水, 丁년=음木, 戊년
> =양火, 己년=음土, 庚년=양金, 辛년=음水, 壬년=
> 양木, 癸년=음火

(4) 이름의 코드

이름의 코드는 출생년의 오운을 기준으로 이름의 오음 오행과 수리 오행의 상생 · 상극 관계로 표출한다. 육친을 숫자로 표시한 것으로, 파동 성명학의 주파수와 같다.

> 비겁=1, 겁재=2, 식신=3, 상관=4, 편재=5, 정관=6,
> 편인=9, 정인=0이다.

李世民(이세민)은 599년 경진년(庚辰)에 출생했다. 오운은 양 金이다.

1) 오음 오행의 코드

이 름:	리	스	민
오음오행:	음火	양金	음水

오운 양금을 기준으로 오음 오행의 육친을 따지면 각각 정관, 비견, 상관이다. 따라서 코드는 8 1 4이다.

이 름:	리	스	민
오음오행:	음火	양金	음水
오음코드:	8	1	4

2) 수리 오행의 코드

이 름:	李	世	民
수리오행:	양火	양土	양土

오운 양금을 기준으로 수리 오행의 육친을 따지면 각각 편관, 편인, 편인이므로 코드는 7 9 9이다.

이 름:	李	世	民
오음오행:	양火	양土	양土
수리코드:	7	9	9

아래와 같은 출생년의 오운별 이름 코드표를 활용해도 된다.

오운 \ 오행		목		화		토		금		수	
		양	음	양	음	양	음	양	음	양	음
목	양	1	2	3	4	5	6	7	8	9	0
	음	2	1	4	3	6	5	8	7	0	9
화	양	9	0	1	2	3	4	5	6	7	8
	음	0	9	2	1	4	3	6	5	8	7
토	양	7	8	9	0	1	2	3	4	5	6
	음	8	7	0	9	2	1	4	3	6	5
금	양	5	6	7	8	9	0	1	2	3	4
	음	6	5	8	7	0	9	2	1	4	3
수	양	3	4	5	6	7	8	9	0	1	2
	음	4	3	6	5	8	7	0	9	2	1

3) 종합

오음 오행 코드와 수리 오행 코드를 정리하면 다음과 같다.

성 명 :	李	世	民
출생년의 오운 :	경진(庚辰)		양金
오음 발음 :	리	스	민
오행 :	음火	양金	음水
수리 획수 :	7	5	5
오행 :	양火	양土	양土
코드 오음 :	8	1	4
수리 :	7	9	9

(5) 풀이

코드의 의미와 코드 배합을 바탕으로 풀이한다. 출생년의 오운과 육기도 본다.

육기는 子午, 丑未, 寅申, 卯酉, 辰戌, 巳亥 등 여섯 가지 지지 충이 만들어내는 기운을 말한다.

子午 소음군화(少陰君火), 丑未 태음습토(太陰濕土), 寅申 소양상화(少陽相火), 卯酉 양명조금(陽明燥金), 辰戌 태양한수(太陽寒水), 巳亥 궐음풍목(厥陰風木)이다.

1) 코드의 의미와 코드 배합의 의미

1에서 0까지 10개 코드별 고유한 의미와 작용이 있다. 또 코드 간 상생·상극의 배합에 따라 나타나는 여러 가지 의미와 작용도 있다. 코드 간 작용력은 가까이 있을수록 강하고 떨어져 있을수록 약하다. 파동 성명학의 주파수와 비슷하다.

2) 형과 음의 관계

이름의 발음이 문자보다 중요하다. 따라서 오음 코드의 작용력을 위주로 하면서 수리 코드의 작용력을 고려하는 것을 원칙으로 한다.

3) 삼대운(三大運)

사람의 일생을 초년, 중년, 말년으로 나누어 풀이한다. 초년

은 대체로 25세 이전, 중년은 26~45세, 말년은 46세 이후로
본다.

성 한 자, 이름 두 자의 성명에서 성은 말년 운을, 이름 첫 자
는 중년 운을, 이름 끝 자는 초년 운을 각각 대표한다.

성 한 자, 이름 한 자의 경우는 성이 말년 운을 대표하고, 이
름이 초년과 중년 운을 대표한다고 본다.

중년 운을 대표하는 이름 첫 자의 코드가 가장 중요하다. 중
심 코드라고 부른다.

초년과 중년, 말년 등 각 대운을 분석할 때는 각 대운을 대표
하는 두 개의 코드를 위주로 하되, 그 코드와 붙어 있는 코드의
영향력을 충분히 고려해야 한다.

4) 사례

李世民(이세민)을 예로 한다.

출생년(庚辰년)에서 庚년의 오운은 태과지금운(太過之金運)
이다. 태과한 金이 辰년의 육기인 태양한수(太陽寒水)를 생하
므로 순화된다. 오행이 金인 사람은 의리를 중히 여기고 재물을
가볍게 본다. 지혜와 용기가 뛰어나고 성격이 과감하다.

중심 코드가 1이면 의지가 굳세고 강직해 굽히지 않는다. 자존
심이 강하다. 모험을 무릅쓰면서 자신의 운명을 개척해 나간다.

초년은 코드 4에 9가 배합돼 있으니 총명하고 공부를 잘하
지만 쓸데없는 공상이 많다. 자신의 재능을 발휘하지 못한다
고 생각한다.

중년은 코드 1에 4가 배합돼 있으니 역시 재능이 특별히 두드러진다.

코드 1에 9가 배합돼 있으므로 뛰어난 지혜와 강한 인내심, 통솔력으로 미래를 개척해 나가는 능력을 갖추고 있다. 무질서하고 어지러워 살기 힘든 세상에 보통사람이 하기 어려운 일을 해낼 수 있다는 것을 암시한다.

코드 1에 8이 배합돼 있으니 순박하고 강직하며 명예와 의리를 중시한다. 또 재물을 가볍게 보고 만인의 존중을 받아 후세에 이름을 남긴다는 것을 암시한다.

그러나 코드 9에 7과 9가 가까이 배합돼 있다는 것은 반드시많은 어려움과 심한 고생을 겪은 뒤 힘을 다해 노력해야만 성공할 수 있음을 뜻한다. 성공의 길에는 항상 위험이 따른다는 암시도 된다.

말년은 코드 8에 7이 배합돼 있으므로 담이 크고 명예도 있으며 권력도 크다. 코드 7에 9가 배합돼 있다는 것은 평생 뒤따르는 위험이 만년에도 피할 수 없음을 암시한다.

3. 순한글 성명학

한글 자음과 모음은 일정한 특성을 갖고 있고, 그런 특성을 바탕으로 이름을 분석하면 당사자의 성격이나 성향을 판단할 수 있다는 이론이다. "한글 이름이 성격을 좌우한다"거나 "한글 이름으로 성격을 변화시킬 수 있다"고 주장한다.

한글이 갖고 있는 기운이나 소리에서 나오는 에너지가 사람에게 영향을 미친다고 하는 점에서는 파동 성명학과 비슷하다. 그러나 앞에서 살펴 본 파동 성명학처럼 당사자의 사주(연주, 연지, 일간)나 이름의 발음 오행 등을 전혀 고려하지 않는다.

(1) 한글 자모 성명학

훈민정음 창제 원리를 바탕으로 도출한 자음과 모음의 의미를 이름 분석에 적용한 이론이다. '한글 자모 성명학'이란 필자가 붙인 이름이다. 김근후 님의 〈이름이 성격을 좌우한다〉를 참고했다.

1) 모음의 특성

가. ㅏ ㅑ

밝다, 가볍다, 즐겁다, 앞으로, 나아가다, 향하다, 가깝다, 작다, 즉흥적이다, 낙관적이다 등의 뜻을 갖고 있다. '기운(에너지)이 앞으로 나아가다'가 핵심이다.

나. ㅗ ㅛ

환하다, 매우 가볍다, 황홀하다, 위로, 오르다, 높다, 매우 작다, 즉흥적이다, 낙관적이다, 도전적이다 등의 뜻을 갖고 있다. 핵심은 '기운(에너지)이 위로 향하다'이다. ㅏ ㅑ의 특성과 비슷하나 그 정도나 강도가 30~40%가량 강하다.

다. ㅓ ㅕ

ㅏ ㅑ와 대칭 개념이다. 어둡다, 무겁다, 썰렁하다, 뒤로, 떨어지다, 넘어지다, 멀다, 크다, 신중하다, 비관적이다 등의 뜻을 지니고 있다. '기운(에너지)이 뒤로 향하다'가 핵심적인 뜻이다.

라. ㅜ ㅠ

ㅗ ㅛ와 대칭 개념이다. 매우 어둡다, 매우 무겁다, 우울하다, 무섭다, 아래로, 매우 멀다, 크다, 신중하다, 비관적이다 등의 뜻을 지니고 있다. 핵심은 '기운(에너지)이 아래로 향하다'이다. ㅓ ㅕ의 특성과 비슷하나 그 정도나 강도가 30~40%가량 강하다.

마. ㅡ ㅣ

'기운(에너지)이 상하나 좌우로 변화가 거의 없이 중심에 머물다'가 핵심적인 뜻이다. ㅏ ㅑ ㅓ ㅕ ㅗ ㅛ ㅜ ㅠ에 비해 감정 변화가 거의 없다.

바. ㅐ ㅒ ㅔ ㅖ ㅘ ㅙ ㅚ ㅝ ㅞ ㅟ ㅢ

이중 모음이다. 단모음의 각 뜻이 내포돼 있다.

2) 자음의 특성

가. ㄱ ㅋ ㄲ

어금닛소리다. 시작하다, 기초적이다, 근본적이다, 근원적이다, 견고하다, 밑바닥, 깊다 등의 뜻을 가지고 있다. 핵심은 '기운(에너지)이 깊은 곳에서 시작한다'이다. 강도는 ㄱ〈ㅋ〈ㄲ 순이다.

나. ㄴ ㄷ ㅌ ㄸ

혓소리다. 평평하게 넓다, 부드럽다, 따뜻하다, 움직임이 자유롭다, 오래되다 등의 뜻을 지니고 있다. '기운(에너지)이 평평하게 넓게 펴져 있고 부드럽다'가 핵심적인 뜻이다. 강도는 ㄴ〈ㄷ〈ㅌ〈ㄸ 순이다.

다. ㅁ ㅂ ㅍ ㅃ

입술소리다. 많다, 빈틈없다, 꼼꼼하다, 분명하다 등의 뜻을 지니고 있다. 핵심은 '기운(에너지)이 한 곳에 모이다'이다. 강도는 ㅁ〈ㅂ〈ㅍ〈ㅃ 순이다.

라. ㅅ ㅈ ㅊ ㅆ ㅉ

잇소리다. 응축되다, 딱딱하다, 강하다, 날카롭다, 썰다, 자르다, 으깨다 등의 뜻을 갖고 있다. 핵심적인 뜻은 '기운(에너지)이 단단하게 응축되다'이다. 강도는 ㅅ〈ㅈ〈ㅊ〈ㅆ〈ㅉ 순이다.

마. ㅇ ㅎ

후음이다. 둥글다, 완전하다, 원활하다, 여유롭다 등의 뜻을 갖고 있다. '기운(에너지)이 둥글게 모이다'가 핵심이다. 강도는 ㅇ〈ㅎ 순이다.

3) 초성과 중성, 종성의 역할

한글의 음절(소리마디)은 초성과 중성, 종성으로 이뤄진다. 종성(받침)은 없을 수 있다. 초성과 종성은 자음이고 중성은 모음이다.

초성은 소리마디가 나타내고자 하는 외부나 표면의 역할을, 종성은 내부나 내면의 역할을 한다. 중성은 밝기나 크기, 무게, 거리, 음양, 방향 등 그 소리마디의 중심적인 역할을 한다. 소리마디에서 가장 중요한 역할을 하는 것은 중성인 모음이다.

4) 성과 이름이 미치는 영향

성명이 성격이나 성향에 미치는 영향력은 이름이 70%가량, 성이 30%가량이다. 이름의 영향력이 큰 것은 성보다 많이 불려지기 때문이다. 그러나 성과 이름이 한 자씩이라면 영향력 비율이 50 대 50이 될 수도 있다.

이름이 두 자이면 첫째 자 40%, 둘째 자 30%로, 세 자이면 첫째 자 35%, 둘째 자 25%, 셋째 자 10% 정도로 배분한다. 성이 두 자이면 첫째 자 20%, 둘째 자 10%로 나눈다.

5) 이름의 자음과 모음이 미치는 영향

산에 비유하면 모음은 산의 형세이고 자음은 나무, 암석, 수풀 등 산의 구성물이다. 따라서 모음의 영향력이 60% 이상이고 자음은 40%가량으로 본다.

이름에서 모음은 당사자의 인생관이나 철학 등 근본적이고 전체적인 성격에 영향을 준다면, 자음은 세부적인 성격에 영향을 준다고 할 수 있다.

예컨대 이름에 '성'자를 사용할 경우 초성 ㅅ과 종성 ㅇ만으로는 '성'자의 전체적인 성격을 알 수 없다. 중성인 ㅓ가 방향은 뒤나 내부로 향하고, 밝기는 어둡고, 크기는 크고, 무게는 무겁고 하는 등의 전체적인 모습을 보여줄 때 비로소 '성'자의 전체적인 성격을 알 수 있다.

6) 자음의 초성과 종성이 미치는 영향

이름의 초성은 당사자의 표면적인 성격에 70%, 내면적인 성격에 30%의 영향력을 각각 미친다. 종성은 반대로 내면적인 성격에 70%, 외면적인 성격에 30%의 영향력을 미친다.

따라서 이름에 종성이 없다면 종성이 있는 글자에 비해 내면적인 성격이 복잡하지 않고 아주 단순하다고 할 수 있다.

예컨대 이름에 '성'자를 쓸 경우를 보자. ㅅ의 성격은 다음과 같이 나타난다. '사고의 폭은 좁고 자신의 관심 사항에는 확실하고 철저하다. 대화는 자기 위주로 하고 집착이 강하다. 남을 의식하지 않는 등 대체로 자기 중심주의와 현실주의를 추구한다.'

'성'에서 ㅅ은 초성이므로 ㅅ의 이런 성격이 당사자의 표면적인 성격으로 70% 이상 나타나고, 나머지 30%는 내면적인 성격으로 나타나는 것이다.

ㅇ의 성격은 다음과 같이 나다난다. '사고가 종합적이고 합리적이며 폭도 넓다. 상대방의 의견을 합리적으로 조율한다. 행동은 의연하면서 일은 합리적으로 처리한다. 사회문제도 합리적으로 접근하는 등 대체로 합리주의, 평화주의, 이상주의를 추구한다.'

'성'에서 ㅇ은 종성이므로 이런 ㅇ의 성격은 내면적으로 70% 이상 나타나고 나머지 30%는 표면적으로 나타나게 된다.

또 이름에 종성이 없는 '무'자를 쓴다고 가정해 보자.

중성인 ㅜ의 중심적인 성격은 주로 다음과 같이 타나난다.

'표정은 어둡고 행동은 신중하고 느리다. 말은 적고 몇 가지 생각에만 몰두한다. 일은 차근차근 완벽하게 처리하려는 경향을 보인다. 운동은 지구력을 요하는 종목을 선호한다. 경제 운용은 철저하다. 속마음을 잘 드러내지 않는다. 사회생활에서는 변화를 싫어한다.'

초성인 ㅁ의 성격은 이렇게 나타난다. '폭넓게 관심을 갖는 것이 아니라 범위를 정해 관심을 갖는다. 자신의 관심 분야는 분명하고 완벽하게 집중한다. 일처리도 완벽히 한다. 사회문제에 참여하면 분명히 하는 등 대체로 자기 중심주의, 완벽주의, 현실주의를 추구한다.'

이런 ㅁ의 성격이 표면적인 성격으로 70% 이상 나타나고, 나머지 30%는 내면적인 성격으로 나타나는 것이다. 따라서 '무'자를 쓰는 당사자의 내면적인 성격은 종성이 있는 이름을 쓰는 사람에 비해 복잡하지 않고 단순하게 나타난다.

7) 이름의 모음이 모두 양성이거나 음성인 경우

ㅏ ㅑ ㅗ ㅛ 등 양성 모음뿐이면 기운(에너지)이 앞이나 위로만 흐르고, ㅓ ㅕ ㅜ ㅠ 등 음성 모음뿐이면 뒤나 아래로만 흐른다. 그래서 서로 반대 기운을 잘 느끼지 못할 수 있다.

메모리에 비유하면 양성 모음은 반응이 빠르고 저장 공간이 작은 캐쉬 메모리와, 음성 모음은 반응이 느리고 저장 공간이 넓은 메인 메모리와 유사하다고 할 수 있다. 또 양성 모음이 자동차의 전진에 해당한다면, 음성 모음은 후진에 해당한다.

이름에서 어떤 모음이 많으냐에 따라 직업적인 특성이 크게 다르다. 양성 모음의 비중이 높으면 코미디언, 모험가, 탐사가 등 새로운 일에 도전하는 직업에 잘 어울린다. 배삼룡, 송해, 이상용, 강호동이 그렇다. 반대로 음성 모음의 비중이 높은 이름은 기업인, 종교인, 비밀 취급인 등 참을성과 인내심을 요구하는 직업에 어울린다. 이병철, 정주영, 성철, 법전, 법정, 정진석, 염수정이 그렇다.

8) 같은 계열의 자음이 많은 경우

자음은 ㄱ계열(ㄱ ㅋ ㄲ)과 ㄴ계열(ㄴ ㄷ ㅌ ㄸ), ㅁ계열(ㅁ ㅂ ㅍ ㅃ), ㅅ계열(ㅅ ㅈ ㅊ ㅆ ㅉ), ㅇ계열(ㅇ ㅎ)로 나뉜다.

이런 같은 계열의 자음이 이름의 초성이나 종성 구분 없이 2개 이상 있으면 그 자음의 특성이 강하게 나타난다.

예컨대 '홍길동'이란 성명의 경우 ㅇ계열이 3개, ㄴ계열이 2개다. 이름의 전체 자음 6개 중 5개가 합리적이고 부드러운 계열의 자음이다. 따라서 전체적으로 매우 합리적이고 부드러운 성격으로 나타난다. 그러나 이름의 첫 자 초성이 ㄱ이므로 ㄱ의 특성도 무시할 수 없는 성격으로 나타날 수 있다.

이름 첫 자의 초성이 ㄱ계열이나 ㅁ계열, ㅅ계열이고, 같은 자음이 성이나 이름 둘째 자의 초성이면 고집이나 아집이 강하다. 심하면 누구와도 쉽게 타협하지 않거나 자기 소신을 굽히지 않는 강한 성격을 보인다.

충무공 이순신이 그렇다. 이름의 첫 자인 순의 초성이 ㅅ이고, 이름의 둘째 자 신의 초성도 ㅅ이다. 따라서 외부로 나타나는 표면적인 성격은 고집, 아집이 아주 강하고 누구와도 쉽게 타협하지 않는 강직한 성품으로 나타날 수 있다. 그러나 순의 종성은 ㄴ이고 신의 종성도 ㄴ이므로 ㄴ이 2개다. 여기에 성의 초성이 ㅇ이다. 따라서 이순신의 내면적인 성격은 ㄴ, ㅇ의 특성이 강하게 나타나므로 아주 부드럽고 따뜻하다고 할 수 있다.

이름 첫 자의 초성이 ㄴ계열이고, 같은 자음이 성이나 이름 둘째 자의 초성이면 너무 부드럽고 여리다. 심하면 나태해질 수 있다.

노태우 대통령이 그렇다. 이름 첫 자인 태의 초성이 ㅌ이고 성인 노의 초성도 ㄴ이다. 이처럼 초성에 ㄴ계열의 자음이 2개이고 이름 둘째 자인 우의 초성도 ㅇ이므로 외부로 나타나는 표면적인 성격은 아주 부드럽고 여리다. 또 노태우란 이름은 종성이 하나도 없으므로 내면적인 성격은 복잡하지 않고 단순하다.

이름 첫 자의 초성이 ㅇ계열이고, 같은 자음이 성이나 이름 둘째 자의 초성이면 매우 합리적이고 원만하다. 그러나 ㅇ계열은 ㄴ계열에 비해 부드러움이나 따뜻함이 많이 떨어진다.

퇴계 이황 선생이 그렇다. 이황에서 이름 황의 초성은 ㅎ, 성이의 초성은 ㅇ이고 이름의 종성도 ㅇ이다. 따라서 외부로 나타나는 표면적인 성격이나 내면적인 성격이 매우 종합적·합리적이고 유연하며 원만하다. 단, 이름 황의 모음이 ㅗ와 ㅏ로 구성되므로 중심적인 성격은 매우 밝고 환한 편이나 신중하지 못하고 가벼우며 즉흥적이고 돌출적이다. 임기응변이 강하고 급하며 속마음을 감추지 못해 자신의 생각이나 의견을 거침없이 쏟아내는 스타일이다.

성과 이름이 각각 한 자인 경우 이름 자음의 성격이 매우 강하게 나타난다.

예컨대 '강철'이란 이름의 경우 이름 철의 초성인 ㅊ의 성격이 강하게 나타난다. 아울러 성인 강의 초성인 ㄱ의 성격도 그렇다. 따라서 강철이 외부로 나타나는 표면적인 성격은 고집과 아집이 매우 강하다. 그러나 성과 이름의 종성이 ㅇ과 ㄹ이므로 내면적인 성격은 부드럽고 합리적이다.

9) 이름에 꼭 필요한 자음

ㄱ계열과 ㅁ계열, ㅅ계열의 자음은 강한 성격으로 나타나는 반면, ㄴ계열과 ㅇ계열은 부드럽고 따뜻하며 합리적이고 유연한 성격으로 나타난다.

사회생활에서 원만한 인간 관계를 꾀하기 위해서는 이름에 ㄴ계열과 ㅇ계열의 자음이 30% 이상은 돼야 한다. 성명에서 자음이 총 5~6개라면 최소한 2개 정도, 총 자음이 3개라면 1개 정도는 돼야 하는 것이다.

ㄴ계열과 ㅇ계열의 자음이 성명 전체 자음의 30%에 못 미치면 부드러움이나 합리성이 조금 떨어져 고지식하고 경직되며 기계적이고 여백이 부족한 성격으로 나타나기 쉽다. 따라서 상대방을 배려하거나 상대방의 아픔을 공감하는 능력이 다소 부족할 수 있다.

(2) 성격 성명학

이름 소리가 생리적으로 성격 형성뿐만 아니라 적성과 정서, 인상, 건강, 식성, 사고방식 등에도 영향을 미친다는 이론이다. 이름의 자음과 모음, 받침이 모두 영향을 주지만, 모음의 영향력이 가장 크다고 본다. 따라서 모음을 크게 5가지로 분류하고 성명의 모음 구성에 따라 성격과 적성, 운 등을 판단할 수 있다고 주장한다. 이필석 님의 〈성격 성명학〉을 참고했다.

1) 모음의 5가지 분류

　모음을 ㅏ ㅑ ㅘ, ㅓ ㅡ ㅝ ㅜ ㅠ, ㅔ ㅕ ㅐ, ㅣ ㅟ, ㅗ ㅛ 등 5가지로 나누고, 분류별로 대표 모음을 각각 ㅏ ㅓ ㅔ ㅣ ㅗ로 삼는다. 모음의 5가지 분류는 아래와 같다.

ㅏ = ㅏ ㅑ ㅘ
ㅓ = ㅓ ㅡ ㅝ ㅜ ㅠ
ㅔ = ㅔ ㅕ ㅐ
ㅣ = ㅣ ㅟ
ㅗ = ㅗ ㅛ

　이 같은 기준으로 성씨의 모음을 나누면 아래와 같다.

이, 김, 민, 신, 심씨 = ㅣ
박, 안, 장, 한, 강씨 = ㅏ
정, 윤, 구, 전, 성씨 = ㅓ
조, 홍, 노, 송, 오씨 = ㅗ
최, 배, 태, 현, 명씨 = ㅔ

2) 이름 25종의 성격과 적성

　성 한 자, 이름 두 자를 기준으로 성명의 모음 구조를 25가지로 나눌 수 있다. 분류별 성격과 적성 등은 다음과 같다.

A1. 성명의 모음이 〈ㅣㅔㅣ〉〈ㅏㅓㅏ〉〈ㅓㅗㅓ〉〈ㅗㅣㅗ〉〈ㅔㅏㅔ〉

성격 ▶ 정서가 불안하다. 가식적인 행동을 한다. 산만
하다. 쫓기듯 걷는다.

적성 ▶ 연예인, 유흥 업, 요식업, 교육 분야가 맞다. 기
업인으로는 부적격하다.

운 ▶ 선천운이 가장 나쁘다. 후천운도 약하다. 개명
하는 것이 좋다.

A2. 성명의 모음이 〈ㅣㅏㅣ〉〈ㅏㅗㅏ〉〈ㅓㅣㅓ〉〈ㅗㅔㅗ〉〈ㅔㅓㅔ〉

성격 ▶ 예민하다. 보기에는 영민하다. 쾌활하다. 편협
하고 옹고집이 있다. 조급하다. 깔깔대고 웃는
다. 뛰다시피 걷는다.

적성 ▶ 스포츠, 오락이 맞다.

운 ▶ 선천운은 평범하다. 건강에 유의해야 한다.

A3. 성명의 모음이 〈ㅣㅓㅣ〉〈ㅏㅣㅏ〉〈ㅓㅔㅓ〉〈ㅗㅏㅗ〉〈ㅔㅗㅔ〉

성격 ▶ 침착하다. 심사숙고한다. 보수적이다. 실리적·
현실적이다. 주체성이 강하다.

적성 ▶ 정치, 경제, 언론 등 다방면에 맞다.

운 ▶ 선천운은 좋다. 창업도 수성도 할 수 있다. 건
강에 신경을 써야 한다.

예 ▶ 최종현, 이건희, 김준기

A4. 성명의 모음이 〈ㅣㅗㅣ〉〈ㅏㅔㅏ〉〈ㅓㅏㅓ〉〈ㅗㅓㅗ〉〈ㅔㅣㅔ〉

성격 ▶ 내성적이다. 대범하기보다 꼼꼼하고 세심하다.

적성 ▶ 문과보다 이과 성향이다. 기술 쪽이다. 정치보다 행정이 맞다.

운 ▶ 선천운보다 후천운이 좋다.

A5. 성명의 모음이 〈ㅣㅣㅣ〉〈ㅏㅏㅏ〉〈ㅓㅓㅓ〉〈ㅗㅗㅗ〉〈ㅔㅔㅔ〉

성격 ▶ 강직하다. 시류에 편승하기보다 외곬수적이다. 극단적인 면도 있다.

적성 ▶ 정치, 경제, 교육, 행정 등 다방면에 맞다.

운 ▶ 선천운은 평범하다.

B1. 성명의 모음이 〈ㅣㅣㅔ〉〈ㅏㅏㅓ〉〈ㅓㅏㅗ〉〈ㅗㅗㅣ〉〈ㅔㅔㅏ〉

성격 ▶ 감수성이 민감하고 센스가 있다. 장점이면서 단점으로 작용한다. 비위가 약하다. 잘 삐진다. 발을 끌며 걷는다.

적성 ▶ 언론, 행정, 학계, 정치 등 다방면에 맞다.

운 ▶ 선천운은 약하다. 후천운은 용두사미 식이다.

B2. 성명의 모음이 〈ㅣㅏㅔ〉〈ㅏㅗㅓ〉〈ㅓㅣㅗ〉〈ㅗㅔㅣ〉〈ㅔㅏㅏ〉

성격 ▶ 강단이 있다. 신경이 날카롭다. 독단적이다. 투기성 · 모험심이 강하다. 대쪽 같은 성질이다. 다혈질이다. 음성이 한 옥타브 높은 된소리다.

적성 ▶ 행정, 교육, 유통사업이 맞다.

운 ▶ 선천운은 약하다. 강한 투지력으로 자수성가한다.

B3. 성명의 모음이〈ㅣㅓㅔ〉〈ㅏㅕㅓ〉〈ㅓㅔㅗ〉〈ㅗㅓㅣ〉〈ㅔㅗㅏ〉

성격 ▶ 원리원칙적이다. 정의감이 있다. 실리를 추구한다. 의지가 강하다. 대의명분을 따진다. 주체성이 강해 남의 간섭을 싫어한다.

적성 ▶ 문과, 이과를 가리지 않고 다방면에 맞다.

운 ▶ 선천운도 좋고 후천운도 순탄하다.

B4. 성명의 모음이〈ㅣㅗㅔ〉〈ㅏㅔㅓ〉〈ㅓㅏㅗ〉〈ㅗㅓㅣ〉〈ㅔㅣㅏ〉

성격 ▶ 털털하고 호걸 스타일이다. 친화력이 있다. 즉흥적으로 결단하고 시류에 편승한다. 타협적이고 주체성이 약하다.

적성 ▶ 행정, 교육, 예능에 어울린다. 사업보다는 공직이 유리하다.

운 ▶ 선천운이 나쁘다.

B5. 성명의 모음이〈ㅣㅔㅔ〉〈ㅏㅓㅓ〉〈ㅓㅗㅗ〉〈ㅗㅣㅣ〉〈ㅔㅏㅏ〉

성격 ▶ 사교성이 뛰어나다. 쾌활하다. 낙천적이다. 싹싹하고 민첩하다.

적성 ▶ 문과 성향이다. 정치, 행정, 교육이 맞다. 사업보다 공직이 유리하다.

운 ▶ 선천운은 평범하다.

C1. 성명의 모음이 〈ㅣㅣㅏ〉〈ㅏㅏㅗ〉〈ㅓㅓㅣ〉〈ㅗㅗㅔ〉〈ㅔㅔㅓ〉

성격 ▶ 감성적이다. 주체성이 없다. 유유부단하다.

적성 ▶ 문과 성향이다. 정치, 법조, 교육이 맞다.

운 ▶ 선천운은 나쁘다. 후천운도 별로다. 개명하는
것이 좋다.

C2. 성명의 모음이 〈ㅣㅔㅏ〉〈ㅏㅓㅗ〉〈ㅓㅗㅣ〉〈ㅗㅣㅔ〉〈ㅔㅏㅓ〉

성격 ▶ 이성적이기보다 감성적이다. 기획적이기보다
감각적이다. 자기 주장이 편협하다. 독불장군
이다. 걸음걸이의 폭이 넓고 빠르다.

적성 ▶ 문과 성향이다. 정치, 언론 분야에서는 뛰어나
다. 경영자는 안 맞다.

운 ▶ 선천운은 보통이다. 후천운에서 대부는 물론
소부도 찾아보기 힘들다.

C3. 성명의 모음이 〈ㅣㅓㅏ〉〈ㅏㅣㅗ〉〈ㅓㅔㅣ〉〈ㅗㅏㅔ〉〈ㅔㅗㅓ〉

성격 ▶ 외유내강하다. 주관적 사고가 강하다.

적성 ▶ 다방면에 어울리나 평범하다.

운 ▶ 별로 안 좋다.

C4. 성명의 모음이 〈ㅣㅗㅏ〉〈ㅏㅔㅗ〉〈ㅓㅏㅣ〉〈ㅗㅓㅔ〉〈ㅔㅣㅓ〉

성격 ▶ 낙천적이고 호걸풍이다. 심성이 곱다. 웃음을 잃
지 않는다. 몸통을 약간 앞으로 꺼뜨럭거리며 걷
는다.

적성 ▶ 문과 성향이다. 정치, 경제, 관직 등 다방면에
어울린다.

운 ▶ 선천운은 후천운에 비해 약하다. 고운 심성이
인덕으로 작용한다.

예 ▶ 노무현 대통령

C5. 성명의 모음이 〈ㅣㅏㅏ〉〈ㅏㅗㅗ〉〈ㅓㅣㅣ〉〈ㅗㅔㅔ〉〈ㅔㅓㅓ〉

성격 ▶ 다혈질이다. 단순하고 단세포적이다. 가식적이다.

적성 ▶ 문과 성향이다. 공직이 유리하다.

운 ▶ 선천운은 나쁘고 후천운은 평범하다.

D1. 성명의 모음이 〈ㅣㅣㅓ〉〈ㅏㅓㅣ〉〈ㅓㅓㅔ〉〈ㅗㅗㅏ〉〈ㅔㅔㅗ〉

성격 ▶ 활동적이고 의지가 강하다. 미래 지향적이고 실
리추구형이다. 강인하다. 기획력도 있고 인내심
도 있다.

적성 ▶ 문과, 이과를 가릴 것이 없다. 정치, 경제, 행정,
교육 등 다방면에 맞다.

운 ▶ 후천운이 선천운보다 좋다. 근면 · 성실이 자수
성가를 이룬다. 경영인의 소질이 있다.

D2. 성명의 모음이 〈ㅣㅏㅓ〉〈ㅏㅗㅣ〉〈ㅓㅣㅔ〉〈ㅗㅔㅏ〉〈ㅔㅓㅗ〉

성격 ▶ 보스 기질이 있다. 담대한 대장부 스타일이다.
막무가내 기질도 있다. 항우고집이 있다.

적성 ▶ 공직보다 자영업이 맞다.

운 ▶ 선천운은 약하다. 父보다 母가 가정을 이끄는
집안이 많다.

D3. 성명의 모음이 〈ㅣㅓㅓ〉〈ㅏㅣㅣ〉〈ㅓㅔㅔ〉〈ㅗㅏㅏ〉〈ㅔㅗㅗ〉

성격 ▶ 심성이 넉넉하다. 이성적이고 기획성이 있다.
허허실실형이다. 의리도 있고 동정심도 있다.
융통성이 있고 미래 지향적이다. 대인관계에서
중화 역할을 한다.

적성 ▶ 문과, 이과 가릴 것 없이 다방면에 맞다.

운 ▶ 선천운, 후천운 다 좋다. 창업도 수성도 할 수 있다.

D4. 성명의 모음이 〈ㅣㅗㅓ〉〈ㅏㅔㅣ〉〈ㅓㅓㅔ〉〈ㅗㅓㅏ〉〈ㅔㅣㅗ〉

성격 ▶ 외유내강하다. 자기 위주의 옹고집이 있다. 이
성적이기보다 감성적이다. 요행심이 강하다.
시류에 편승한다. 식성이 좋다.

적성 ▶ 다방면에 평범하다.

운 ▶ 선천운은 나쁘다. 근면성실은 장점이지만 지나
친 욕심은 화를 부른다.

D5. 성명의 모음이 〈ㅣㅔㅓ〉〈ㅏㅓㅣ〉〈ㅓㅗㅔ〉〈ㅗㅣㅏ〉〈ㅔㅏㅗ〉

성격 ▶ 이성적이다. 기획성이 뛰어나다. 미래 지향적이다. 융통성이 있고 대범하다. 자료 수집에 능한 정보통이다. 직과 아군을 가리는 분별심이 강하다. 보복심도 보은심도 강하다.

적성 ▶ 문과, 이과를 가릴 것 없다. 다방면에 맞다. 경영자로서 자질이 있다.

운 ▶ 선천운도 후천운도 좋다. 창업도 수성도 할 수 있다.

E1. 성명의 모음이 〈ㅣㅣㅗ〉〈ㅏㅏㅔ〉〈ㅓㅣㅏ〉〈ㅗㅗㅓ〉〈ㅔㅔㅣ〉

성격 ▶ 정서가 불안하다. 이성적이 아니라 감성적이다. 원초적인 감각에 의존한다. 경솔하고 당돌하게 속단한다. 말을 할 때 손이나 눈, 머리가 왔다 갔다 한다.

적성 ▶ 이과, 기술 분야 성향이다. 사업보다 공직이 좋다.

운 ▶ 선천운은 나쁘다. 인덕이 없다.

E2. 성명의 모음이 〈ㅣㅏㅗ〉〈ㅏㅗㅔ〉〈ㅓㅣㅏ〉〈ㅗㅔㅓ〉〈ㅔㅓㅣ〉

성격 ▶ 감성적이다. 쾌활하다. 단순하고 순수하다. 시류에 편승하기 쉽다.

적성 ▶ 문과 공직이나 문관보다 무관이 맞다. 사업은 안 맞다.

운 ▶ 선천운은 약하고 후천운은 평범하다.

E3. 성명의 모음이 〈ㅣㅓㅗ〉〈ㅏㅣㅔ〉〈ㅓㅔㅏ〉〈ㅗㅏㅓ〉〈ㅔㅗㅣ〉

성격 ▶ 내성적이다. 과거 감정을 털어버리지 못하는 꽁
한 성격이다. 용서하는 마음이 부족하다. 연구심
은 강하다. 음성은 한 옥타브 높은 된소리다.

적성 ▶ 이과 기술, 연구직, 예술 분야가 맞다.

운 ▶ 선천운은 평범하다.

E4. 성명의 모음이 〈ㅣㅗㅗ〉〈ㅏㅣㅔ〉〈ㅓㅏㅏ〉〈ㅗㅓㅓ〉〈ㅔㅣㅣ〉

성격 ▶ 내성적이다. 직관력이 뛰어나다. 현실론자다.
감성적이다. 소심하다. 융통성이 없다.

적성 ▶ 이과 기술 분야, 공직이 맞다.

운 ▶ 선천운이 약하다. 독자생존, 자수성가만이 최
선이다.

E5. 성명의 모음이 〈ㅣㅔㅗ〉〈ㅏㅓㅔ〉〈ㅓㅗㅏ〉〈ㅗㅣㅓ〉〈ㅔㅏㅣ〉

성격 ▶ 쾌활하다. 톡톡 튀는 직선적 성격이다. 담백하
다. 인상이 밝다. 사교성이 있다. 낙천적이다.
말에 비해 인색하다.

적성 ▶ 평범하다.

운 ▶ 선천운이 약하다.

광미명성학(匡彌名姓學)

2000년대 후반 세상에 알려진 성명학 이론이다. 광미정염황
돈(匡彌正鹽皇暾) 스님이 30여년간에 걸친 오랜 연구와 수행을
통해 터득했다고 한다.

광미명성학은 앞에서 살펴 본 오행론과 수리론, 괘상론을 종
합적으로 활용한다. 특히 성명 풀이에 당사자의 사주는 보지 않
고 한글 이름과 한자 이름만 고려한다.

이처럼 이름만으로 사람의 운명을 알 수 있다는 것은 사주를
몰라도 된다는 점에서 큰 장점이다. 그러나 흔히 선천운이라는
사주와 후천운이란 성명의 관계를 고려하지 않는다는 점에서
한 가지 의문을 불러 일으킬 수 있다. 태어난 생년일시(사주)는
달라도 한글 이름과 한자 이름만 같으면 삶이나 운명이 과연 같
다고 볼 수 있느냐는 것이다.

광미명성학 이론을 간단히 소개한다. 광미명성학연구원에서
펴낸 책 등을 참고했다.

1. 광미명성학의 5대 구성 요소

광미명성학은 이름의 음양오행과 한글 이름의 수리, 한자 이름의 수리, 한글 이름의 주역 64괘, 한자 이름의 주역 64괘 등 5가지로 구성된다.

(1) 이름의 음양 오행

성명 글자의 초성(자음) 발음 오행을 표출한 뒤, 오행의 상생·상극 관계로 당사자와 주변과의 관계를 살피는 것이다.

성 한 자, 이름 두 자인 경우 이름 첫 자의 오행은 당사자 자신을 상징한다고 본다. 또 성의 오행은 윗사람, 부모, 상사, 선배, 배우자, 상급기관 등으로, 이름 끝 자의 오행은 아랫사람, 자식, 부하, 후배, 하급기관 등으로 각각 본다.

그러나 당사자가 사장이나 회장, 대통령 등 한 분야의 정상에 서면 자신의 위치가 이름 첫 자가 아니라 성씨로 이동한다.

자음의 오행 분류는 다수설을 따른다. ㅇㅎ을 土로, ㅁㅂㅍ을 水로 보는 것이다. 또 김(金)씨 성의 경우 오행을 木이 아니라 金으로 본다.

홍길동이란 성명을 예로 들어 보자. 홍길동 각 글자의 초성은 ㅎㄱㄷ이므로 오행은 土木火이다.

홍	길	동
土	木	火

홍길동 자신을 뜻하는 길의 오행 木이 성의 오행 土를 극하므로 부모나 윗사람과 갈등하는 관계에 놓인다. 윗사람에게 대든다는 얘기다. 반대로 길의 오행 木은 이름 끝 자의 오행 火를 생하므로 부하나 아랫사람과는 원만한 관계를 유지한다.

홍길동은 전체적으로는 土의 기운을 가진 사람이다. 성을 기준으로 보는 것이다. 따라서 김씨나 정씨, 차씨 성의 사람에게는 홍길동이 도와 주고 싶은 마음이 생긴다. 나씨나 류씨, 태씨 성의 사람은 반대로 그들이 홍길동을 도와 주고 싶어한다. 그러나 마씨나 박씨, 표씨 등은 홍길동이 방해하고 싶어하는 반면, 강씨 등은 홍길동을 해치려 한다.

(2) 한글 이름의 수리

한글 이름의 획수로 원형이정 사격을 도출한 뒤, 81수리로 이름의 길흉을 판단하는 것이다. 한글 이름의 수리는 당사자 인생에서 겉으로 나타나는 모양새, 외면적인 모습를 알려 준다.

(3) 한자 이름의 수리

한자 이름의 획수로 원형이정 사격을 도출한 뒤, 81수리로 이름의 길흉을 분석하는 것이다. 한자 이름의 수리로는 당사자 인생의 내면적인 기운, 내면의 근본적인 기운을 알 수 있다.

(4) 한글 주역 64괘, 한자 주역 64괘

한글 획수로 각각 원형이정 사격을 구한 뒤, 이 사격으로 주역 괘상을 3개씩 도출해 운을 살피는 것이다.

주역 괘로는 당사자 인생 전반의 큰 흐름을 파악한다. 당사자 인생이 어떻게 흘러갈지, 그릇 크기는 어떤지를 살피는 것이다.

주역 괘상을 도출하는 방법은 다음과 같다. 홍길동(洪吉童)을 예로 들어 보자.

1) 한글 주역 괘상 도출 방법
한글 획수를 계산할 때 일반 성명학 이론과 달리 ㅇ을 1획이 아니라 2획으로 본다.

홍	길	동
8획	5획	6획

원형이정 사격을 구한다. 원격 11획, 형격 13획, 이격 14획, 정격 19획이다.

형격을 상괘로 하고 원격, 이격, 정격을 각각 하괘로 해 3개의 괘상을 도출한다. 이때 형격과 원격, 이격은 8로 나누어 남는 수로, 정격은 6으로 나누어 남는 수를 괘로 삼는다.

원격 11÷8은 남는 수가 3, 형격 13÷8은 남는 수가 5, 이격 14÷8은 6이다. 정격 19÷6은 남는 수가 1이다

따라서 3개의 괘상은 상괘 5와 하괘 3, 상괘 5와 하괘 6, 상괘 5와 하괘 1인 형태가 된다. 차례대로 풍화가인, 풍수환, 풍천소축 괘다. 첫 번째 괘는 인생 전반의 운, 두 번째 괘는 인생 후반의 운, 세 번째 괘는 말년과 인생 인체에 미치는 운을 각각 나타낸다.

구체적인 풀이는 64괘가 암시하는 의미를 보고 하면 된다.

2) 한자 주역 괘상 도출 방법

한자 이름 획수를 기준으로 한글 이름처럼 괘상을 도출한다. 한자 획수 계산에는 원획법을 적용한다.

洪	吉	童
10획	6획	12획

원격 18획, 형격 16획, 이격 22획, 정격 28획

원격 18÷8은 나머지 2, 형격 16÷8은 나머지가 없으니 8, 이격 22÷8은 나머지 6, 정격 28÷6은 나머지 4다.

3개 괘상의 형태는 상괘 8과 하괘 2, 상괘 8과 하괘 6, 상괘 8과 하괘 4다. 따라서 순서대로 지택림, 지수사, 지뢰복 괘가

된다.

3개의 괘가 인생에서 각각 지배하는 시기나 괘를 해석하는 방법은 한글 주역 괘상과 같다.

2. 성명 풀이 방법

광미명성학의 5대 구성 요소를 종합해 풀이한다. 수리의 길흉과 주역 괘상의 길흉은 광미명성학이 나름대로 정리한 내용에 따른다.

(1) 81수리의 의미

성명학자에 따라 수의 의미가 약간씩 다르지만 본질적인 차이는 없다. 다음 설명은 여러 학자의 견해를 참고한 것이다. (광미명성학연구원 註)

＊ **1(출발, 권위)** 🔍

부귀영화를 누린다. 대길(大吉)하다. 수양을 쌓고 덕을 베풀면 계속 좋은 일만 본다.

＊ **2(분리파괴)** 🔍

재주와 재능을 발휘해 지위나 재산을 쌓아올려 한때 부귀영화를 누릴 수 있다. 그러나 연약하고 무력하기 때문에 심한 역경에 부딪친다. 자칫 탐욕적이고 완고하며 몰인정한 인간이라는 비난을 듣기 쉽다. 가정운도 불안하다. 처자식과 생리사별하고 허무한 일생을 보낸다. 분리, 동요, 불안의 운이다.

* **3 (지도자)** 🔍

재치가 있고 지혜가 뛰어나다. 도량이 넓고 명랑·활달하다. 과단성 있게 일을 처리해 대업을 이루고 명성을 날린다.

* **4 (만사불성)** 🔍

처음에는 만사 순조롭게 나아가다 이젠 됐다 싶을 때 난데없이 재난을 당하고 실패의 고배를 든다.

* **5 (부귀봉록)** 🔍

온후·건실하고 사교술이 뛰어나며 신망이 두터워 만사 순조롭게 이룰 수 있다. 건강하고 병에 대한 저항력도 강하다. 점차 성공해 입신양명하고 부귀수복을 누린다. 대길하다.

* **6 (계승발전)** 🔍

온후하고 건실하다. 지혜와 덕을 쌓고 조상의 음덕을 입어 부귀영화를 누릴 수 있다. 확고부동한 신념과 굳센 인내력으로 대체로 평생을 안락하게 보낸다. 여자는 살림의 주도권을 잡고 원만한 가정생활을 할 수 있다.

7 (맹호출림) 🔍

맹호가 숲에 나타난 형상이다. 호랑이가 포효하는 것처럼 크게 성공한다. 의지가 굳고 활동력이 강하다. 모든 일을 자신 있게 밀어붙이는 장부의 기질로 불굴의 노력 끝에 자수성가해 권력과 재력을 갖출 수 있다.

8 (수복겸전) 🔍

부귀와 장수를 다 누린다. 강한 의지와 끈질긴 인내력으로 난관을 극복해 부귀복록을 얻고 대업도 성취한다. 여자는 다소 강한 기운일 수 있으나 오늘날에는 오히려 장점으로 작용할 수 있다.

9 (대재무용) 🔍

큰 재목이지만 쓸모가 없다. 시련을 거쳐야 성공의 길로 나아간다. 한때 성공할 수도 있으나 중도 좌절하기 쉽다. 큰 재목이 크게 쓰이지 않고 답답한 기운으로 갈 수 있으니 꾸준히 실력을 쌓아야 한다.

10 (만사허상) 🔍

재치와 능력이 있다. 계획은 잘 세우나 실천력이 약하다. 꿈이 너무 커 때를 놓친다. 늘 중도에서 좌절하니 유두무미(有頭無尾) 격이다. 학업도 중단하고 사업도 실패하며 가족운도 안 좋아 객지에서 고독하게 고생한다.

* **11** (중인신망) 🔍

많은 사람이 좋아하고 따른다. 근면하고 인정도 많아 대인관계가 좋다. 두뇌도 명석해 부귀와 명예, 권위를 누린다.

* **12** (박약박복) 🔍

실천력이 부족하고 무기력해 뜻을 이루지 못한다. 공허한 일로 바쁠 뿐이다. 부모의 덕으로 한때 성공한다 하더라도 실패로 끝난다. 심신이 허약해 병고에 시달리거나 자식도 없이 고독한 생활을 한다.

* **13** (총명지모) 🔍

슬기롭고 지혜로우며 명석하다. 임기응변이 좋아 어떤 고난도 잘 개척해 나간다. 대세를 재빨리 간파해 행동한다. 고시에 합격하거나 어려운 학위도 무난히 딴다. 언론, 출판, 문화, 의학, 군인 등 어느 분야에서나 이름을 크게 떨치고 권세와 재력을 가질 수 있다. 천하를 호령하는 대길한 기운이다.

* **14** (이산파멸) 🔍

큰 뜻을 품지만 무산된다. 때로는 영웅적인 기질을 발휘하지만 패가망신한다. 부부 불화나 병으로 고통을 겪는다.

* **15** (군계일학) 🔍

사람을 지도하는 통솔력이 있다. 지혜와 덕망이 있어 사람들로부터 신뢰와 존경, 흠모, 추앙을 받는다. 위아래를 잘 돌보고 가정이나 대인관계를 잘 이끈다.

* **16 (덕망유복)** 🔍

사교술이 좋고 인자하다. 남을 잘 도와주고 정직하다. 윗사람의 신망이 두터워 실무가로 크게 성공한다. 많은 사람의 존경을 받고 부귀공명한다.

* **17 (명망사해)** 🔍

이름을 세계에 떨친다. 강한 의지와 권력에 대한 적극성으로 성공하고 사람들의 존경을 받는다. 그러나 고집이 문제가 될 수 있으니 고집을 꺾고 남의 말을 경청해야 한다.

* **18 (부귀영달)** 🔍

뛰어난 지모와 굳은 신념으로 대업을 이루는 장부의 기상이다. 의약, 기술, 예술, 공직 분야에서 이름을 떨친다.

* **19 (고독비참)** 🔍

부부사별, 불의의 사고사, 감옥살이, 타향살이 등 불행한 일을 당하거나 파란만장한 일생을 보낸다. 병으로 고생하거나 돈 때문에 고통을 당한다. 믿는 도끼에 발등이 찍히고 은혜를 입은 자가 원수로 돌변한다.

* 20 (백사실패) 🔍

종말을 고하는 불운의 기운이다. 쉬고 멈춰야 한다. 학업도 중단되고 사업도 중단된다. 말년에는 낙담 속에서 고독한 생활을 하며 번민한다. 감옥 가는 일이 많다. 자칫 단명하거나 변사할 수 있다.

* 21 (두령) 🔍

남자는 뛰어난 지모와 덕량, 성실로 만인의 신망과 추앙을 받는다. 인내와 노력으로 부귀공명하는 대길한 기운이다. 그러나 여자는 남편의 운을 눌러 부부 생리사별하거나 단명한다.

* 22 (중도좌절) 🔍

조상의 음덕이 없다. 내성적인 성격에 병약하고 무기력하므로 만사 때를 놓치거나 중도에 실패한다. 말년을 고독하고 번민 속에 보내는 경우가 많다. 여자는 나이 차가 많은 남자와 불륜 관계를 맺거나 일찍이 기혼자와 사귀어 파란을 겪는다.

* 23 (일흥중천) 🔍

남자는 명철한 두뇌와 넓은 도량, 과단성 있는 판단력으로 큰 뜻을 이루고 성공한다. 말단 사원이라도 사장, 회장까지 오를 수 있다. 그러나 여자는 인기 있는 업종에 종사한다. 자립해 성공하나 독신으로 사는 경우가 많다.

❋ 24 (부귀영화)

맨손으로 시작하더라도 꾸준히 노력해 재산을 모으고 성공해 이름을 널리 떨친다. 한 분야에서 정상에 서는 기운이다. 남자는 여복도 있어 미녀가 잘 따른다.

❋ 25 (지모순조)

뛰어난 지모와 재치, 솔직함, 뚜렷한 개성 등으로 자수성가하고 대업을 이룬다. 여자는 건강하고 똑똑한 며느리나 아내라는 말을 듣는다.

❋ 26 (영웅풍파)

영웅호걸이나 투사, 지사 같은 파란만장한 기운이다. 뛰어난 지모와 용맹으로 정치가, 지사, 열사, 효부 등으로 이름을 떨친다. 그러나 지나친 정의감과 용맹으로 자기 도취에 빠져 대가 없는 희생만 치르고 뭇사람으로부터 따돌림을 당한다. 말년은 성공을 추억하며 쓸쓸하게 보낸다. 부부 운과 자식 운도 좋지 않다.

❋ 27 (대인격)

용모가 준수하고 영리하며 강인하다. 노력하면 중년까지 순조롭게 발전한다. 특히 예술·스포츠에서 두각을 나타낸다. 문무(文武) 어느 방면으로 나가도 명성을 떨친다. 그러나 중도에서 좌절할 수 있다. 지나치게 고집이 세고 자존심이 강해 남과 불화하거나 비난을 받기 때문이다. 성욕이 강해 색정에 빠질 수도 있다.

* **28** (파란풍파) 🔍

풍운아 격이다. 좋은 기회를 잡아 일약 세상에 이름을 떨치지만, 인생의 파란곡절이 심하다. 자신이 영화를 누리면 가정에는 재앙이 있고, 가정이 평안하면 자신은 괴로움과 고통을 겪는다. 여자는 병약하고 부부관계도 원만치 못하다.

* **29** (권력, 재물) 🔍

재주가 뛰어나고 지혜가 풍부하다. 처세술에 능해 재산과 권력을 한 번에 거머쥘 수 있다. 그러나 지나친 욕망과 조급함으로 성공운이 막힐 수 있다. 황제의 기운이다.

* **30** (길흉상반) 🔍

많은 꾀와 활동력, 투지로 큰 성공을 거두지만, 일이 수포로 끝나는 등 성공과 실패가 거듭된다. 허무와 탄식에 빠질 수 있다.

* **31** (자수성가, 개화만발) 🔍

지략이 뛰어나고 의지가 굳다. 날카로운 통찰력으로 사물을 명확히 판단한다. 만난을 돌파해 명성과 부귀를 누린다.

* (**32** (의외득재))

뜻밖의 기회를 얻어 일약 성공할 수 있다. 왕성한 활동력과 외유내강한 처세로 윗사람의 도움과 후견에 큰 힘을 얻어 순풍에 돛을 단 듯 순조롭게 성공한다.

* (**33** (권위충천))

머리가 좋고 호탕한 기풍으로 날로 번창한다. 재물을 모으고 명성을 떨칠 수 있다.

* (**34** (재화연속))

파멸하는 불운의 기운이다. 대인관계에 재치가 있고 치밀한 계획성과 뛰어난 외교수완으로 한때 성공하는 수가 있으나, 한 번 불운이 시작되면 재난이 잇달아 닥쳐 패가망신한다.

* (**35** (온유화순))

온순한 성격과 원만한 대인관계로 뭇사람의 신망과 부귀를 얻고 장수한다. 학자, 문학가, 교육가로 성공한다. 많은 부동산을 소유한다. 여자는 가정 운이 좋아 현모양처가 될 수 있다.

* (**36** (영걸시비))

호탕한 성품에 의협심이 강한 영웅의 기운으로 파란곡절이 많다. 일세의 풍운아로 만인의 추앙 대상이 되고 성공하나, 실패가 뒤따라 기쁨과 슬픔이 쌍곡선을 그린다. 자기 일은 잘못하면서 남의 일은 해결해 주려는 마음에 대가없는 희생을 치른다. 작은 일에도 희로애락을 잘 나타내 남의 공격을 받는 일이 많다. 여자는 남편과 해로하기 어렵다.

* **37** (권위, 인덕) 🔍

지모와 계략, 과단성 있는 처세 등으로 신망을 얻어 어려운 일을 물리친다. 명성과 권위를 떨치고 부귀공명을 얻는다.

* **38** (문예, 기예) 🔍

기풍이 온화하고 머리가 뛰어나다. 문학, 예술, 창작, 과학, 기술, 발명 등에 큰 업적을 남길 수 있다.

* **39** (위세강중) 🔍

재주와 계략이 뛰어나고 용감무쌍해 어려움을 극복하고 뭇사람을 거느릴 장군의 격이다. 기회를 얻으면 파죽지세로 성공해 위세와 명성을 떨친다. 세인의 존경을 한 몸에 받으며 부귀장수를 누린다.

* **40** (변화, 공허) 🔍

지모가 뛰어나고 담력이 있어 투기 사업 등으로 큰 성공을 거둘 수 있다. 그러나 성공과 실패가 변화무쌍해 한때의 성공도 허사가 되니 비난 속에 허무를 맛보며 고독하게 지낸다.

* **41** (선견고명) 🔍

인품이 뛰어나고 재주가 많으며 미모단정하다. 덕망이 있어
세인의 존경을 받는다. 재물과 명성을 얻을 수 있다. 특히 선견
지명이 있어 명성을 천추에 전할 수 있는 지도자가 될 수 있다.

* **42** (파란자초) 🔍

의지가 약하고 귀가 얇아 남의 말에 현혹되기 쉽다. 실천력
이 약해 발전에 장애를 받는다. 좋은 기회를 잃고 고독한 가운
데 수난을 겪는다.

* **43** (패가망신) 🔍

일시적으로 성공을 거둬 행복한 듯하나 재물이 사방으로 흩
어진다. 아무리 벌어도 불의의 재난을 당해 재물을 모으지 못
한다. 겉으로 행복하게 보이나 실속이 없고 속으로는 고민과
번민이 많다. 특히 남녀 관계의 문제로 재앙을 초래한다. 실패
끝에 부부이별이나 병고를 겪는다.

* **44** (백전백패) 🔍

헛된 생각과 꿈으로 마수와 장애를 불러들여 사기나 횡령으
로 신세를 망치는 수가 많다.

* **45** (통달사해) 🔍

지혜와 계책에 뛰어나다. 큰 뜻과 넓은 아량, 덕성 등으로

순풍에 돛을 단 듯 순조롭게 대성한다. 명성과 권위가 해외에까지 떨친다. 여자는 현모양처로 내조의 공을 쌓고 안락한 생활을 한다.

* **46** (곤궁신고) 🔍

지모가 출중하고 예의지(禮儀智)를 두루 갖춘 인재이나 먼지 속에 묻힌 아름다운 보배와 같다. 때를 얻지 못해 자연에 묻혀 지내는 영웅재사 격이다. 일시적으로 명성을 떨친다고 해도 중년 이후 난데없이 닥친 재난으로 재산을 잃고 고독하거나 단명할 수도 있다.

* **47** (일확천금) 🔍

의지가 굳고 독립심이 강하다. 공직이나 공익사업, 교육, 종교 분야에서 명성을 떨칠 수 있다. 큰 재산을 모으고 편안히 복록을 누린다.

* **48** (배후조종) 🔍

덕망이 있고 원만하면서도 강직한 성품은 만인의 모범이다. 자기 사업을 일으키기보다는 남을 선도하는 고문이나 상담 역할을 하면 복록을 잃지 않는다. 부부 사이가 좋고 항상 집안에 경사가 따르며 만사 순탄하게 이뤄진다.

✻ 49 (선가은퇴) 🔍

비범한 재능으로 자수성가한다. 그러나 한 번 성공하면 한 번 실패하고 다시 성공했다가 다시 실패하는 변화무쌍한 운이다.

✻ 50 (공허실의) 🔍

의지가 약하고 자립심이 부족하다. 남의 도움으로 성공한다 해도 폭풍우치는 바다에 뜬 돛단배와 같아 항상 재난과 병고, 불행이 뒤따른다. 초년에는 부귀를 누리지만 지위나 재산도 오래 가지 못한다. 말년엔 실패를 거듭해 패가망신한다.

✻ 51 (파란변동) 🔍

진취적이고 자립심이 강해 한때 크게 성공하나 모두 한바탕 꿈으로 돌아간다.

✻ 52 (비룡승천) 🔍

아무리 어려운 문제에 직면해도 뛰어난 지혜와 불굴의 투지로 돌파해 나가 성공한다. 계획이나 발상이 뛰어나 투기적인 사업에도 대성공을 거둔다. 선견지명이 있어 공명도 얻을 수 있다.

✻ 53 (외화내빈) 🔍

겉으로는 부유한 듯하나 실속이 없고 번민이 많다. 인생의 전반이 안락하면 후반이 불행하고, 전반이 불행하고 고생을 많이 하면 후반이 편안하다.

* **54** (절망불구) 🔍

지혜가 뛰어나 대업을 이룬다. 그러나 고생이나 역경, 비운이 내포돼 있다. 인생 전반은 길운이나 후반은 패가망신하는 흉운이다.

* **55** (극성극쇠) 🔍

곡절이 많은 인생이나 꾸준한 노력과 불굴의 투지로 마침내 큰 성공을 거두고 명성을 떨친다. 그러나 말년에는 자식 덕이 없고 병으로 고생하는 수가 많다.

* **56** (변전무상) 🔍

성품이 온순하고 재주와 덕망이 있어 신망을 얻고 사회적으로 상당한 지위에 오를 수 있다. 그러나 사업을 하면 아무리 노력해도 뜻대로 되지 않아 중년 이후에는 고독하고 불행한 생활을 한다.

* **57** (고진감래) 🔍

지혜가 뛰어나고 행운이 뒤따른다. 큰 성공을 거두고 부귀영화를 누린다. 어떤 어려움이 있더라도 극복한다. 해외에까지 명성을 떨친다.

* (**58** (선흉후길) 🔍)

지조가 있고 결단성이 있으며 재주가 뛰어나다. 만인이 우러러보는 명예와 재물을 누린다.

* (**59** (의지박약) 🔍)

인내심이 부족하고 용기가 없다. 비록 재능이 있어도 아무 소용이 없다. 부모 덕이 없고 패가망신하므로 일생을 불행하게 보낸다.

* (**60** (봉록자실) 🔍)

복과 벼슬을 가져도 다 잃어버린다. 되지도 않을 일로 결과를 바란다. 나무 밑에서 감 떨어지길 바라는 격이다.

한국인의 이름이 61획 이상인 경우는 거의 없으므로 61 이상은 간단히 정리한다.

* (**61** 영달격(榮達格) 🔍) 부귀운(富貴運) 길
* (**62** 쇠멸격(衰滅格) 🔍) 고립운(孤立運) 흉
* (**63** 길상격(吉祥格) 🔍) 순성운(順成運) 길
* (**64** 고행격(苦行格) 🔍) 쇠퇴운(衰退運) 흉
* (**65** 유덕격(有德格) 🔍) 행복운(幸福運) 길
* (**66** 쇠망격(衰亡格) 🔍) 재액운(災厄運) 흉
* (**67** 형통격(亨通格) 🔍) 영달운(榮達運) 길

*	68 공명격(功名格)	흥왕운(興旺運)	길
*	69 재난격(災難格)	정지운(停止運)	흉
*	70 적막격(寂寞格)	공허운(空虛運)	흉
*	71 발전격(發展格)	만달운(晩達運)	길
*	72 평상격(平常格)	상반운(相半運)	흉
*	73 노력격(勞力格)	평길운(平吉運)	길
*	74 불우격(不遇格)	파탄운(破綻運)	흉
*	75 수분격(守分格)	평화운(平和運)	길
*	76 선곤격(先困格)	후길운(後吉運)	흉
*	77 희비격(喜悲格)	불안운(不安運)	길
*	78 만고격(萬苦格)	평길운(平吉運)	길
*	79 궁극격(窮極格)	불신운(不信運)	흉
*	80 은둔격(隱遁格)	종말운(終末運)	흉
*	81 환원격(還元格)	대성운(大盛運)	길

(2) 주역 64괘의 의미

학자에 따라 조금씩 다르다. 성명학의 관점에서 의미를 정리
했다. (광미명성학연구원 註)

두 자리 수는 각각 상괘와 하괘를 나타낸다.

1) 11 건위천

가장 존귀한 지존의 괘다. 귀인은 크게 성공할 수 있지만, 범인은 오히려 괘의 위력에 압도당해 흉함을 면하기 어렵다.

2) 12 천택리

호랑이 꼬리를 밟는 상이다. 처음에 오면 흉하나 마지막에 오면 길하다. 선후배의 도움으로 출세 기회를 얻을 수 있다. 그러나 남보다 앞서려다 재난을 당한다. 정의롭게 공과 사를 분명히 하면 재난을 면할 수 있다.

3) 13 천화동인

영웅의 풍모다. 강직하고 총명하다. 윗사람의 총애를 받고 아랫사람이 따르니 협동을 요하는 사업에 대길하다.

4) 14 천뢰무망

성공해 평온한 세월을 누린다. 천뢰는 하늘에서 내리는 벼락이다. 일을 벌일 때 무리하지 말고 순리를 따르는 것이 가장 현명하다. 고집을 버리고 순하게 행동하면 뜻하지 않게 혜택을 받는다.

5) 15 천풍구

여왕벌의 운명이다. 높은 사람으로부터 귀여움을 받으나 귀가 얇아 감언이설에 속는 일이 많으므로 주의해야 한다.

6) 16 천수송

구설이나 관재가 있다. 매사 깊이 생각하고 타협하면서 화친에 힘써야 한다. 너무 고집을 부리다가는 실패한다.

7) 17 천산둔

둔은 달아나 숨는다는 뜻이다. 앞으로 나아가거나 상승하기보다 뒤로 물러나거나 하락하는 경우가 많다. 전진에 힘쓰기보다는 수양에 힘써 위기를 잘 넘겨야 한다.

8) 18 천지비

하늘의 기운은 내려오지 않고 땅의 기운은 오르지 않는 상이다. 막힘이 있으니 참고 때를 기다려야 한다.

9) 21 택천쾌

윗자리에 있는 소인을 퇴치한다는 뜻이 있다. 분에 넘치는 지위에 오르면 위험이 따른다. 근신하면서 때가 오길 기다려야 한다.

10) 22 태위택

정치인, 가수 등 입으로 먹고 사는 상이다. 기쁨과 정의로운 일을 뜻하므로 겉보기에는 행복한 듯하나, 내면으로는 고민이 많고 남과 트러블을 일으켜 걱정이 끊이지 않는다.

11) 23 택화혁

자주 개혁을 하게 되나 신중을 기하지 않으면 '개악'으로 불화와 소송을 일으킨다. 때와 세를 잘 맞춰 해 나가면 행운이 온다.

12) 24 택뢰수

2인자의 상이다. 항상 분수를 지키고 주제 넘는 일은 삼가야 한다. 때와 장소에 따라 임기응변으로 잘 대처하고 변동에 순응해야 한다.

13) 25 택풍대과

대임을 맡는다는 뜻으로 임금의 옆에 앉는 상이다. 여자는 영부인의 괘상이다.

14) 26 택수곤

흐르지 않는 물이라 막힘이 있어 곤궁함을 뜻한다. 불평과 불만만 일삼으면 더욱 더 어려움에 빠지므로 침착하게 앞길을 개척하는 노력이 필요하다.

15) 27 택산함

산 위에 못이 있는 상이다. 사람들을 포용하고 함께 나아가라는 뜻이다. 그렇게 하면 소원이 성취된다.

16) 28 택지췌

모든 것이 몰려드니 한 번 사업을 벌이면 만사 잘된다. 단, 대외 관계를 원만히 해야 한다.

17) 31 화천대유

태양이 높이 떠서 만물을 비추는 상이다. 큰 부자라는 의미가 있다. 그러나 대개 고집불통의 성격으로 인해 물질적으로나 정신적으로 큰 손실을 볼 수 있다.

18) 32 화택규

서로 상반되는 상이라 적의를 품고 논쟁을 벌이기 쉽다. '천추원한 백골혼'이란 의미도 있어 불의의 사고를 당하기도 한다.

19) 33 이위화

두 개의 태양이 하늘 가운에 떠 있으니 매우 밝음을 뜻한다. 여자는 미인이지만 사치, 허영심이 많으므로 조심해야 한다.

20) 34 화뢰서합

방해물, 특히 악에 대해 단호한 조치를 한다. 처음에는 장애가 있으나 나중에는 화합하고 형통함이 있다.

21) 35 화풍정

제사장의 운명이라 하늘의 도움으로 출세한다. 총명하고 슬기롭다는 의미도 있다. 남자는 여자를 조심해야 한다.

22) 36 화수미제

대경영주의 상이다.

23) 37 화산려

여행자의 상이다. 여행길은 불안정하고 고생과 걱정이 늘 따르는 법이다. 외국으로 떠나는 수도 있다.

24) 38 화지진

아침에 뜨는 태양으로 진취와 향상을 뜻한다. 해를 향해 승천하는 듯한 왕성한 기운이다. 사업은 날로 번창하고 윗사람의 도움을 받는다. 동료의 부러움을 사고 인기도 있지만, 자칫 외화내빈이 될 수 있으니 내실에 힘써야 한다.

25) 41 뇌천대장

하늘에 우레가 있는 상이므로 강건하고 장엄한 기세가 지나치다는 의미다. 이름을 크게 떨치는 기운도 있으나 기세가 너무 지나쳐 파란을 가져오는 수도 있다. 자기 재주만 믿고 남을 깔보거나 왕성한 혈기로 급진적인 일에 뛰어들면 자칫 비난을 받고 재난을 자초한다.

26) 42 뇌택귀매

왕의 일을 한다는 뜻이 있다. 운동선수라면 금메달을 딴다.
남자다운 기질을 나타낸다.

27) 43 뇌화풍

성대하고 풍부하다. 겉보기에는 화려하나 내면으로는 곤란
을 겪는 수도 있다. 허영을 삼가고 사리를 정확히 판단해 처신
해야 한다.

28) 44 진위뢰

천둥이 거듭하니 소리는 대단하나 형체는 뚜렷하지 않으니
처음은 좋으나 끝은 나쁘다. 위세는 대단하나 끝은 허망하다.

29) 45 뇌풍항

항은 위아래가 맞아 뜻이 변하기 어렵다는 의미다. 그러나
천둥과 바람이 일어나니 내연의 이성관계로 고민하기도 한다.

30) 46 뇌수해

얼음물을 녹인다는 의미로 일이 순조롭게 진행된다는 뜻이
다. 봄철에 비가 내리니 새싹이 돋고 말랐던 초목이 살아난다.
모든 일이 풀리므로 때를 놓치지 말고 적극적으로 나아가면 행
운을 얻을 수 있다.

31) 47 뇌산소과

작은 일은 성공하나 큰 일은 실패하기 쉽다. 지나치면 반드시 재앙을 당한다.

32) 48 뇌지예

하늘의 울림에 따라 땅이 진동하듯 뜻과 호흡이 맞아 누리는 기쁨을 뜻한다. 위아래가 맞는 빈틈없는 계획과 결단력으로 위세를 떨치며 크게 성공한다는 점에서 미리 준비한다는 의미도 있다. 모범생으로 더디고 꼼꼼한 성격으로 자칫 향락에 빠질 수도 있다.

33) 51 풍천소축

뜻을 이루려고 해도 막힘이 있어 앞으로 나아가기 어렵다. 절치부심지상이다.

34) 52 풍택중부

펜으로 먹고 산다. 나름대로 성공하나 큰 성공은 아니다. 신의와 성의를 다하면 뜻한 바를 이룰 수 있다. 자기의 재주만 너무 믿고 나섰다간 큰 실패를 본다.

35) 53 풍화가인

아름다운 사람이라는 뜻으로 주변 사람을 많이 끌어당기는 상이다. 한 집안 식구가 합심해 가세를 일으키는 것과 같다. 본

업에만 열중하면 대성한다. 남자는 여자를 가까이하면 색정에
빠지기 쉽다.

36) 54 풍뢰익

사람을 이롭게 하는 경향이 강하다. 적극적으로 나서면 반드
시 남의 도움을 받아 크게 번창한다. 그러나 뜻밖의 재난이나
심신의 괴로움을 당하는 의미도 있다.

37) 55 손위풍

하나를 주고 세 개를 얻는 상이다. 번영, 번창, 발전을 계속
해 나간다. 특히 수도에서 발전한다. 그러나 겉과 속이 달라 진
퇴양난에 빠질 수도 있다. 의심이 많고 고집이 세어 파탄에 이
르기도 한다.

38) 56 풍수환

모든 것을 흩어버리고 새 판을 짜는 식으로 면모를 일신하는
상이다. 풍파를 겪지만 차차 곤란한 일이 풀려 마침내 목적을
이룬다. 지나친 자존심으로 고독에 빠지는 수도 있다. 마음이
심란하고 불안한 상태가 된다.

39) 57 풍산점

점점 성장한다는 의미가 있지만 큰 성공은 하지 못한다. 한
번 일을 그르치면 큰 후회를 하게 된다.

40) 58 풍지관

덕망이 천리를 뻗치니 임금이 그 이름을 듣고 높은 자리를 준다는 의미다. 그러나 처음은 좋지만 만사 허망하게 끝날 수도 있다.

41) 61 수천수

어떤 일이든 참고 기다리면 귀인이 도와줘 끝내 성공한다. 남보다 잘난 인물로 성장한다.

42) 62 수택절

절도를 지키라는 뜻이다. 자기 분수에 넘치거나 부족한 일은 삼가야 한다. 곤경에 빠지더라도 조급하게 생각하거나 무리하지 말고 때를 기다리면서 진퇴를 잘 판단해야 한다.

43) 63 수화기제

이미 이뤘다, 성취했다는 의미다. 그러나 처음에는 왕성하지만 나중에는 쇠약해지는 용두사미 격이다. 새로운 사업을 시작하기보다 현재의 일을 잘 지키고 발전시키는 데 힘쓰는 것이 좋다.

44) 64 수뢰둔

둔은 험난하고 어렵다는 뜻이다. 모든 일은 때가 와야 이뤄지는 것이므로 조급하게 서두르면 반드시 실패한다. 자칫 수난을 당하거나 여행 중 재난을 당할 우려가 있다.

45) 65 수풍정

퍼내고 또 퍼내도 마르지 않는 샘물이니 큰 부사의 기운이다. 우물 속 물은 거역하지 않고 순종하는 미덕이 있다.

46) 66 감위수

험한 일이 거듭되는 것을 뜻한다. 파도에 파도가 겹쳐오는 상이다. 매우 곤란한 지경에 이르고 재난을 당하므로 늘 조심하고 분수를 지켜야 한다.

47) 67 수산건

산 위에 물이 있는 형상으로 길이 막혀 진퇴양난의 곤경에 빠지는 수가 많다.

48) 68 수지비

남의 도움을 얻어 순조롭게 뜻을 이룰 수 있다.

49) 71 산천대축

크고 높이 쌓는다는 뜻이다. 큰 부를 축적한다.

50) 72 산택손

뒤에는 큰 이익을 얻지만 처음에는 손실, 감퇴, 부족 등을 겪는다. 급하게 하는 일은 달성하지 못한다. 협동해 서서히 차근차근 해나가면 나중에 성취한다.

51) 73 산화비
금욕대를 찬다는 뜻이니 공직에 진출하는 운이다. 화려한 일에 종사한다.

52) 74 산뢰이
산이 요란하게 울려도 나오는 것은 쥐 한 마리라 실속이 없다. 이름을 크게 떨치지만 일을 급하게 처리하면 실패한다. 제자를 양성하는 기운도 있다.

53) 75 산풍고
인생의 세 가지 고통을 겪는다.

54) 76 산수몽
몽은 꿈을 뜻한다. 현실보다 이상에 치우친다. 대기만성이라는 생각으로 착실히 노력하면 성공하나 조급하게 나서면 실패한다.

55) 77 간위산
산 넘어 산이다. 계속 해도 헛되다는 뜻이다. 외고집에 자만심이 강해 남과 자주 불화하니 출세에 지장이 많다. 헛된 욕심을 버리고 꾸준히 노력하면 점점 나아져 뜻을 이룬다.

56) 78 산지박

부도 나기 일보직전이나 아주 위험한 경우에 처하는 운이다. 크게 발전할 때는 심복이 배신하니 조심해야 한다.

57) 81 지천태

만사 형통하고 천하가 태평하다. 자칫 무사안일에 빠진 나머지 헛일을 벌여 사서 고생하거나 색정으로 재난을 당할 수 있다. 귀인에게는 길한 괘상이나 보통 사람에겐 걸맞지 않은 괘상이다.

58) 82 지택림

많은 사람 위에 군림하는 운이다. 인기가 많아 사람들이 따르고 우러러본다. 정치인이나 연예인에게 많다.

59) 83 지화명이

태양이 땅 속에 있는 상이다. 품격이 있으면 높은 자리에 오르지만, 품격이 낮으면 고통스러운 삶을 산다.

60) 84 지뢰복

모든 것을 던져버리고 새롭게 시작한다. 과거는 생각하지 말고 현재에 전념하는 것이 좋다.

61) 85 지풍승

한 번 몸을 일으켜 정상에 오르는 상이다. 아무리 깊은 바닥에 있다 하더라도 절망하지 말고 노력하면 생각지도 못한 순간 정상에 오른다. 환골탈태의 기운이다.

62) 86 지수사

군사, 전쟁을 뜻한다. 산사태와 홍수가 일어나 삽시간에 막대한 피해를 주니 군대를 동원해 막아야 한다. 바른 길로 가면 뭇사람이 우러러보는 훌륭한 사람이 되지만, 자칫 잘못된 일을 저질러 세상에 폐를 끼치는 수도 있으니 조심해야 한다. 정치인에게 많다. 이순신, 제갈공명에게도 있다.

63) 87 지산겸

겸손하라는 뜻의 겸이다. 처음에는 뜻대로 되지 않고 괴로움과 어려움이 많지만 나중에는 좋은 소식을 듣는다. 거만한 성격을 고쳐 남의 충고를 듣고 수양을 쌓으면 바라는 바가 이뤄진다.

64) 88 곤위지

모든 것을 육성한다는 뜻이다. 많은 사람을 기르고 이끌거나 출세하는 바탕을 만들어 준다. 황제가 되는 기운도 있다. 등소평에게도 있다.

〈참고 자료〉

1. 단행본

공성윤(2004). 성명학-복 있는 이름 이렇게 짓는다. 미래학회

김근후(2014). 이름이 성격을 좌우합니다. ㈜북랩

김기대(2012). 가장 좋은 이름 짓는 법. 홍익출판사

김기승(2014). 자원오행 성명학. 다산글방

김성규(2010). 姓名學 대백과1. 도서출판 동반인

박비상(2011). 이름의 비밀을 밝힌다(상)(하). 보성출판기획

박재현(2013). 음파메세지(氣) 성명학. 삼한

박진영(2004). 自解神秘-姓名學全書. 명문당

신도희(1999). 운 좋고 복 많은 이름 만들기. 도서출판 해왕

안성재, 권상도(2013). 실전 성명학. 상원문화사

예지연(2007). 누가 대권의 이름을 가졌는가! 도서출판 신지평

＿＿＿＿(2009). 성공하는 이름 흥하는 상호. 기린원

＿＿＿＿(2012). 이름이 성공을 좌우한다. 강남출판

＿＿＿＿(2014). 이름을 이렇게 지으니 좋더라. 도서출판 신지평

원종문(2014). 21세기 名學新書. 도서출판 원

이금정, 한금사(2011). 성명학 길라잡이. 장서원

이대영(2010). 누가 이름을 함부로 짓는가. 누가 이름을 함부로 짓는가

이도희(2013). 좋은 이름 짓기. 대명출판사

이부길(2005). CD 성명학. 대유학당

이우람(1997). 누가 이름을 함부로 짓는가? ㈜월드코리아 출판사업부

이재형(편역)(2009). 형음 성명학. 도서출판 다임

이태룡(2014). 성명학-내 손으로 이름 짓기. 살림

이현희 외(2014).『훈민정음』의 한 이해. 역락

이홍표(2014). 한국인 정통작명서-작명비법. 퍼플

임만규(2010). 내 아이 이름에 금빛 날개를 달아라. 에듀뮤직

임삼업(2007). 作名 백과사전. 삼한

_____(2010). 비법 작명 기술. 삼한

전광(2012). 우리 이름 교과서. 동학사

정담선사(2009). 姓名學-바로 이 이름. 삼한

정보국(1998). 작명대전. 가림출판사

조현아(2008). What's your Name?-재벌 · 연예인 · 언론인
　　　　편. 도서출판 광미

_____(2010). What's your Name?-정치인편. 도서출판 광미

최국봉(2011). 훈민정음 성명학. 온북스

최해성(2012). 정통 현대 성명학. 도서출판 신지평

한효섭, 전은희(2006). 한글음파이름학. 서예문인화

_____(2007). 맞춤인생. 서예문인화

_____(2010). 좋은음파 좋은이름의 신비. 이화문화
　　　　출판사

황국서(1999). 姓名學精說. 명문당

2. 석사 · 박사학위논문

김남석(2014). 성명학의 표의적, 표음적 이론에 관한 연구. 공
　　　　주대학교 대학원 동양학과 석사학위논문

김형일(2004). 성명학 이론의 타당성에 관한 실증적 연구-이

혼자 통계를 중심으로. 공주대학교 대학원 동
양학과 박사학위논문

박승목(2005). 성명학의 이론정립과 과제. 공주대학교 대학원
역리학과 석사학위논문

신상춘(2014). 개명 전후 이름이 자존감과 스트레스에 미치는
영향 및 SSC58-개명상담모델 연구. 동방대학
원대학교 교육학과 박사학위논문

조규문(2012). 姓名學의 作名原理 硏究. 경기대학교 문화예술
대학원 동양철학과 석사학위논문

조현아(2014). 성명학의 작명 원리에 있어서의 오행 연구-훈
민정음해례본과 현재 작명법에 적용되는 한글
오행의 비교연구. 공주대학교 대학원 동양학과
석사학위논문

채소용(2011). 姓名學의 理論的 考察. 공주대학교 대학원 역리
학과 석사학위 논문

3. 학술 논문

강신항(2006). 역학과 훈민정음해례 이론. 태동고전연구 제
22집

김만태(2014). 창씨개명 시기에 전파된 일본 성명학의 영향.
동아시아문화연구 제57집

_____(2011). 현대 한국사회의 이름짓기 방법과 특성에 관한
고찰. 한국종교학회『종교연구』제65집

김백만(1991). 성명학에 대한 인식. 새국어생활 제1권 제1호

안동연 외(2012). 이름에너지가 인체의 건강에 미치는 영향.
　　　　　한국정신과학회지 제16권 제2호
이선경(2008). 학산 이정호의 訓民正音의 易理硏究에 대하여
　　　　　-『훈민정음의 구조원리』를 중심으로. 儒敎文
　　　　　化硏究 제13집

| 글을 마치며 |

성명학은 이름이 인간의 후천운에 영향을 미친다고 봅니다. 이름이 어떻게 그럴 수 있을까요? 이름이 기운(에너지)을 갖고 있기 때문입니다. '영동력(靈動力)'이라고 합니다.

그 기운은 문자 기운과 수리 기운, 소리 기운 세 가지입니다. 기운은 음양으로, 또 오행으로 나타납니다. 앞에서 살펴 본 성명학 이론은 모두 세 가지 기운에 바탕을 두고 있습니다. 우리 눈에는 보이지 않지만 이런 기운을 상정하지 않는다면 성명학은 설 자리가 없을 것입니다.

이름을 어떻게 지어야 좋은 기운이 가득한 이름이 될까요? 이름이 나쁜 기운을 가지고 있다면 '개운(開運)'은 커녕 '폐운(閉運)'으로 이끌 것입니다. 부모의 희망인 아기의 이름이 그렇다면 하늘이 무너져 내릴 일이 되겠지요.

세상살이가 하도 어려워 개명(改名)한 이름이 그렇더라도 마찬가지일 것입니다. 그러나 '좋은 이름'의 기준은 명확하지 않습니다. 이론의 난립 속에 좋은 이름의 기준이 정리돼 있지 않기 때문입니다.

그렇다면 어떻게 해야 할까요? 이름의 좋고 나쁨을 판단하는 것이 애매하다고 아무렇게나 지으면 괜찮을까요? 그렇지 않습니다.

성명학이 삶의 고통을 덜거나 삶을 풍요롭게 하기 위한 방법으로 나왔다는 점에서 '효용성'이 있기 때문입니다. 성명학이 가진 긍정적인 의미를 우리의 삶에 적절하게 수용할 필요가 있는 것입니다.

필자는 이렇게 조언합니다. "놀림감이 되거나 뜻이 흉한 글자가 들어 있는 이름이 아니라면 부모님이 지어준 이름에 '의문'을 갖지 마라. 작명소에는 아예 가지 말고, 철학관에 가서도 이름에 대해서는 묻지 마라. 그러나 살다가 우연히 이름이 안 좋다는 얘기를 듣거나 자신도 이름에 문제가 있다고 생각하면 그때는 머뭇거리지 말고 개명하라. 그리고 개명 후 다시는 의심하지 마라. 자식 이름도 마찬가지다. 직접 짓든, 작명가에게 의뢰해 짓든 무조건 좋다고 믿어라."

좀 이상한 조언처럼 들릴지 모르겠습니다. '애당초 좋은 이름, 나쁜 이름은 없다'는 얘기처럼 들릴 수 있기 때문입니다. 그렇습니다. 부모가 자식 사랑의 마음을 듬뿍 담아 직접 지어준 아이의 이름이 어찌 나쁘다고 할 수 있겠습니까? 부모의 의뢰를 받은 작명가가 나름대로 정성껏 지어준 이름도 그렇습니다. 이름이란 좋다고 생각하면 좋은 이름입니다. 그러나 안 좋은 이름이란 '의심'이 드는 순간 나쁜 이름이 됩니다.

앞에서 소개한 신상춘의 박사학위논문은 개명한 사람을 대상으로 설문조사한 결과 개명 효과가 긍정적으로 나타났다는 것을 밝혔습니다.

그러나 바꾼 이름이 성명학적으로 분석할 때 좋은 이름인지 나쁜 이름인지는 고려하지 않았습니다.

개명을 한 당사자들은 바꾼 이름의 좋고 나쁨과 관계 없이 나름 대로 개명 효과를 보고 있음을 애기해 줍니다. 심리적 요인이 크게 작용한다는 것입니다.

우리 인간의 삶에 영향을 미치는 요인은 많습니다. 우리가 어떻게 할 수 없는 것도 있고, 마음만 먹으면 바꿀 수 있는 것도 있습니다. 전자는 사주가, 후자는 이름이 대표적입니다.

그러나 사주와 이름이 인생에 주는 영향력이 각각 얼마나 되는지는 알 수 없습니다. 7 대 3이니 8 대 2니 하지만 그렇습니다. 분명한 사실은 이름이 우리의 운명을 좌우한다고 보기는 어렵다는 것입니다.

그러나 이름이 인생에 미치는 영향력이 작다고 하더라도 하찮게 여길 수는 없습니다. 우리가 살아가면서 어려운 고비를 만났을 때 그 작은 영향력이 엄청난 효과를 발휘할 수 있기 때문입니다. 더욱이 보통 사람이라면 삶의 여정에서 우여곡절을 겪을 수 있다고 상정하는 것이 자연스럽습니다.

물론 평생 아무런 문제 없이 평탄하게 살 수 있다면 이름이란 아무 것도 아닐 수 있습니다. 그러나 그런 사람이 이 세상에 얼마나 되겠습니까.

수년 전 어느 날 필자의 아내가 심각한 표정으로 "아이 이름이 안 좋다고 하니 바꿔야 한다"고 야단이었습니다. 안 좋다고 하는 이유를 물으니 인터넷에서 봤다며 분파(分破) 한자 얘기를 했습니다. '아이 이름이 흉하다'는 말을 들은 엄마의 마음이 어떨지는 상상하고도 남을 것입니다.

불안에서 헤어나오지 못하는 아내를 설득하는 데 몇 달은 걸렸던 것 같습니다. 독자 여러분도 많고 많은 성명학 이론 중 곁가지 같은 하나를 붙잡고 울고 웃지 마시길 바랍니다.

爛江網精解

精說 窮通寶鑑
정설궁통보감

무릇 오행생극론(五行生剋論)은 한유(開遊)로부터 비롯되어 당대(當代)의 이 허중(李虛中) 선생에 이르러 거듭 천간지지(天干地支)를 배합하여 팔자(八字)가 완성되었다. 당시에는 오로지 재관인(財官印)만을 살펴 인사(人事)의 득실을 논하였다.

그러나 후세에 이르러 여러 현자들이 천관(天官) 자미(紫微) 신수(身數)등을 지어 함께 섞어 사용을 하게 되자 이론이 분분하고 일정치 않아 종잡을 수 없었다. 명학(命學)은 원래 명백함이 돋보이는 학문이다.

그러나 명학을 배우는 사람들이 마음깊이 요긴한 진리를 깨닫지 못하였으니 술법이 모두 적중할 수 없었던 것이다.

내가 틈을 내어 시문(詩文)을 고르고 수집하고 또 많은 명학에 관한 여러 서적을 두루 섭렵하였는데 마침 난강망을 가지고 있는 한 벗이 찾아와 나에게 말하기를 간결하고 쉽게 확절(確切)한 이론으로 저술하고자 한다면 이것이 후학들에게 모범이 될 수 있는 훌륭한 책이 되리라 생각되며 이 비본(秘本)의 이론을 통해서 사람의 부귀의 한계를 저울질하면 아주 영험함이 있을 것이니 자평의 판목이 되고 자평학(子平學)에 작은 보탬이 되리라 생각한다고 하였다.

내가 책을 받아 그 이론을 일독해보니 의론(議論)의 정교함과 상세함이 한눈에 들어오고 취사선택이 적절하여 오행생극(五行生剋)에 대해 깨닫게 하는 바가 있으며 팔괘착종(八卦錯綜)의 빼어남이 측량할 수 없었다.

이에 뜻이 애매하거나 자잘한 것은 잘라내고 세세한 것은 묶고 번거로운 것은 버리고 지나치게 생략된 것은 보완하고 잘못 된 글자는 바로잡아 한눈에 알아볼 수 있도록 해놓고 보니 이것이야말로 진정한 명학(命學)의 지남(指南)이요 자평(自評)의 모범이라 이에 이름을 궁통보감(窮通寶鑑)이라 하였다.

巒頭形氣–風法/龍法/穴法/砂法

巨林明堂 風水學 上 | 山地構造分析論 |

풍수학을 구성하는 4요소는 風(풍) · 水(수) · 地(지) · 理(리)이다. 풍수지리의 정도는 風法(풍법) · 水法(수법) · 地法(지법) · 理氣法(이기법)으로 구성되어진 학문체계이다. 地相形氣論(지상형기론)은 龍穴砂水(용혈사수)의 스트럭쳐(Structure)를 다루는 山地形構造論(산지형구조론)이라 할 수 있다.

天星理氣論 : 大成3向水法/理氣法

巨林明堂 風水學 下 | 山水Energy分析論 |

풍수학을 구성하는 4요소는 風(풍) · 水(수) · 地(지) · 理(리)이다. 풍수지리의 정도는 風法(풍법) · 水法(수법) · 地法(지법) · 理氣法(이기법)으로 구성되어진 학문체계이다. 山水理氣論(산수이기론)은 龍穴砂水(용혈사수)의 에너지(Energy)를 다루는 山水 Energy論(산수에너지론)으로써 일명 水法理氣論(수법이기론)이다.

청오경/금낭경/장서문대/발미론/산릉의장 외 12종

古典 風水學 原論

새로운 존재(New Being)를 모색하기 위해서 동양고전 읽기의 여행에 동참하신 독자 여러분에게 우선 축하를 드린다.
고전 읽기를 두려워할 이유는 없다. 어렵게 느껴지던 고전들도 단계별로 노력하면 누구나 쉽게 읽고 그 참맛을 즐길 수가 있다. 현대인들은 고전 속에 심오한 우주 · 자연 · 인간의 이치가 자맥질하고 있음을 발견해야 한다.

청오경/금낭경/장서문대/발미론/산릉의장 외 12종

古典 四柱命理學 痛論

〈고전사주명리학통론〉은 사주명리 분야 연구자들을 위해 고전부터 근대 이론까지 반드시 읽어야 할 양서와 정통이론만 엄선해 원문을 그대로 실어 편찬했다. 사주명리학의 연원과 개관 및 사주명리학자들을 시대별로 정리한 1장부터 운명개선원리학을 주제로 개선명운이론 · 개조명운원리 등 10장으로 구성되어 있다.

魯柄漢 博士의 力著 - 天文地理人事學 시리즈 · 7

집터와 출입문 풍수

이 책에서는 풍수지리서의 고전에서부터 출발하여 선지식들과 선대들에 의해 실지경험들을 토대로 비전(秘傳)되어 오던 풍수비록들 중에 필전되어져야 할 내용들 중에서 「집터와 출입문풍수」에 국한해서 구성했다.

비공개를 원칙으로 하는 풍수비록들을 감히 용기를 갖고 공개적으로 이 책을 집필하여 공개함에는 건전한 풍수지리학의 발전을 기대하기 때문이다. 우리가 평상심으로 올바른 구성(九星) · 역(易) · 풍수(風水) · 상법(相法) 등을 공부하고 완성해서 인간의 단명을 구하고, 빈곤을 구하면서 자기자손들에게 오래 부귀를 지키게 하는 것은 일개 집안의 문제만이 아니라 또한 국가에 충성되게 하는 것으로써 인술(仁術)의 존귀한 것임도 알아야 한다.

바른 법을 알아서 사람이 알지 못하여 불행이 초래되고 일가가 단절 또는 이산하며 혹은 불구자가 되어 곤란에 처해 고통 받는 수많은 사람들을 구해야 할 것이다. 이 책에서 밝힌 풍수비결들은 천지신명이 제시한 신비로운 이치로서 이를 숙독하여 각 집터와 주택에 적용하면 가족들의 건강 · 부귀 · 화목 · 발전 · 장수를 도모할 수 있을 것이다.

魯柄漢 博士의 力著 - 天文地理人事學 시리즈 · 8

[주택사업자/공인중개사/조경사/풍수디자이너/건축사 : 필독서적]

주택 풍수학 통론

인간이 살아가는 터전인 공간을 선택할 권리는 스스로에게 주어져 있다. 이렇게 삶의 터전인 공간의 선택문제가 바로 주거공간으로서의 주택이고, 활동공간으로서 사무실, 공장, 점포 등이다. 이 책에서 다루고자 하는 주택풍수학의 공간의 내용은 주거공간에 중점을 둔 주택풍수 뿐만 아니라, 활동공간인 사무실, 공장, 점포, 상가건물 등에도 폭 넓게 적용되는 이론이다.

주택풍수학은 생활공간에 관한 학문이다!

즉, 자연공간과 실내공간에서 유영(游永)하는 기(氣)의 흐름을 살펴서 인간에게 유리하도록, 잘못되어 어긋나 있거나 모순된 기운(氣運)들을 교정하여 질서를 바로 잡는 역할을 하는 학문이다.

주택은 가족의 현재와 미래를 투영해 볼 수 있는 중요한 잣대 중에 하나이다. 예컨대 집터인 지상(地相)과 주택인 가상(家相)의 길흉에 따라서 가족들의 운명도 영향을 받는다는 것이 수천 년의 역사를 지닌 주택풍수학에서 이야기해온 가운학(家運學)의 기본철학이다.

흉지(凶地)를 피하고 길소(吉所)를 구하며, 흉택이라면 법수에 잘 맞추어 고쳐서 길상의 길택으로 바꾸어 인의(仁義)를 행한다면 반드시 부귀공명을 얻고 자손들이 무궁한 영광을 얻게 될 것이다.

魯柄漢 博士의 力著 - 天文地理人事學 시리즈 · 10

기도발이 센 기도명당 50선

기도발이란 시간 · 공간 · 인간의 삼위일체가 관건!

기도발의 3대 결정 요인은 누가 · 언제 · 어디서 기도를 할 것인가이다.

첫째로 기도하는 주체가 본인인 경우와 가족이나 성직자 등의 대리인이 하는 경우 그 기도발의 차이는 상당하다.

둘째는 기감氣感이 좋고 신명神明의 감응이 좋은 날짜와 시간 선택에 따라 기도발의 차이가 엄청나다.

셋째로 기도하는 장소가 어디냐에 달려있다.

신명의 감응이 높고 빠르며 좋은 장소에서 하는 기도는 그 기도발이 매우 빠르고 크게 나타난다.

전국에 산재한 분야별 영험한 기도명당 소개!

그 기도에 대한 응답이 기도발이다. 기도발은 누가, 언제, 어디서 기도를 하는가에 달려 있다.

기도란 자신에게 부족한 기운을 보강하는 일이며, 간절하고 애절하며 비장한 기도는 가장 먼저 자신의 내면세계를 바꾸고 이어서 자신에게 부족한 기운을 불러들여 운세를 바꾸며 더 나아가 그 공덕으로 세상을 변화시킨다.

어디가 기도발이 센 명당일까?

기도를 함에도 기도의 주제별로 기도발이 센 기도명당이 있기 마련이다.

부자명당, 출세명당, 합격명당, 당선명당, 사랑명당, 득남명당, 장수명당, 득도명당, 접신명당…

전국에 산재한 분야별 기도명당들을 소개한다.

魯柄漢 博士의 力著 - 天文地理人事學 시리즈 · 11

막히고 닫힌 운을 여는 기술

〈천명은 불변하나 운명은 변할 수 있다〉
내 運命은 내가 선택하는 개운법

모든 중생들은 숙명, 천명, 운명, 소명이라는 4가지의 명(命)을 가지고 있다. 사람들은 저마다 선천적인 천명을 가지고 태어나지만 후천적인 운명은 선택적으로 만들어 가면서 삶의 질을 결정한다. 운명(運命)은 진행되어가는 과정이므로 천지만물의 자연현상 속에서 자신에게 결핍된 부분을 발견하고 필요한 기운을 적절히 동원하여 흉운(凶運)을 물리치고 길운(吉運)을 불러들이는 다양한 개운(開運)법을 동원하여 변화시킬 수가 있다. 후천적인 운명은 '시간(때)의 선택'과 '공간(곳)의 선택'이라는 2가지의 경우의 수에 의해서 영향을 받아 결정됨이고 이것이 바로 자연의 섭리이자 곧 우주만물을 움직이는 작동원리이다. 그래서 공간이라는 방향을 선택하고 활용하는 기술이 필요한 것이다. 방향을 선택한다고 함은 곧 우주공간에 형성된 자성(磁性)이라는 에너지 중에서 방향별로 자기에게 유리한 에너지는 받아들이고 불리한 에너지는 멀리하는 방법이다. 따라서 그 사람 '삶의 질'과 운명도 함께 달라진다. 공간의 선택이란 '방향을 선택하는 것'이고 '방향을 바꾸는 일'이다.

陰陽五行思惟體系論

동방사유체계는 인간이 대자연과 더불어 살아가는 지혜를 발견하는
天地人三合의 法道에 근간을 두고 精神科學으로써 체계화 되어 온 학문이다

천문지리인사를 관통하려면 自然律인 시공간의 왕래질서에 밝아야 하므로
음양오행의 패러다임과 본질에 대한 올바른 이해가 필요합니다.
동방 사유체계로서 음양오행학이 아주 이해하기 쉽게 명쾌한 논리로 쓰여져
있어 동양학의 입문서로 독자들이 만족할 것이다.

天命四柱-人間設計圖

巨林天命四柱學

上 – 음양오행 정통천명사주 입문에서 완성까지 –

인간의 선천적인 천명과 후천적인 운명의
패러다임을 통쾌하게 분석하는 평생각본분석의 지침서

천명사주는 인간이 세상에 태어날 때에 조물주로부터 부여받은 음양오행의 질량
을 세밀하게 분석하고 밝힌 명세서로 인간설계도이다.
천명사주분석의 입문에서 완성까지 아주 쉽고 명쾌한 논리로 쓰여진 정토정결본
이다.

天命四柱-人間設計圖

巨林天命四柱學

下 – 천명사주 사례별 임상비교분석실전응용편 –

인간의 선천적인 천명과 후천적인 운명의
패러다임을 통쾌하게 분석하는 평생각본분석의 지침서

주요 대상별·임상분석을 통한 천명사주분석법의 정확성을 밝히면서 정통궁합분
석론을 제시하고 있다.
한편 중국 명리학의 근간을 이루는 격국용신론 등의 논리적인 한계와 허구성을
지적하면서 실증적인 정통천명사주분석방법을 제시하고 있다.

실전육효최고급 종결편

神算 六爻秘傳要訣
신 산 육 효 비 전 요 결

神算 金 用 淵 教授

神算六爻研究會 會員
盧 應 根 共著

실전육효 최고급편

저자로서 지금까지 펴낸 「이것이 귀신도 곡하는 점술이다」가 육효점의 입문에 서부터 기초와 이해에 바탕하여 육효점을 적용할 수 있는 사례를 분야별로 소 개한 입문서라면, 「신산육효정해」는 좀 더 깊이 있게 실전에서 연구, 응용할 수 있는 종합응용편이라 할 것이다.

육효학에 대해서는 이상으로 모든 것을 널리 소개, 밝혔다고 생각하고 더 이 상의 책 출간은 생각지 않았으나 수 많은 독자와 강호 제현들의 격려와 성화 를 거절할 수 없었고, 또 세상에서 흔히 비전이라 쉬쉬하며 특별히 전수하는 양 하며 자행되는 금전갈취와 비행을 모르는체 할 수 없어 저자로서 필생동안 연구, 임상하였던 흔치 않은 모든 비술을 여기에 모두 밝혔음을 알린다.

지금까지 저자의 앞서 발행된 2권의 책을 숙지한 독자라면 이 책마저 통달하 고 나면 육효학에 관한 한 특출한 일가견을 이루었다고 확신하는 바이며 역학 계에서 우뚝하리라 믿는다.

이 冊으로 後學들이 六爻學을 공부하는 데, 또 실제 상담실전에 보다 유용하 고 효과적으로 한치의 오차도 없이 정확하게 판단하는 데 조금이라도 도움이 된다면 필자로서는 더 없는 기쁨이라 하겠다.

실전 육효 최고급 완성편

神算 六爻精解
신 산 육 효 정 해

神算 金 用 淵 教授

神算六爻硏究會 會員
盧 應 根 共著

신산육효 상담 실전 요람
전문가로 안내하는 실전 종합응용편

전문 술사로 안내하는 풍부하고도 다양한 실증적 사례!
이 책 한 권이면 당신도 50년 실전경력자

상담 실전에서 바른 점사와 정확한 괘 풀이로 전율할 만큼 신묘하고도 높은
적중률로 안내하는 종합 실전 · 상담 응용편이다.

육효학과 육효점, 즉 이론과 풀이를 동시에 만족시키기 위해 저자의 '신산 육
효학 강의'에서만 들을 수 있는 내용과 비전도 감추지 않고 공개하였다.

전문술사를 위한 육효점의 바른 점사와 괘 풀이!

六爻는 자연의 의중을 묻는 학문으로 다른 점술에 비해 배우기 쉬우면서도 탁
월한 적중률을 자랑한다. 그러나 시중에는 고전을 단순 번역해석한 책이 난무
하고 있다. 고서의 예문을 인용한 막연한 해설에 불과한 내용이 초학자에게는
상당히 많은 혼란을 주고 있다. 이런 문제를 해소하기 위해 출간한 것이 〈神
算六爻精解〉이다.

〈神算六爻−이것이 귀신도 곡하는 점술이다〉가 육효의 기초와 함께 육효점을
각 분야 · 사례별로 소개한 입문서라면, 〈神算六爻精解〉는 상담 실전에서 바
른 점사와 정확한 괘 풀이로 전율할 만큼 신묘하고도 높은 적중률로 안내하는
전문 술사를 위한 실전 · 응용편이라 할 수 있다.

육효학과 육효점, 즉 이론과 풀이를 동시에 만족 시키기 위해 필자의 〈신산육
효학 강의〉에서만 들을 수 있는 내용을 다수 포함시키고 비전도 감추지 않고
공개하였다.

神算六爻
이것이 귀신도 **곡하는** 점술이다
- 입문에서 완성까지 -

어려운 육효, 이 책 한권이면
혼자서도 3개월이면 쉽게 끝낸다.

육효의 事案별로 예단하는 단시점의 놀라운 정확성은 만물과 중생의 흥망성쇠(興亡盛衰)와 수요장단(壽妖長短)을 마치 거울 속을 들여다 보듯이 연월일시까지 정확하게 알 수 있는 학문이다.

육효는 자연의 순환 이치를 응용하여 과거와 현재를 확인하고 미래를 예측할 수 있는 대표적인 점술이다. 그러나 보통 사람이 배우기는 매우 어렵다. 육효에 대해 알기 쉽게 소개한 책이 드물기 때문이다.

현재 시중에 몇몇 육효 책이 나와 있지만 대부분 고전을 단순 번역 해석한 애매모호한 설명과 내용으로 초학자에게는 오히려 혼란만 주고 있기 때문에 혼자 이치를 터득하기란 쉽지 않다.

神算六爻는 예부터 전해 내려오는 복서학에다 50여 년에 이르는 저자의 연구와 경험을 더해 육효학의 기본 원리와 함께 육효점의 기초 설명과 이론·점사·득괘·괘 풀이법에서부터 육효점을 적용할 수 있는 사례를 분야별로 소개한 입문서이다.

특히 이 책에서 저자의 피나는 연구와 실증적 사례에 의한 풍부한 예문과 쉽고도 명쾌한 설명은 다른 어떤 육효 책에서도 볼 수 없는 이 책 만의 특징이라 할 수 있으며 초보자도 쉽게 배울 수 있도록 엮었다.

육효에 관한 초 베스트 셀러 – 지금까지 이 책을 능가한 책은 없었다!

어렵다고 하는 육효, 이처럼 쉽게 쓰여진 책은 처음 보았다는 찬사와 격려! – 참 많이 받았습니다.